La régulation des conflits dans l'espace collectif marocain

Entre l'endogénéité du droit et le positivisme

Logiques Juridiques

Fondée par Gérard Marcou
Dirigée par Jean-Claude Némery et Thomas Perroud

Le droit n'est pas seulement un savoir, il est d'abord un ensemble de rapports et pratiques que l'on rencontre dans presque toutes les formes de sociétés. C'est pourquoi il a toujours donné lieu à la fois à une littérature de juristes professionnels, produisant le savoir juridique, et à une littérature sur le droit, produite par des philosophes, des sociologues ou des économistes notamment.

Parce que le domaine du droit s'étend sans cesse et rend de plus en plus souvent nécessaire le recours au savoir juridique spécialisé, même dans des matières où il n'avait jadis qu'une importance secondaire, les ouvrages juridiques à caractère professionnel ou pédagogique dominent l'édition, et ils tendent à réduire la recherche en droit à sa seule dimension positive. À l'inverse de cette tendance, la collection « Logiques juridiques » des éditions L'Harmattan est ouverte à toutes les approches du droit. Tout en publiant aussi des ouvrages à vocation professionnelle ou pédagogique, elle se fixe avant tout pour but de contribuer à la publication et à la diffusion des recherches en droit, ainsi qu'au dialogue scientifique sur le droit. Comme son nom l'indique, elle se veut plurielle.

Dernières parutions

Nader ZGHAL, *L'arbitre et les méthodes de détermination du droit applicable au fond*, 2023.

Laura BAUDIN, *Cyberattaques et droit international public. De la négociation entre États à l'intégration des acteurs privés pour parvenir à la cyberpaix ?*, 2023.

Ludovic BERTON, *Penser la démocratie sociale*, 2023.

Roger K. KOUDÉ, *La justice pénale internationale : un instrument idoine pour raisonner la raison d'Etat ?*, 2023

Cătălin-Silviu SĂRARU, *Le droit administratif en Roumanie*, 2022.

Robert VINCENT, *Les fédérations sportives françaises. Analyse par la gouvernance*, 2022.

Rabiaa Bourhim

La régulation des conflits dans l'espace collectif marocain

Entre l'endogénéité du droit et le positivisme

L'Harmattan

5-7, rue de l'Ecole-Polytechnique, 75005 Paris
http://www.editions-harmattan.fr
ISBN : 978-2-14-034725-2
EAN : 9782140347252

« Tout ce que vous faites pour moi sans moi, vous le faites contre moi »

Mahatma Gandhi[1]

[1] Source : Genin Didier et al. « De la parole aux gestes… : éléments de réflexion sur les dispositifs de gestion concertée des ressources forestières et pastorales au Maroc », Montpellier, Publications de l'Institut de Recherches pour le Développement, 2007.

Résumé :

Au Maroc, les terres collectives de parcours couvrent plus de 53 millions d'hectares et sont dans la plupart des cas des terres collectives marginales destinées à des cultures annuelles pour diverses raisons (sécheresses, faible fertilité des sols, risque d'érosion, etc.). Leur statut juridique s'oppose également à leur développement par la culture intensive. Auparavant, ces terres étaient en état d'équilibre entre l'offre en ressources fourragères et les besoins alimentaires du bétail. Cependant, au cours des dernières décennies l'état de ces terres collectives a connu une détérioration continue en raison de nombreux facteurs, notamment le surpâturage, le défrichage et le déracinement.

En plus de ces dynamiques changeantes, d'autres changements sont mentionnés notamment la baisse des rôles des institutions traditionnelles, la lourdeur des procédures administratives en matière d'octroi des permis de Transhumance, le non respect des lois en vigueur, l'analphabétisme, la faible implication de la population locale et des ayants droit dans les processus décisionnels et la faible légitimité du droit positif pour les acteurs locaux locales. De tels changements contribuent souvent au déclenchement des conflits majeurs entre transhumants et sédentaires. La gestion d'une telle situation incite plus que jamais les acteurs locaux à établir des compromis, éventuellement sous forme de pactes ou de chartes négociés relatifs à l'accès à la terre et à l'exercice des droits d'usage, jouissant d'une certaine légitimité pour toutes les parties concernées. Dans une telle perspective, les normes coutumières ont le potentiel de constituer la base d'une régulation concertée des droits d'usage collectifs, susceptible d'assurer la résilience et la durabilité socio-écologique de ces zones vulnérables.

Atteindre l'enjeu de la coviabilité des systèmes socioécologiques dans notre étude dépend de la capacité des acteurs, à savoir l'État, les sédentaires, les transhumants à établir un pont entre l'endogénéité juridique et le droit positif à travers une co-production d'un droit local négocié vers l'établissement d'un droit post-moderne.

Mots-clés : Chartes • Conflits • Coviabilité • Droit endogène • Droit post-moderne • Droits d'usage • Négociation • Parcours collectif

Abstract

In Morocco, collective rangelands cover over 53 million hectares and are mostly marginal collective lands for annual crops due to many factors (drought, low-soil fertility, erosion risk, etc.). Meanwhile, their legal status is incompatible with their development through intensive agricultural production. In the past, collective rangelands were maintained in a healthy state due to a balance between fodder resource supply and the feed requirements of livestock. However, in recent decades, the condition of these collective lands has been increasingly deteriorating due to many factors, including overgrazing, land clearing, and uprooting.

In addition to these shifting dynamics, other changes are being noticed, including a decline in the roles and importance of traditional institutions, cumbersome administrative procedures in terms of Transhumance licensing, weak legal compliance, illiteracy, insufficient involvement of local populations and right-holders in decision-making processes, and weak legitimacy of the positive law. These changes often contribute to the triggering of major conflicts between the transhumant and the sedentary. The management of such a situation encourages more than ever the stakeholders to establish compromises, possibly in the form of negotiated pacts or charters relating to the access to land and to the exercise of user rights, enjoying a certain legitimacy for all involved parties. From this perspective, the customary norms have the potential to form the basis for a concerted regulation of collective user rights, likely to ensure the resilience and socio-ecological sustainability of these vulnerable areas.

Achieving the objective of the coviability of socio-ecological systems in our study depends on the ability of stakeholders, namely the State, sedentary people, transhumants to establish a bridge between the legal endogeneity and the positive law through the co-production of a local negotiated law; such a perspective may help move towards the establishment of a post-modern law.

Keywords: Collective Rangelands • Conflicts • Negotiation • Post-modern law • Charters • Coviability • Endogenous law • User rights

Sommaire

Introduction générale

La planète Terre est menacée de manière croissante par des problèmes sociaux et écologiques résultant de différents processus profonds, complexes et interdépendants, dont certains nécessitent des réponses viables et durables. Dans ce contexte, le Maroc traverse une phase cruciale dans son processus de transition vers la modernité, car il se trouve confronté à un certain nombre de défis socio-écologiques interreliés dont le développement en milieu rural et le maintien d'activités ancestrales, comme le pastoralisme[1], la Transhumance[2] et la régulation des droits d'usage collectifs.

---

[1]Dans de nombreux pays, le pastoralisme peut être défini comme une activité productive, mais aussi comme un mode de vie. La plupart de ces tentatives de définition font référence à la définition de Swift (1988) des systèmes de production pastorale entendus comme « ceux dans lesquels au moins 50 % du revenu brut des ménages (c'est-à-dire la valeur de la production commercialisée et la valeur estimative de la production de subsistance consommée par les ménages) provient de l'élevage ou d'activités liées à l'élevage, ou bien là où plus de 15 % de la consommation d'énergie alimentaire des ménages se compose de lait ou de produits laitiers produits par le ménage ». SWIFT (J), « Les grands thèmes du développement pastoral et le cas de quelques pays africains », Rome, FAO,1988, 83p. Certains pays, comme le Maroc, ont leur propre définition du pastoralisme qui le considère comme un système d'élevage où les pâturages représentent dans la majorité du temps la source principale de l'alimentation animale. Il peut être considéré, selon la même définition, comme une forme d'adaptation aux changements globaux, y compris climatiques.

[2] La Transhumance est un phénomène complexe qui permet l'exploitation rationnelle des écosystèmes. L'eau constitue dans ce phénomène la principale contrainte liée à l'approvisionnement en fourrage. La transhumance est aussi «un système d'élevage fondé sur le déplacement de troupeaux de régions vers d'autres dont les périodes de végétation sont décalées en fonction des saisons ou en raison de climats différents; déplacement de troupeaux dans ces conditions; plus particulièrement, déplacement saisonnier, sous la conduite de bergers, de troupeaux (moutons, notamment) appartenant à des éleveurs de

En effet, la rareté, la dégradation et la pression croissantes sur les ressources sylvo-pastorales, les contraintes d'amélioration du bien-être des populations locales, les facteurs climatiques[1] et la nécessité du développement des activités pastorales, constituent les principales causes qui aggravent le phénomène de la Transhumance et la gestion des droits d'usage collectifs, générant des conflits socio-écologiques importants entre sédentaires, agriculteurs et transhumants.

Au Maroc, les surfaces de parcours collectifs et forestiers couvrent plus de 53 millions d'hectares[2] (environ 84 % du territoire national[3]) et constituent des écosystèmes terrestres, composés d'un ensemble d'espèces végétales servant souvent de ressources fourragères pour le bétail. Plus précisément, les parcours arides et désertiques représentent près de 93 % de la superficie du pays, et près de 97 % des parcours steppiques se trouvent dans des territoires arides et semi-arides de l'Oriental, du Pré-Sahara

---

plaine vers les pâturages de montagne en été (transhumance directe, estivale, normale) ou de troupeaux appartenant à des éleveurs de montagne vers les pâturages de plaine en hiver (transhumance hivernale, inverse). » définition du centre national de ressources textuelles et lexicales disponible sur le site : https://www.cnrtl.fr/ , consultable le 20/9/2021.

[1] « Certains facteurs qui augmentent le risque de conflits intraétatiques violents sont également dus aux changements climatiques », Rapport du Groupe 'd'Experts Intergouvernemental sur 'l'Évolution du Climat, 2014.

[2] Pour plus d'informations, voir : Ministère de l'Intérieur du Maroc, « Données générales sur les collectivités ethniques et les terres collectives », http://www.terrescollectives.ma/Resources/Docs/Publications/lancement-donnees-generales.pdf, Consulté le 14/05/2017.

[3] Notons bien que 85 % des terres collectives au Maroc sont des terrains de parcours.

et des vastes régions sahariennes[1]. Ces parcours jouent un rôle primordial dans l'alimentation du bétail et constituent à la fois une source de fourrage pour le cheptel dans les zones pastorales et forment une part importante du régime alimentaire du bétail local dans ces zones. Dans ce cadre, il convient de préciser aussi que le pourcentage des parcours dans le bilan fourrager national varie entre 25 et 36 %[2] au gré des conditions climatiques. Cette contribution est essentielle dans les steppes orientales et les régions montagneuses où elle peut varier de 70 à 90 %[3].

Jusqu'à un passé relativement récent, les terrains de parcours se trouvaient dans un état d'équilibre entre l'offre en ressources fourragères et les besoins alimentaires du cheptel[4]. Cependant, durant ces dernières décennies, l'état de ces parcours n'a pas cessé de se dégrader sous l'effet de nombreux facteurs climatiques et anthropiques, notamment le surpâturage, les défrichements et l'arrachage des ligneux[5].

---

[1] http://www.terrescollectives.ma/Resources/Docs/Publications/lancement-donnees-generales.pdf, Consulté le 14/05/2017.

[2] QARRO (Mohamed), « Le sylvo-pastoralisme et la gestion durable des écosystèmes naturels arides », Proceedings of the 14th International Soil Conservation Organization Conference, Water Management and Soil Conservation in Semi-Arid Environments, Marrakech, Mai 2006, pp. 14-19.

[3] NAGGAR (Mustapha), « Stratégie sylvopastorale et renouveau des pratiques pastorales en forêt au Maroc », Revue Forestière française, N°5, 2018, p. 493.

[4] LAOUINA (Abdellah), « La participation de la population rurale, critère du succès des interventions de lutte anti-érosive en montagne, le cas des versants prérifains », in Actes du Colloque : La montagne méditerranéenne : paléo-environnements, morphogénèse, aménagements, Études de Géographie Physique° 28, 1999, pp. 171-174.

[5] LAOUINA (Abdellah), « La participation de la population rurale, critère du succès des interventions de lutte anti-érosive en montagne, le cas des versants prérifains », in Actes du Colloque : La montagne méditerranéenne : paléo-environnements, morphogénèse, aménagements, Études de Géographie Physique° 28, 1999, pp. 171-174.

Plus encore, l'ambiguïté du concept d'« ayants droit » contribue au déclenchement des conflits liés aux droits d'accès, d'usage et de jouissance dans les terres collectives partagées entre les sédentaires et les transhumants[1].

Effectivement, « l'histoire des communautés pastorales est jalonnée par des conflits intra- ou inter-tribaux relatifs aux terres collectives de parcours. Ces situations conflictuelles trouvent généralement leur origine dans l'un des faits suivants ou dans le concours de plusieurs de ces faits : absence de délimitation administrative de l'espace collectif entre tribus et/ou fractions ; limitation ou interdiction d'accès aux points d'eau pour cause de refus de contribution à la gestion et/ou à l'entretien de ces points d'eau ; et/ou creusement de puits par des éleveurs d'une tribu sur des parcours appartenant à autre tribu[2] ». Par ailleurs, les périodes de sécheresse récurrentes que les espaces collectifs ont connues ont souvent contraint les transhumants à suivre une stratégie d'adaptation, basée sur la mobilité, en traversant parfois les frontières vers d'autres lieux à la recherche de pâturages. Ce déplacement de population transhumante était et est encore une source de nombreuses tensions avec les sédentaires et les autres transhumants.

Sur le plan juridique, l'analyse du système juridique marocain relatif au foncier collectif révèle l'existence de plusieurs ordres normatifs, à savoir : la loi 113_13 relative à la Transhumance, la loi du 27 avril 1919 portant sur les

[1] Au cours des années 2018 et 2019, la région de Souss Massa a connu plusieurs conflits graves entre transhumants et agriculteurs d'Aït Milk, Belfaa, Inchaden, Arbiaa Sahel, Tafrout, Idousaka Taroudant… Au cours des dix dernières années, la province de Tiznit et la province de Chtouka ont reçu respectivement 537 plaintes et 438 plaintes.

[2] EL ALAOUI (Mohamed), Conflits relatifs aux terres collectives de parcours au Maroc et modalités de leur règlement. Document non publié, Ecole nationale d'Agriculture, Meknes, 2012, p.8.

terres collectives et la loi de de 1917[1] sur la conservation forestière ainsi que la doctrine islamique et les normes endogènes. Cela nous amène à s'interroger sur la nature de cette coexistence : complémentarité, compétition ou rivalité ?

Effectivement, les terres collectives au Maroc sont régies par une multitude de normes émanant de différentes sources (coutume, usage, droit musulman, droit positif…), caractérisées à la fois par la complémentarité et le chevauchement. C'est ainsi qu'à l'occasion d'une tension ou un conflit, chaque partie se réfère aux normes qui lui conviennent pour défendre ses intérêts, ce qui met en difficulté toute procédure de médiation et d'arbitrage[2].

La mise en place de ce système juridique a tenu compte tout d'abord des particularités ancestrales des populations locales, qui ont l'habitude de faire recours à la forêt ou aux parcours pour subvenir à des besoins variant selon la nature du peuplement forestier et le mode de vie de la tribu. À cet égard, le Dahir du 1917 portant Code sur la conservation et l'exploitation des forêts, dans son article 21, a reconnu et maintenu les principaux droits d'usage dont jouissent les usagers marocains dans les forêts. Par ailleurs, jusqu'au début du 20ème siècle, la société marocaine était organisée en groupes ethniques disposant d'un territoire exploité

---

[1] Bulletin Officiel N°29, octobre 1917.

[2] DECROUX affirme que « Le plus souvent, l'ancien droit s'applique dans tel domaine, et le moderne dans tel autre, ainsi le droit musulman régit les immeubles non immatriculés, et la législation des livres fonciers celui des immeubles immatriculés. Mais il peut arriver que l'ancien continue à s'appliquer à côté du moderne, et ce dans un même domaine ; il peut y avoir ainsi interférence entre ces deux séries de règles et le balancier juridique peut osciller, tantôt dans un sens, tantôt dans un autre, notamment sous la poussée d'une jurisprudence parfois inconstante », DECROUX (Paul), Droit Foncier Marocain, Rabat, Editions La Porte, 1977, p.12.

collectivement. À cette époque, l'usage de l'espace collectif était confondu avec les droits de propriété. Ainsi, ce même Dahir a introduit la notion de « droits d'usage » qui couvrent principalement les droits de l'exploitation des parcours et le ramassage du bois mort.

En outre, l'article 1er du Dahir du 27 avril 1919 (modifié par le Dahir N° 1-62-179, 6 février 1963, article 1er) précise la nature et l'étendue de ce droit de propriété : C'est un « droit de propriété des tribus, fractions, douars ou autres groupements ethniques sur les terres de cultures ou de parcours dont ils ont la jouissance à titre collectif, selon les modes traditionnels d'exploitation et d'usage, ne peuvent s'exercer que sous la tutelle de l'État dans les conditions fixées par le présent Dahir ». Il convient de retenir de ce dernier Dahir que le droit d'usage concédé aux populations locales est coutumier (les modes traditionnels d'exploitation et d'usage), ce qui inclut, outre la culture et la pâture, d'autres droits d'usage des ressources (eau d'irrigation, bois, etc.).

De même, l'article 1er de la loi 113-13 relative à la transhumance pastorale, à l'aménagement et à la gestion des espaces pastoraux et sylvo-pastoraux[1] dispose que « la présente loi fixe les principes et les règles générales régissant l'aménagement et la gestion des espaces pastoraux et sylvopastoraux, l'utilisation et le développement des ressources pastorales, la transhumance et la mobilité des troupeaux. Elle met en place le cadre juridique relatif à l'organisation, le développement et l'exploitation rationnelle et durable des ressources pastorales, à la sécurisation de l'assiette foncière des espaces pastoraux et sylvopastoraux, à la garantie des droits d'accès et d'usage de ces espaces et de leurs ressources et

[1] Dahir N° 1-16-53 du 27 avril 2016, Bulletin Officiel N° 1031.

au règlement des différends qui peuvent surgir de la pratique de la Transhumance ».

Il est à souligner dans ce cadre que les droits d'usage ne sont pas absolus ; leur exercice étant en effet soumis à certaines conditions ayant pour objectif de garantir une conciliation entre la nécessité de préserver l'intégrité des parcours et la possibilité pour les usagers d'exercer ces droits. D'autre part, la jouissance de ces droits diffère au Maroc d'une région à l'autre. Les droits de jouissance dont bénéficient les usagers sur les forêts d'arganiers du sud-ouest du Maroc, par exemple, sont plus étendus que les autres droits d'usage, car ils concernent à la fois les arbres, leurs fruits et l'utilisation des terres. Il est à préciser aussi que–les notions d'« usagers », de « droits d'usage » et d'« exercice de ces droits d'usage » sont souvent peu comprises tant par les ayants droit que par les autorités publiques chargées de les réglementer.

Ces droits d'usage, tels qu'ils sont perçus par les collectivités concernant les parcours, qui consistent en la totale liberté d'action des transhumants, constituent l'un des principaux problèmes accentuant la détérioration des parcours, et une source de plusieurs conflits entre les collectivistes (sédentaires) relatifs aux respects des périodes d'ouverture des parcours et aux mises en défens. D'autre part, les grandes mutations qu'a connues l'environnement ont fortement contribué à l'instauration d'un équilibre précaire entre tradition et modernité. Par conséquent, il est nécessaire plus que jamais d'ouvrir un dialogue entre légitimités locales et légalité nationale, entre savoirs scientifiques et savoirs traditionnels et endogènes, et entre droit positif et règles coutumières, afin d'assurer la résilience socio-écologique et la coviabilité entre la communauté transhumante et son environnement, tout en réunissant les conditions d'une gouvernance de la biodiversité à travers la gestion patrimoniale de l'environnement.

Par définition, la résilience est la capacité d'un système d'amortir toutes les perturbations et de se réorganiser tout en opérant des changements de manière à garder essentiellement les mêmes fonctions, les mêmes structures, la même identité et rétroaction[1]. Ainsi, la résilience se détermine par « le niveau de perturbation qu'un milieu est capable d'absorber avant de se transformer[2] ». Elle est aussi la capacité d'un écosystème, d'un habitat, d'une population ou d'une espèce à retrouver un fonctionnement, un développement et un équilibre dynamique normal après une phase d'instabilité suite à une perturbation environnementale.

Par ailleurs, nous désignons le long de notre étude par « coviabilité », la relation entre l'Homme et son environnement, entre les systèmes sociaux et les écosystèmes, ou l'interdépendance du culturel et du naturel. Elle constitue également l'équilibre entre les besoins des sociétés humaines et la capacité de régénération de la nature ; la coviabilité exige « la conciliation entre l'Homme et la biosphère[3] ».

---

[1] HOLLING (Crawford S), « Resilience and Stability of Ecological Systems », Annual Review of Ecology and Systematics, Vol.4.1,1973, p.17.

[2] BARRIÈRE (Olivier), Éléments d'une socioécologie juridique : le droit face à l'urgence écologique, essai d'une anthropologie juridique de l'environnement, Montpellier, Publications de l'Institut de Recherches pour le Développement, 2012, p. 4.

[3] BARRIÈRE (Olivier), Legal aspects of the co-viability of social and ecological systems in African arid zones: a legal anthropology approach to environmental law. In: Lee C. (ed.), Schaaf T. (ed.) The future of drylands. Paris (FRA); Dordrecht: Unesco; Springer, 583-597. (Man and the Biosphere Series). International Scientific Conference on Desertification and Drylands Research, Tunis (TUN), 2006, p.584

Dans notre recherche doctorale le concept « coutume » veut dire un fait social qui n'est pas singulier et résiste plus à l'effet de l'érosion, il est aussi le produit spontané de la nécessité juridique, indépendant des instances législatives. La coutume peut aussi être définie comme étant une norme de droit objectif fondée sur une tradition populaire qui prête à une pratique constante, un caractère juridiquement contraignant ; véritable règle juridique non étatique.

Par ailleurs, le concept du « droit endogène », veut dire l'ensemble des coutumes, des usages, des pratiques, des comportements locaux, des valeurs. Ce droit définit un véritable espace de légitimité et un droit vivant adapté aux réalités locales[1].

Dans cet ordre d'idées, la notion du « droit négocié » dans notre étude veut dire le produit de la régulation co-construite, qui permet aux différents groupes d'être responsables vis-à-vis de leur environnement. Il est aussi le résultat d'un consensus entre les différents acteurs concernés dont les droits et les obligations sont définis et aussi la jonction entre les légitimités locales et la légalité nationale, et un instrument permettant l'acceptation sociale et garantissant la stabilité de la régulation.

Dans une telle vision globale, on peut s'interroger sur l'opportunité de l'émergence d'une nouvelle gouvernance des ressources sylvo-pastorales, dans un contexte particulièrement marqué par une confrontation entre légitimités locales et légalité nationale.

---

[1]« Les légitimités intrinsèques aux sociétés ne se décrètent pas en se référant uniquement aux "coutumes", mais par la prise en compte des représentations sociocognitives et culturelles qui concourent au pragmatisme socioéconomique des individus et des groupes dans leur vie au quotidien ». BARRIÈRE (Olivier), Le droit sous l'emprise de la concertation et la négociation pour une gouvernance territoriale, Cahiers d'Anthropologie du droit, Paris, édition Karthala, 2008, p. 317.

Il est indéniable que la complexité juridique, qui régit l'accès à la terre et l'usage de l'espace collectif et des droits d'usage, constitue une des menaces majeures pour les écosystèmes et la sécurité des sédentaires et transhumants dans ces milieux fragiles. De même, dans un contexte marqué par des crises écologiques, le changement climatique et l'insécurité foncière, la régulation des droits d'usage nécessite de passer par une analyse critique du droit positif en mettant en relief ses lacunes, et de rechercher l'endogénéité juridique qui encadre ce champ, dans la perspective d'harmoniser le droit endogène avec le droit positif pour mettre en place un droit négocié capable d'assurer la coviabilité des systèmes socio-écologiques. Il est à rappeler dans ce sillage que le droit endogène, regroupe en partie l'ensemble des coutumes, des usages, des pratiques et des comportements locaux. Il définit aussi un véritable espace de légitimité et un droit vivant adapté aux réalités locales[1].

La co-construction de cette régulation a le potentiel de permettre l'appréhension des réalités socio-écologiques et de sortir la règle de droit positif de son abstraction vers une règle de droit effective, légitime et légale. Le droit négocié[2] est donc le produit de cette régulation co-construite, qui permet aux différents groupes et communautés concernés (sédentaires, transhumants, etc.) d'être responsables vis-à-

---

[1]BARRIÈRE (Olivier), Le droit sous l'emprise de la concertation et la négociation pour une gouvernance territoriale, Cahiers d'Anthropologie du droit, op.cit., p. 317.

[2] CHEVALIER estime que « la régulation repose sur la confrontation et l'arbitrage d'intérêts sociaux qu'il s'agit d'harmoniser : elle postule donc que ces intérêts soient à même de se faire entendre et d'intervenir dans les processus de décision ; le droit devient ainsi un droit négocié, qui est le fruit d'une délibération collective » CHEVALIER (Jacques), « La régulation juridique en question », Droit et société, N° 49, 2001, p.834.

vis de leur environnement et par la suite d'établir cette relation de pacte ou coviabilité socio-écologique entre l'Homme et la biosphère. En effet, « le sentiment d'avoir contribué à la définition des règles de protection des milieux, induit une obligation à la fois contractuelle et morale vis-à-vis des écosystèmes et des biotopes. Les règles définies étant fondées sur des valeurs et standards partagés, la régulation juridique devient un stimulant dans la relation bijective de dépendance d'interactions nécessaires à la réconciliation des sociétés et des milieux[1] ». De sa part, Duguit explique que « Le monde du droit n'est pas ce monde fermé que nous montrent certains juristes, monde séparé de la réalité, monde idéal ; c'est un monde de faits tangibles, qu'il faut expliquer et classer ; ce sont des volontés humaines qu'il faut saisir dans leurs manifestations concrètes ; c'est l'effet social qu'elles produisent ; c'est la force matérielle qu'elles mettent en jeu, qu'il faut constater et apprécier[2] ».

À présent, la régulation étatique des droits d'usage et de l'accès à l'espace collectif a montré les limites de son efficacité. Cependant l'implication des acteurs concernés (sédentaires et transhumants) dans la gestion et la prise de décision, constitue un moyen essentiel de cogestion, de démocratisation et de responsabilisation par la subsidiarité ; c'est une alternative initiant la coviabilité socio-écologique.

Le droit positif dépasserait donc la conception classique où l'État est le seul producteur de normes, pour englober les pratiques, valeurs et coutumes locales comme de nouvelles composantes du droit négocié légitime et légal.

---

[1]KOROGONE (Eloi Mere), La négociation dans la régulation foncière-environnementale au Bénin, Thèse de doctorat, Université de Limoges, 2020, p.4.

[2] DUGUIT (Léon), L'État, le droit objectif et la loi positive, Paris, Dalloz,2003, p.19.

Dans le même ordre d'idées, l'échec de diverses politiques, réformes et projets visant à réguler les droits d'usage est principalement dû à l'exclusion de l'endogénéité du droit dans cette régulation. Selon Chevallier, « la norme juridique tend à être englobée dans une problématique plus large de la régulation qui infléchit sa logique : visant à assurer la reproduction des équilibres sociaux, la régulation suppose en effet le recours à une panoplie de moyens d'action, les uns juridiques, les autres non juridiques[1] ». Aussi, Chevalier, estime que la régulation est « entendue soit comme un attribut substantiel de tout droit, soit comme la caractéristique du droit de l'État providence, soit encore comme l'indicateur des transformations en cours du phénomène juridique[2] ».

En outre, selon Barrière, le droit négocié « définit au sein d'un espace de régulation, un syncrétisme de valeurs et de modèles de comportement d'« être » et de « devoir-être » concerté entre acteurs locaux, régionaux et nationaux, pour un droit se situant dans une perspective interculturelle, simultanément légitime aux yeux de la communauté et de la nation[3] ». Le droit négocié[4] est donc le résultat d'un

---

[1] CHEVALIER (Jacques), « Vers un droit post-moderne ? Les transformations de la régulation juridique », Revue du droit public et de la science politique en France et à l'étranger, N° 3, 1998, p.8.

[2]CHEVALIER (Jacques), « La régulation juridique en question », Droit et société, N° 49,2001, op.cit., p. 827.

[3]BARRIÈRE (Olivier), Eléments d'une socio-écologie juridique : le droit face à l'urgence écologique, essai d'une anthropologie juridique de l'environnement, Montpellier, Publications de l'Institut de Recherches pour le Développement, 2012, p. 90.

[4] « La loi négociée…accompagne le déclin des institutions traditionnelles … et la crise des régulations » OST (François) ,« Les lois conventionnellement formées tiennent lieu de conventions à ceux qui les ont faites » ,In : Droit négocié, droit imposé ? [en ligne]. Bruxelles : Presses de l'Université Saint-Louis, 1996 (généré le 10 juillet 2021). Disponible sur Internet :

consensus entre les différents acteurs concernés dont les droits et les obligations sont définis. Il est aussi une jonction entre les légitimités locales et la légalité nationale, et un instrument permettant l'acceptation sociale et garantissant la stabilité de la régulation.

Il va donc sans dire que la prise en compte de nouveaux paradigmes constitutifs du droit endogène rompt avec la conception classique de la production du droit, qui empêche la résilience du système juridique face aux crises écologiques.

Dans cette optique, Martin souligne que « la négociation est, avec le pluralisme juridique, un des attributs du droit postmoderne. Elle participe d'une mise en cause de l'hétéronomie, ce qui signifie que la force de la norme juridique dépend désormais du consensus qui l'entoure[1] ».

Le droit négocié se concrétise par l'élaboration et la formalisation de pactes, conventions ou chartes de territoires dont l'aboutissement est la coviabilité des systèmes socio-écologiques. Ce droit est aussi le produit des interactions entre la concertation, la négociation et le consensus, partant du local au national et à l'international ; un droit intégrant l'endogénéité et le positivisme du droit.

Si l'idée de droit appartient à des contextes politiques organisés, puisqu'il s'agit d'un concept politique sur lequel les gens se sont accordés dans l'organisation des États à travers l'histoire, elle pose à son tour un réel problème lié à son appartenance au champ de l'idéologie. Ainsi, le droit

---

<http://books.openedition.org/pusl/18786>. ISBN : 9782802804888. DOI : https://doi.org/10.4000/books.pusl.18786.

[1] MARTIN (Philippe), Dialogue social et régulation juridique. Une problématique européenne. Philippe Martin (dir.). Le dialogue social, modèles et modalités de la régulation juridique en Europe, Presses universitaires de Bordeaux, 2007, p.26.

constitue un pont entre l'idée sur laquelle l'État est construit et la garde de cette idée même, ou en d'autres termes l'État est un cadre général qui impose l'idéologie dominante au droit, ce qui reflète parfois ce rapport confus entre la société et le droit. Cette confusion s'est terminée par le pluralisme juridique actuel, avec la présence de trois sources majeures de droit : la coutume, le droit musulman et le droit positif. Cette pluralité juridique n'est pas une pluralité statique, séparée et silencieuse, mais un système mouvant au sein duquel les sources s'interagissent et s'influencent.

La multiplicité des sources du droit, qui aboutit finalement à la confusion entre l'État moderne et les institutions traditionnelles et religieuses, a contribué au décalage entre ce qui est légal officiel et ce qui est réaliste, coutumier et légitime. Le droit positif monopolise la loi, mais il est obligé de partager ce rôle avec le droit musulman et le droit coutumier. Ce monopole qui évite tous les conflits et n'en affronte aucun, aboutit finalement à la crise du système juridique. Cette crise est encore intensifiée par certaines approches qui minimisent les rôles du droit coutumier étant donné que les coutumes sont rigides dans le passé. Ces approches considèrent que la science qui les étudie ne peut les traiter que comme une histoire basée sur le passé sous la forme d'un folklore juridique dépassé qui concerne un groupe humain primitif et sauvage[1]. Alors que l'étude du droit endogène, loin de l'étude historique des pratiques transcendantes des sociétés primitives, est avant tout une étude du droit moderne vécu dans ses applications concrètes quotidiennes[2].

---

[1] MAGNANT(Jean-Pierre), « Le droit et la coutume dans l'Afrique contemporaine », Droit et cultures [En ligne], 48 | 2004-2, mis en ligne le 09 mars 2010, consulté le 19 juin 2017. URL : http://droitcultures.revues.org/1775, consulté le 29/03/2017, p. 46.

[2] Ibid., p.53.

Pour établir la coviabilité socio-écologique, assurer l'effectivité du droit positif, le replacer dans son contexte socioculturel et de faire ressortir l'endogénéité du droit de l'oralité au formalisme, le droit doit prendre en compte les pratiques et valeurs locales, les usages les coutumes. Comme le souligne Barrière, la coviabilité définit « l'union des mondes culturels (les systèmes sociaux) et naturels (les écosystèmes), […] un équilibre entre les besoins des sociétés pour leur reproduction et le maintien des processus écologiques, biotiques et abiotiques, et de ses composants (biotopes et biocénose). […] en d'autres termes, une (ré) conciliation entre l'homme et la biosphère[1] ». Barrière et al. ont également défini la coviabilité comme « une propriété de dépendance interactive entre les humains et les non-humains réunis dans une relation qui est contenue par des régulations et des contraintes [...] cette relation établit un lien de viabilité soumis à un seuil d'intégration du système complexe humain/non humain déterminant les limites de l'élasticité de la coviabilité, dont la réalisation demeure la coévolution dans un système socioécologique intégré[2] ». Bien entendu, la réalisation de cet enjeu dépend de la capacité de l'État à faire le lien entre l'endogénéité juridique et le positivisme du droit.

À ce stade, quel est alors l'apport de l'approche que nous proposons ? Les juristes et les philosophes ont, en effet,

---

[1] BARRIÈRE (Olivier), Legal aspects of the co-viability of social and ecological systems in African arid zones : a legal anthropology approach to environmental law. In : Lee C. (ed.), Schaaf T. (ed.) The future of drylands. Paris (FRA) ; Dordrecht : Unesco ; Springer, 583-597. (Man and the Biosphere Series). International Scientific Conference on Desertification and Drylands Research, Tunis (TUN), 2006, p.584

[2] BARRIÈRE (Olivier) et al., Coviability of social and ecological systems: reconnecting mankind to the biosphere in an era of global change . Vol.1: The foundations of a new paradigm. Cham: Springer, 2019, p.712.

toujours considéré que la question de l'interprétation du droit est plus compliquée que le droit lui-même. À son tour, le droit régissant les terres collectives a toujours été considéré un droit plus ambigu et plus complexe, car il se trouve influencé par l'héritage historique de la Jmaa et de l'autorité de l'État moderne. À cet égard, aborder la question de la conciliation du droit endogène et droit positif nécessite d'aiguiser un ensemble d'armes cognitives capables de démanteler le sujet et de le reconstruire selon une nouvelle conception juridique qui investit dans des mécanismes de construction juridiques, sociologiques et anthropologiques, naturellement indispensables pour cette recherche. Ce que nous le voyons comme une contribution académique au débat entourant les changements ayant affecté les exigences du Dahir du 27 avril 1919, abrogé par la loi n° 17.62 sur la tutelle administrative des groupes soulạlya et sur la gestion de leurs biens, notamment l'aspect lié aux coutumes approuvé par la nouvelle loi, pour conserver leur statut sous condition de respect des textes législatifs et réglementaires en vigueur.

Pour bien cerner les contours de cette problématique, la question centrale de cette étude est construite comme suit : Dans quelle mesure le cadre régulateur régissant les droits d'usage collectifs au Maroc, dans ses dimensions positivistes et endogènes, est susceptible d'assurer la gestion et la prévention des conflits liés aux ressources, notamment entre transhumants et sédentaires, tout en contribuant à la consolidation de la résilience, la durabilité et la coviabilité des systèmes socio-écologiques face aux risques et changements ?

Cette question centrale sera déclinée en sous-questionnements suivants auxquels cette étude apportera des éléments de réponse :

- Les normes positives sont-elles seules capables de gérer et de prévenir les conflits entre sédentaires et transhumants ?
- Le droit endogène a-t-il marqué la capacité de consolidation de la résilience socio-écologique et de résolution des conflits ?
- Comment la négociation de normes peut-elle conduire à la coviabilité des systèmes socio-écologiques ?
- Au fil de cette recherche doctorale, nous allons vérifier les hypothèses suivantes :
- Le caractère traditionnel de gestion des ressources sylvo-pastorales constitue un handicap majeur à la transition vers la bonne gestion de ces ressources ;
- La régulation négociée peut constituer le socle d'une coviabilité des systèmes socio-écologiques et une mesure d'adaptation aux effets des changements globaux ;
- Le passage entre la légitimité locale et la légalité nationale en matière de régulation des droits d'usage, peut permettre le développement d'une nouvelle gouvernance de gestion des ressources sylvo-pastorales ;
- Les conflits intra-tribaux ou inter-tribaux liés aux ressources sylvo-pastorales peuvent constituer l'initiateur de la coordination, de la négociation et de la coviabilité des systèmes socio-écologiques.

Pour traiter cette problématique, l'analyse portera plus particulièrement sur le droit négocié et sa contribution potentielle au développement à la fois d'une régulation des droits d'usage collectifs et d'une gouvernance négociée. Ce sujet est d'un grand intérêt pour plusieurs raisons. Le sujet est original et il se situe à l'intersection de plusieurs champs sociologiques, anthropologiques, économiques et juridiques, ainsi que de la pluralité des enjeux sociaux, politiques, économiques et humains, le but est la mise en place d'un nouveau système de gouvernance des ressources sylvopastorales, dans un contexte caractérisé par une confrontation entre des légitimités locales et la légalité nationale. Ainsi que de procéder à une analyse critique du droit positif et de rechercher l'endogénéité qui l'encadre dans la perspective d'assurer la passerelle entre endogénéité et positivisme vers l'établissement d'un droit global.

Notre méthodologie de recherche s'articule autour d'une approche analytique du droit positif au droit endogène. Cette analyse se penchera également sur les articulations entre légitimités locales et légalité nationale, afin d'examiner la possibilité d'émergence d'une gouvernance locale efficace, et d'une gestion viable des ressources sylvo-pastorales et de la biodiversité, capables de gérer les conflits et de renforcer la sécurité humaine dans les terres collectives. Cela passera certainement par l'élaboration de chartes ou de pactes négociés légitimes comme une référence normative locale concertée et établie entre les acteurs locaux sur un territoire déterminé. La charte fixe les droits et les obligations de tous dans la perspective d'une co-production de normes juridicisées.

Dans une telle démarche, la problématique des droits d'usage collectifs se pense à travers l'effectivité de la norme juridique positive et endogène, où l'innovation portée par le droit négocié constitue un élément important de la régulation. L'approche analytique développée ici place la régulation des droits d'usage collectifs et du foncier collectif au cœur des enjeux socio-écologiques.

L'étude s'appuie essentiellement sur l'analyse juridique des normes positives et endogènes issues de plusieurs sources de données en dépit du manque de statistiques officielles sur les conflits liés aux droits d'usage entre sédentaires et transhumants et le manque de jugements judiciaires et de la jurisprudence en la matière vu que la gestion des conflits d'usage ne dépasse pas le premier stade de la procédure judiciaire.

Cette étude s'articule autour de deux parties majeures : la première consiste à présenter le rôle du cadre régulateur régissant les droits d'usage des ressources sylvo-pastorales au Maroc dans la gestion des conflits et la consolidation de la résilience socio-écologique ; et la deuxième porte sur la gouvernance des ressources sylvo-pastorales au Maroc dans la perspective d'une coviabilité des systèmes socio-écologiques.

PREMIÈRE PARTIE

Le rôle du cadre régulateur régissant les droits d'usage dans la gestion des conflits et la résilience socio-écologique

Introduction

Nous exposerons dans le chapitre premier, l'importance des ressources sylvo-pastorales au Maroc, les modes d'exploitation, ainsi que l'apport des savoirs locaux en termes de droits d'usage collectifs.

Le deuxième chapitre décrira le cadre régulateur moderne et traditionnel régissant les droits d'usage, ses caractéristiques, sa complémentarité, son pluralisme juridique et ses chevauchements. Nous étalerons les différentes politiques et stratégies, mais aussi les institutions et les acteurs de la régulation des droits d'usage collectifs.

Dans le troisième chapitre, nous analyserons les conflits liés aux droits d'usage ainsi que les limites du cadre régulateur existant.

Chapitre 1 - Importance des ressources sylvo-pastorales au Maroc

Les terrains de parcours[1] au Maroc couvrent plus de 53 millions d'hectares[2]. Majoritairement, ces terrains de parcours collectifs et forestiers sont des terres marginales pour les cultures annuelles pour diverses raisons (sécheresse, faible fertilité du sol, risque d'érosion, etc.). Qarro et al. indiquent que les parcours arides et désertiques représentent près de 93 % de la superficie du pays[3]. Près de 97 % des parcours steppiques sont situés dans des zones arides et semi-arides de l'Oriental, du Pré-Sahara et des vastes régions sahariennes.

Les parcours jouent un rôle primordial dans l'alimentation du bétail. Ils constituent la principale source de fourrage pour les ovins et les caprins dans les espaces pastoraux, contribuant d'une manière substantielle au régime alimentaire du bétail local dans ces zones. Qarro et al. affirment que la part des parcours dans le bilan fourrager national varie entre 25 et 36 %, en fonction des conditions climatiques[4].

---

[1] Le concept « parcours » signifie « toutes les terres produisant spontanément du fourrage utilisé pour l'alimentation animale, aussi que celles qui se sont végétalisées naturellement ou qui ont été végétalisées artificiellement, pour fournir une végétation fourragère gérée comme végétation naturelle » BOURBOUZE (Alain) & DONADIEU (Pierre), « L'élevage sur parcours en régions méditerranéennes », Options méditerranéennes : Série Études, 1987, p.6.

[2] http://www.terrescollectives.ma/Resources/Docs/Publications/lancement-donnees-generales.pdf

[3] QARRO (Mohamed) & ROOSE (Éric) et al., « Zones de parcours », in Gestion durable des eaux et des sols au Maroc : Valorisation des techniques traditionnelles méditerranennes », Montpellier, Publications de l'Institut de Recherches pour le Developpement, 2010, p.261.

[4] Ibid., p.261.

Certes, jusqu'à un passé relativement récent, les parcours naturels se trouvaient dans un état d'équilibre entre l'offre des ressources fourragères et la demande du cheptel[1]. Cependant, depuis ces dernières décennies, l'état des parcours n'a pas cessé de se dégrader sous l'effet de nombreux facteurs, surtout le surpâturage, les défrichements et l'arrachage des ligneux.

Ces phénomènes ont été exacerbés durant les années de sécheresse successives qu'a connues le pays. Ainsi, l'équilibre naturel qui s'est instauré entre l'offre fourragère et la demande du cheptel a été rompu dans le sens d'une dégradation progressive de la ressource fourragère avec des répercussions négatives et directes sur les revenus des transhumants et sur leur niveau de vie. La quantité et la qualité des ressources fourragères disponibles dans les parcours varient considérablement en raison de la variabilité des saisons de croissance.

Face à cette situation, le transhumant doit subvenir aux besoins alimentaires de son troupeau malgré un approvisionnement irrégulier et imprévisible. Ainsi, le bilan fourrager recherché est inévitablement un équilibre instable dont le maintien dépend de son degré de flexibilité face au changement climatique et aux perturbations de la situation économique dans laquelle le système fonctionne.

---

[1] LAOUINA (Abdellah), « La participation de la population rurale, critère du succès des interventions de lutte anti-érosive en montagne, le cas des versants prérifains », in Actes du Colloque : La montagne méditerranéenne : paléo-environnements, morphogénèse, aménagements, Études de Géographie Physique° 28, 1999, pp. 171-174.

Section 1 - Importance et typologies des parcours collectifs et forestiers

Au cours de cette section, l'étude se focalisera sur l'importance et la typologie des parcours dans le contexte marocain.

1. Importance des parcours au Maroc

Au Maroc, les zones arides, semi-arides couvrent plus de 54 % du territoire national[1]. Ces zones sont caractérisées par des déficits en eau dus à des précipitations faibles et aléatoires. Ces déficits sont aggravés par les régimes de température, les sols érodés, les cultures marginales et les sécheresses intra et interannuelles[2].

La gestion quotidienne des terrains de parcours relève de la responsabilité des transhumants, qui agissent en concertation avec d'autres acteurs (sédentaires, ayants droit, etc.) conformément à un ensemble de règles coutumières, étatiques et religieuses. Le transhumant n'étant pas motivé par un objectif unique et immuable, ses objectifs dépendent de sa situation économique et sociale au sein de son

---

[1]MAHYOU (Hamid) & TYCHON (Bernard) et al., « Désertification des parcours arides au Maroc », Tropicultura, N° 28, 2010, p.107.

[2]Les précipitations dans le Moyen Atlas sont relativement élevées, à l'exception de quelques situations localisées. Le résultat est une végétation naturelle bien développée (pâturages et forêts) qui couvre plus de 70 % de la superficie. Les cultures représentent moins de 30 % de la superficie. BERKAT (O), et TAZI (M), « Pasture Profile for Morocco », 2004, disponible sur le site : www.fao.org/ag/AGP/AGPC/doc/Counprof/Morocco/morocco.htm, consulté le 19/4/2018.

entourage[1]. Celle-ci peut changer au cours de sa vie dans la même région ou dans des régions différentes[2].

La gestion de l'espace pastoral concerne : la gestion du troupeau ; la gestion des parcours et la régulation des droits d'usage. À cet effet, la division des troupeaux est une technique bénéfique pour la dynamique écologique et la satisfaction des besoins nutritionnels du cheptel[3]. Le transhumant peut partager son troupeau de différentes manières pour tirer parti de la productivité des parcours et réduire la concurrence entre les différents groupes d'âge au sein du troupeau. Cette technique permet une meilleure exploitation des parcours et une plus grande dispersion du bétail[4]. Cependant, cela nécessite plus de compétences et une main-d'œuvre nombreuse.

La main-d'œuvre sur les terrains de parcours est moins abondante. De ce fait, les transhumants évitent de diviser le moins possible leurs troupeaux en séjournant plus longtemps près du camp principal. Cette sédentarité réduit les déplacements et augmente la concentration autour des colonies et des points d'eau, accentuant ainsi la dégradation des ressources naturelles et sylvo-pastorales. Bourbouze souligne que l'augmentation des revenus, les sécheresses prolongées et la dégradation des terres obligent les petits transhumants propriétaires de petits troupeaux à rechercher

---

[1] NIAMIR (Maryam), « Foresterie communautaire : l'éleveur et ses décisions clans la gestion des ressources naturelles des régions arides et semiarides d'Afrique », Étude de l'Organisation des Nations Unies pour l'Alimentation et l'Agriculture, 1996.

[2] Ibid.

[3] Ibid.

[4] Ibid.

aussi un emploi rémunéré en tant que pasteurs[1] chez les plus riches[2].

Les parcours abritent 10 millions de têtes[3] et constituent la principale source d'alimentation animale au Maroc. En moyenne, ils contribuent à 36 %[4] de la production annuelle de fourrage. Dans ce cadre, l'élevage[5] sur parcours génère des revenus importants pour la population rurale et constitue donc le meilleur moyen de renforcer les espaces pastoraux. Il fournit environ 20 % de l'emploi agricole total et contribue au revenu de plus de 80 % de la population rurale[6].

Notons que le domaine forestier marocain occupe environ 9 millions d'hectares, dont 5,8 millions d'hectares de forêts, ce qui représente un taux de couverture végétale de 12,8 % du territoire national[7].

---

[1] Les Nations Unies ont officiellement reconnu les pasteurs en tant que peuples autochtones nomades et que la mobilité est un droit intrinsèque et fondamental à l'identité des communautés pastorales. Art. 8, 25, 26 et 27 de la Déclaration des Nations Unies sur les droits des peuples autochtones (12 septembre 2007).

[2] BOURBOUZE (Alain), « Pastoralisme au Maghreb : la révolution silencieuse », Fourrages, N° 161, Paris, 2000, p.11.

[3] Ibid., p.493.

[4] LAOUINA (Abdellah), « Gestion durable des ressources naturelles et de la biodiversité au Maroc », Rapport du haut-commissariat-au plan, 2016, disponible sur le site : www.hcp.ma/Gestion-durable-des-ressources-naturelles-et-de-la-biodiversite-au-Maroc_a845.html, consulté le 05/02/2019, p.109.

[5] L'élevage dans la tradition pastorale constitue, sur le plan social, un élément d'équilibre et de stabilité des structures pastorales traditionnelles. QARRO (Mohamed) & ROOSE (Éric) et al., « Zones de parcours », Montpellier, Publications de l'Institut de Recherches pour le Developpement, 2010, op.cit., p.261.

[6] Ibid., p.261.

[7] MOUFADDAL (Mohammed), « Les tendances en matière de propriété forestière, de mode de faire valoir des ressources forestières

L'apport des parcours est plus important dans les zones montagneuses où il varie entre 70 et 90 %[1]. Toutefois, la forêt souffre des problèmes liés à la pression animale qui dépasse ses capacités de régénération, ainsi que le surpâturage incontrôlé considéré comme la principale cause de la dégradation des parcours.

Le surpâturage se traduit par une surcharge pastorale dépassant la disponibilité fourragère de l'espace collectif et de la forêt. La prolongation de la durée de séjour des troupeaux et la pratique du pâturage sur l'étendue de l'espace collectif et forestier entrainent un déficit de régénération naturelle[2]. Face à ce constat, l'enjeu pastoral a été marqué, au cours du siècle dernier, par un climat de tension entre les populations d'usagers (sédentaires et transhumants) et les services forestiers.

De ce fait, les parcours ne sont pas en mesure de satisfaire les besoins en aliments du bétail, qui sont maintenus grâce aux ressources fourragères gratuites disponibles dans les forêts et hors forêts. Parallèlement, l'élevage sylvo-pastoral contribue à assurer une certaine sécurité sociale dans un environnement de grande vulnérabilité. Cela entrave la bonne gestion des zones sylvo-pastorales et le développement durable des écosystèmes sylvo-pastoraux.

---

et des arrangements institutionnels, Cas du Maroc », Étude de l'Organisation des Nations Unies pour l'Alimentation et l'Agriculture, 2007, p.5.

[1]NAGGAR (Mustapha), « Stratégie sylvopastorale et renouveau des pratiques pastorales en forêt au Maroc », Revue Forestière française, N° 5, 2018, op.cit., p.493.

[2] Ibid., p.493.

2. Typologie des systèmes sylvo-pastoraux

Nous décrivons ci-après la typologie des différents systèmes pastoraux.

2.1. Système agro-pastoral

La stabilité du système agro-pastoral vise à concilier l'exploitation agricole et l'usage des parcours. C'est un système familial exercé par des sédentaires avec une interdépendance entre exploitations agricoles et parcours. Les sédentaires peuvent ainsi tirer parti des opportunités d'emploi, de la scolarisation des enfants, de la santé et d'autres services. Le nombre du bétail est peu important. Ce système représente, en fait, la survie d'un certain esprit pastoral, plutôt qu'un élevage spéculatif[1].

En effet, au cours des dernières décennies, les modes d'usage traditionnels de l'espace pastoral ont subi de profondes métamorphoses pour diverses raisons comme la progression des terres cultivées, la sédentarisation et l'éclatement de groupes transhumants traditionnels.

2.2. Système agro-sylvo-pastoral

Il s'agit d'un système fondé sur l'exploitation des ressources agricoles, sylvo-pastorales et pastorales, de façon complémentaire et rationnelle. Cette exploitation est assurée à travers des déplacements de Transhumants périodiques réglementés par les Jmaa.

---

[1] BOURHIM (Rabiaa), « La gouvernance négociée : un nouveau mécanisme de résolution des conflits des droits d'usage collectifs dans les espaces arides - Cas du Maroc », Revue Marocaine d'Administration Locale et de Développement, N° 150-151, Rabat, 2020, pp.171-184.

En fait, l'exploitation des terres de culture et l'appropriation qui en résulte, sont une pratique relevant des règles coutumières consensuelles et des institutions qui régissent « l'appropriation » des terres collectives et contribuent à transformer les droits virtuels sur des terres possédées en droits réels.

À ce propos, notons que le partage des terres collectives conduit à affecter les meilleures terres à l'agriculture, et les plus médiocres sont réservées au parcours. Dans ce cadre, lorsque la production à l'intérieur de l'exploitation est faible, le transhumant recourt aux ressources forestières pour couvrir les besoins du cheptel. Quand les parcours ne répondent pas totalement aux besoins des animaux, le transhumant supplémente son cheptel par des aliments produits au niveau de l'exploitation (chaume, orge, paille[1]...).

Section 2 - Modes d'exploitation collective et enjeux de la sédentarisation

Dans cette section, l'étude se focalisera sur les différents modes d'exploitation de l'espace collectif et les enjeux de la sédentarisation pour les ressources sylvo-pastorales.

1. Modes d'exploitation des parcours collectifs et forestiers au Maroc

Les modes de vie des communautés pastorales ont été influencés à travers l'histoire par différents facteurs, tels que la disponibilité des ressources fourragères, la qualité des parcours et l'existence des points d'eau, et par divers

---

[1] NAGGAR (Mustapha), « Stratégie sylvopastorale et renouveau des pratiques pastorales en forêt au Maroc », Revue Forestière française, N° 5, 2018, op.cit., p.493.

régimes juridiques des terres exploitées par les transhumants et les sédentaires. C'est ainsi que ces communautés exploitent les terres de parcours selon les modes décrites ci-après.

1.1. La mise en culture

La mise en culture et l'accroissement des superficies cultivées ont entraîné la réduction des superficies réservées aux parcours. Il sied de souligner que ce phénomène touche essentiellement les meilleurs parcours[1].

1.2. La limitation des déplacements

Les déplacements saisonniers des troupeaux et la Transhumance ont vu leur rayon de déplacement diminuer du fait de l'extension des cultures et de la mise en culture par les transhumants eux-mêmes d'une portion plus ou moins limitée.

1.3. Le surpâturage

Dans son article « The tragedy of the Commons », Hardin[2] souligne que les transhumants utilisent les parcours de manière collective ; les différences entre les coûts et les profits des individus incitent à la surexploitation des ressources. Les troupeaux constituent aussi un moyen d'occuper l'espace[3]. De ce fait, la forte pression sur les

---

[1]PASCON (Paul), Études rurales : idées et enquêtes sur la campagne marocaine, Rabat, Éditions des Société marocaine des éditeurs réunis, 1980, pp.61-72.

[2] HARDIN (Garrett), « The tragedy of the commons », Science, Vol.162, N° 3859, 1968, pp. 1243-1248.

[3]BOUDERBALA (Négib), La Terre Collective au Maroc : Droite et Fait, Terres collectives en Méditerranée. Alain Bourbouze and Roberto Rubino, eds, 1992, pp.28-41.

pâturages ainsi que les effets du changement climatique contribuent à la dégradation des parcours collectifs.

Par ailleurs, le surpâturage, la récolte anarchique de plantes (médicinales et aromatiques), le défrichage, ainsi que la « perte » des méthodes d'organisation traditionnelles, contribuent à la détérioration des terres de parcours. Plusieurs espèces ayant élu leurs habitats dans ces parcours sont menacées de disparition à cause de leur exploitation irrationnelle et de la forte pression exercée par les pâturages. En conséquence, l'épuisement de la couverture végétale, qui se traduit par une perte de biodiversité, est un facteur contribuant à l'érosion hydrique et éolienne.

La forêt n'échappe pas non plus au problème de la surexploitation. À l'encontre de la réglementation de la forêt, sa surexploitation, son défrichement sans vergogne[1], l'extension du défrichement, la surcharge de forêts proches, la coupe anarchique du feuillage et le bois de chauffage, constituent des délits quotidiens.

1.4. Intégration de l'élevage et l'agriculture

La précarité de la production céréalière et les impacts néfastes du changement climatique ont poussé les agriculteurs à diversifier leurs stratégies de production notamment dans les territoires arides et semi-arides. La diversification des activités agricoles et de l'élevage des troupeaux sur l'exploitation représente l'une des stratégies choisies par le transhumant pour s'adapter à ces lieux[2].

[1]BOURBOUZE (Alain), « Adaptation à différents milieux des systèmes de production des paysans du Haut Atlas », Techniques & Culture, N° 7, Paris, Éditions de la maison des sciences de l'Homme, 1986, pp.59-94.

[2] EL GARMAI (A), Les contraintes au système d'élevage ovin dans la C.R de Ain Beni Methar, Mémoire de 3° cycle de l'Institut agronomique et vétérinaire Hassan II Rabat, 1989.

Un choix d'autant plus justifié qu'il existe une complémentarité entre l'élevage et l'agriculture qui se matérialise aussi par la contribution de l'agriculture à l'alimentation des troupeaux1. Par exemple, dans la région d'Ain Beni Mather, les produits de la céréaliculture couvrent 60 % des besoins des animaux. De même, dans le Haut Atlas central, 19 % des ressources alimentaires des animaux sont assurées par de petites parcelles agricoles irriguées[2].

Une autre particularité de ces systèmes s'exprime avec l'apparition des troupeaux mixtes.

1.5. Troupeaux mixtes

Le comportement de plusieurs races animales permet de valoriser les différents types de formations végétales herbacées, ligneuses ou arbustives. De même, les troupeaux composés de femelles de différentes classes d'âge

---

« Selon les conditions climatiques et les résultats de la récolte céréalière, le bilan fourrager ainsi que la contribution de chaque ressource alimentaire dans la couverture des besoins du cheptel peuvent varier dans des proportions importantes d'une année à une autre. En année favorable le disponible fourrager est en moyenne de 15-18 milliards d'unités fourragères (UF) alors qu'en année défavorable, ce dernier, chute à près de 11-14 milliards d'UF soit 4 milliards d'unités fourragères en moins "tendance des cinq dernières années DDFP, 2011". Le 2éme Rapport national sur l'état des ressources génétiques animales, Étude de l'Organisation des Nations Unies pour l'Alimentation et l'Agriculture, 2014, disponible sur le site : http://www.fao.org/3/i4787e/i4787f27.pdf , consulté le 05/04/2018.

[1]BOUDERBALA (Négib), « La Terre collective au Maroc : Droite et Fait », in Alain Bourbouze et Roberto Rubino, (dir.), Terres collectives en Méditerranée, Étude de l'Organisation des Nations Unies pour l'Alimentation et l'Agriculture, 1992, pp. 28-41.

[2]Ibid., pp. 28-41.

permettent une plus grande souplesse face aux perturbations conjoncturelles comme les sécheresses[1].

Ainsi, comme nous l'avons décrit, les transhumants[2] organisent et assurent la gestion de leurs troupeaux au travers d'un éventail de techniques et de pratiques pour tirer le meilleur parti des parcours. Parmi celles-ci, les déplacements sont souvent l'élément fondamental de leurs systèmes d'exploitation ; cela leur permet d'exploiter les parcours les plus pauvres dont les ressources dispersées nécessitent des déplacements fréquents et une grande amplitude de presque toute la famille. Ce sera l'objet de la prochaine section.

1.6. L'exploitation collective des parcours collectifs et forestiers

L'exploitation collective des parcours a fait l'objet de plusieurs débats entre spécialistes dans ce domaine. Certains auteurs, comme Hardin[3], postulent que lorsque le droit d'usage d'une ressource est partagé, les différences de coûts marginaux et de bénéfices des personnes et des groupes incitent à une exploitation déraisonnable de la ressource.

Historiquement, les chercheurs ont été bloqués par l'article du biologiste Garett Hardin, publié dans la prestigieuse revue 'Science' en 1968, sur « The Tragedy of

---

[1]Ibid., pp. 28-41.

[2]Le transhumant joue un rôle essentiel dans les modes d'exploitation des parcours, il choisit l'itinéraire journalier, en combinant entre les facteurs de temps, les possibilités d'abreuvement, l'évolution saisonnière de la végétation… BOURBOUZE (Alain) & DONADIEU (Pierre), « L'élevage sur parcours en régions méditerranéennes », Options Méditerranéennes : Série Études, 1987, op.cit., p.34.

[3] HARDIN (Garrett), « The tragedy of the commons », Science, Vol.162, N° 3859, 1968, p.1244.

the Commons » ou plutôt de la tragédie du non-commun. Hardin a été influencé par le courant néolibéral prôné par R. Reagan ou M. Thatcher. Ce courant vise à généraliser la propriété privée de la terre partout où elle était détenue en commun sur la base d'une explication « hardinienne » erronée qui a confondu entre 'open access' et 'common access'. Hardin répond à la demande implicite des grands bailleurs de fonds qui doivent justifier la mondialisation de leurs pratiques propriétaires afin d'imposer des politiques d'attribution de titres fonciers dans leurs programmes d'ajustement structurel[1].

Toutefois, le droit de propriété est exclusif, absolu, aliénable, imprescriptible, perpétuel et attaché au patrimoine de la personne[2], qu'elle soit physique ou morale. Quant à la propriété, elle est considérée comme « le droit de jouir et de disposer des choses de la manière la plus absolue, pourvu qu'ils n'en fassent pas usage interdit par les lois et règlements[3] ». De là on peut envisager la prise en compte des biens communs hors de la question de la propriété. Cette dernière qui reste selon Le Roy[4] comme la loi du marché, et que sans propriété pas de marché et sans propriété privée pas de marché capitaliste. Car juridiquement dans l'expression « bien commun » les deux termes « bien » et « commun » associés s'annulent conceptuellement, le bien étant aliénable, marchand alors qu'un commun n'a pas vocation directe à entrer sur le marché. David Bollier considère que « Les communs c'est : un système social en vue de la gestion responsable des ressources qui préserve

---

[1] LE ROY (Étienne), « Les communs et le droit de la propriété », La Revue Foncière, N°4 mars-avril 2015, pp. 28-32.

[2] Ibid., pp. 28-41.

[3] Ibid., pp. 28-41.

[4] LE ROY (Étienne), La terre de l'autre, une anthropologie des régimes d'appropriation foncière, Paris, LGDJ, coll. Droit et société, série anthropologie ,2011.

les valeurs partagées et l'identité d'une communauté ; un système auto-organisé ; la richesse dont nous héritons ou que nous créons ensemble ; un secteur de l'économie qui crée de la valeur (...). Les communs ne sont pas des ressources. Ce sont des ressources plus une communauté définie et les protocoles, valeurs et normes inventés par cette communauté pour gérer ces ressources .Ils doivent être animés par la participation à la base, la responsabilité personnelle, la transparence, l'autorégulation et la reddition des comptes[1] ».

Dès sa publication dans la revue Science en décembre 1968, l'article de Hardin sera l'un des plus cités dans les publications scientifiques. La conception d'Hardin dépeint un berger (et son troupeau), mu par le désir d'augmenter ses revenus, qui choisit de faire progresser continuellement la taille de son bétail. Un tel comportement conduisant inévitablement à la surexploitation du pâturage[2]. Cependant, l'analyse de Hardin est étonnante. Pour lui, il faudrait renoncer à la liberté de produire pour préserver les ressources, alors que, dans le contexte marocain, les

---

[1] BOLLIER (David), La renaissance des communs, pour une société de coopération et de partage, Paris, Éditions Charles Léopold Mayer, traduit de l'américain par Olivier Petitjean ,2014, p.180.

[2] « The tragedy of the commons develops in this way. Picture a pasture open to all. It is to be expected that each herds man will try to keep as many cattle as possible on the commons. Such an arrangement may work reasonably satisfactorily for centuries because tribal wars, poaching, and disease keep the numbers of both man and beast well below the carrying capacity of the land. Finally, however, comes the day of reckoning, that is, the day when the long-desired goal of social stability becomes a reality. At this point, the inherent logic of the commons remorselessly generates tragedy. As a rational being, each herdsman seeks to maximize his gain. Explicitly or implicitly, more or less consciously, he asks, "What is the utility to me of adding one more animal to my herd ?" This utility has one negative and one positive component », souligne G. Hardin. Ibid., p.1244.

populations locales ont depuis des temps immémoriaux développé des formes d'adaptation à leur environnement. La gestion de la rareté et de la fragilité des ressources naturelles constitue l'une des manifestations de ce génie civilisationnel[1].

La thèse de Hardin est aussi contestée par Ostrom[2]. Ce dernier dans sa soutenance de thèse en 1965, concernant le management des nappes phréatiques dans le sud de la Californie, a observé empiriquement une grande variété de systèmes d'exploitation des biens communs. Ces derniers combinant généralement l'autogestion, les règles coutumières, les mécanismes de marché et la régulation étatique. Dans cette vision, Ostrom constate que « La gestion efficace et soutenable d'une ressource naturelle commune est également plus à même d'être accomplie lorsque les limites de la ressource sont faciles à identifier, lorsque ses changements d'état peuvent être surveillés à un coût relativement faible, lorsque le taux de changement dans les conditions socioéconomiques, technologiques et d'utilisation reste stable, lorsque les communautés maintiennent des interactions sociales fréquentes entre elles et favorisent ainsi la confiance qu'elles se portent

---

1 Les éleveurs utilisent le concept de « Touga » pour désigner des espèces contenant un composant herbacé (feuilles, tiges tendres, etc.), tandis que les espèces à partie ligneuse développée sont désignées par le terme « Iffessi ». Ces espèces constituent pour les sélectionneurs un capital phytomasse disponible à tout moment. Ils utilisent aussi le terme « Lakhalf » pour exprimer la reproduction sexuée en recrutant de nouvelles plantes à partir de stocks de semences. BOURHIM (Rabiaa), « La gouvernance négociée : un nouveau mécanisme de résolution des conflits des droits d'usage collectifs dans les espaces arides - Cas du Maroc », Revue Marocaine d'Administration Locale et de Développement, N° 150-151, Rabat, 2020, op.cit., pp.171-184.

2 SCHLAGER (Edella) & OSTROM (Elinor), « Property-Rights Regimes and Natural Resources: A Conceptual Analysis », Land Economics, Vol.68, N° 3, 1992, pp.249-262.

(augmentant ainsi le capital social), lorsque les outsiders peuvent être relativement facilement empêchés d'accéder à la ressource (prévenant ainsi son utilisation à grande échelle) et lorsque les infractions aux règles sont surveillées et sanctionnées [1] ». Certes, cette conception est purement économique ; néanmoins, elle contribue à enrichir notre réflexion concernant la gestion et l'accès aux ressources naturelles communes.

L'un des points fondamentaux de la théorie des communs forgée par Elinor Ostrom[2] est de reconsidérer le régime de la propriété. Ostrom montre qu'il existe un « faisceau de droits » entre le droit de la propriété privée et l'ouverture à tous d'un bien public. Pour Ostrome, il existe le droit d'accès, le droit de prélèvement, le droit de gestion, le droit d'exclure et le droit d'aliéner qui sont répartis différemment entre les associés au partage d'une ressource, selon qu'ils sont propriétaires avec ou sans droit d'aliénation, détenteurs de droits d'usage et de gestion ou usagers autorisés[3], et que des groupes ou organisations sociaux parviennent ainsi à gérer, en les protégeant et partageant, et que les règles de gestion peuvent être informelles, sauf que l'implication des individus concernés est toujours forte. Cependant cette classification n'est pas applicable dans le contexte marocain car les biens communs ne sont pas une propriété mais plutôt un patrimoine commun. Les communs se définissent par les rapports qui s'établissent entre les acteurs ou communautés pour la gestion des ressources, et non simplement par les ressources elles-mêmes. Ce qui explique qu'il est possible

---

[1]LE ROY (Alice), « Des communs sans tragédie : Elinor Oström vs. Garrett Hardin », EcoRev', N° 39,2012, p. 24.

[2] En 2009 Elinor Ostrom a pris le prix Nobel d'économie pour sa théorie des communs.

[3] http://www.histoiredesmedias.com/Revue-europeenne-des-medias-et-du.html , consulté le 27/12/2021.

d'arriver à un mode d'auto gouvernance durable car « une norme sociale, surtout dans un contexte où il y a communication entre les parties, peut engendrer un comportement coopératif aussi bien ou presque aussi bien qu'un ensemble de règles et de systèmes de surveillance et de sanction imposés de l'extérieur [1]»

Ainsi, Ostrom, démontre que les communautés d'usagers arrivent souvent par elles-mêmes à inventer des systèmes de gestion efficaces et robustes. Sa classification des droits d'usage[2] et de gestion des ressources détenus par les assemblées coutumières est illustrée par le tableau suivant. :

Des auteurs, comme Le Roy dans sa théorie de la maîtrise foncière, considère que la terre est conçue dans les espaces africains (y compris l'espace marocain) comme étant une « une relation 'imaginée' entre les hommes à propos de l'espace et qui n'existe que selon des conventions qui s'inscrivent dans les systèmes d'idées avant d'être matérialisées dans l'espace social[3] ».

Selon cette théorie, l'espace peut voir son statut changer en fonction de son usage. La maîtrise foncière est donc une notion de type interculturel, appréhendant à la fois les logiques traditionnelles et modernes[4], dont la solution est hybride conciliant droit étatique et droits traditionnels. La solution est donc hybride, c'est-à-dire intéressant à la fois

---

[1] OSTROM(Elinor). (2005), Understanding Institutional Diversity, Princeton, Oxford, Princeton University Press,2005, p.130.

[2]Dans le contexte marocain le foncier collectif constitue un patrimoine commun de toute la collectivité dont personne n'est propriétaire.

[3] LE ROY (Étienne) et al,. L'appropriation de la terre en Afrique noire. Manuel d'analyse, de décision et de gestion foncière, Paris, KARTHALA, 1991, p.11.

[4] LE ROY (Étienne) & KARSENTY (A) et al., La Sécurisation foncière en Afrique de l'Ouest, Paris : Kartala, 1996, p. 464.

le droit étatique actuel (basé sur le régime foncier) et les droits traditionnels. L'originalité de la théorie de Le Roy réside dans la combinaison des différents droits. L'auteur envisage cinq types de cogestion : publique qui est commune à tous ; externe qui est commune à quelques groupes ; interne-externe qui est commune à deux groupes ; interne qui est commun à un groupe ; et enfin privé qui propre à une personne. Le Roy fixe dans son tableau vingt-cinq modes de régulation dans le but de « se donner la capacité de saisir et d'encadrer les situations de terrain[1] ».

En ce qui concerne le cas marocain, Ramdan[2] et Kamil[3], dans leurs études sur la région de Missour, ont démontré que, contrairement aux hypothèses précitées, les parcours de la commune de Missour sont exploités de manière rationnelle. La prise en considération du renouvellement de la ressource, de l'environnement par un niveau appréciable du climat technique, de la topographie, de la qualité de la végétation et des points d'eau et de la qualité des aires de repos des animaux, témoigne de la prise de conscience collective du préjudice causé par la surexploitation.

---

[1] LE ROY (Étienne), « La théorie des maîtrises foncières ». In : La sécurisation foncière en Afrique. Pour une gestion viable des ressources renouvelables, Paris, Karthala,1996, p.74

[2]RAMDAN (A) : État des ressources et utilisation des pâturages par les transhumants nomades : Cas de Missour, Mémoire de fin d'étude de l'Institut agronomique et vétérinaire, Hassan II, Rabat, 1991.

[3] KAMIL (Hassan), Les pâturages de Missour (Rive gauche), leur appréciation et leur mode de gestion par les transhumants nomades, Mémoire de fin d'étude de l'Institut agronomique et vétérinaire Hassan II, Rabat, 1992.

2.Gestion de l'espace pastoral, le savoir et les pratiques locales

Les décisions en matière de gestion de l'espace pastoral sont conditionnées par le savoir et la connaissance des transhumants dudit espace, ainsi que de ses contraintes et de ses potentialités. Tous ces éléments permettent aux transhumants d'adopter des stratégies de Transhumance sur de longues distances. Ainsi, lorsque les facteurs de déplacement constituent une contrainte, ces derniers limitent leurs champs d'action[1]. Nous décrivons par la suite les principaux facteurs qui influencent les décisions de gestion pastorale.

2.1. La nature de l'espace pastoral

La nature de l'espace pastoral et son appartenance à un groupe ethnique ou social déterminent le choix des transhumants concernant le déplacement du troupeau. Ainsi, ceux qui possèdent une zone suffisamment grande ont la possibilité de valoriser la complémentarité en matière de variabilité spatiale et temporelle de la disponibilité des ressources sylvo-pastorales ; ceux qui disposent d'un espace limité seront contraints de réduire leurs déplacements. Néanmoins, lorsque l'espace commun est envisagé comme un « tout », les contraintes demeurent limitées[2].

---

[1]NAGGAR (Mustapha), « Stratégie sylvopastorale et renouveau des pratiques pastorales en forêt au Maroc », Revue Forestière française, N°5, 2018, op.cit., p. 493.

[2] Ibid., p. 493.

2.2. L'espace pastoral appartient à un groupe donné

Quand l'espace pastoral appartient à un groupe donné, ce facteur ne permet pas de flexibilité en matière de stratégie de déplacement. Cependant, l'échange de solidarité entre les différentes tribus permet une certaine flexibilité en matière du choix de déplacement. Dans les faits, l'habitude constitue également un facteur d'influence sur les trajets de Transhumance, car les transhumants et leurs troupeaux tendent à suivre les mêmes axes de déplacements en raison de leurs connaissances accumulées.

Par ailleurs, la présence des terres de culture peut également contribuer à influencer le choix concernant la période d'utilisation des parcours durant des périodes déterminées. « Certains éleveurs s'arrangent pour effectuer un séjour assez important sur un grand parcours de manière à assurer les travaux de récolte sur les terrains de cultures qui s'y trouvent et pour exploiter les chaumes après la récolte… pour ce qui est du choix du lieu de Transhumance, les disponibilités fourragères (en qualité et en quantité), la proximité des points d'eau pour l'abreuvement et des infrastructures en particulier les souks, ainsi que la présence d'abris constituent les principaux facteurs influençant ce choix. L'existence de l'Agdal influence et oriente les déplacements des troupeaux vers ces lieux et plus particulièrement pendant la période estivale »[1].

---

[1]Bulletin de liaison du projet de conservation de la biodiversité par la Transhumance, N° 1, mai 2003, disponible sur le site: http://ma.chm-cbd.net/manag_cons/project_ma/zones_arides/transhum, consulté le 18/6/2017.

2.3. Les savoirs pour l'appréciation des ressources sylvo-pastorales

Dans la zone du projet de conservation de la biodiversité par la Transhumance sur le versant sud du Haut Atlas (CBTHA)[1], la notion « Ameskou » constitue un facteur essentiel. Elle est utilisée par les transhumants pour apprécier la valeur d'un parcours et pour savoir si les bétails s'y portent bien. Les transhumants utilisent le concept « Touga » pour désigner des espèces contenant une importante composante herbacée (feuilles, tiges tendres…). Les espèces ayant une partie ligneuse développée sont désignées par le terme « Iffessi »[2] ; ces espèces constituent pour les transhumants un capital en phytomasse disponible à tout moment.

L'appréciation des transhumants d'un parcours est liée également aux capacités de régénération végétale. Les transhumants utilisent alors le terme « Lakhalf » pour exprimer la reproduction sexuée grâce à de nouvelles plantes à partir du stock du sol en semence[3].

2.4. Les valeurs du pastoralisme

Les valeurs directes du pastoralisme sont composées de produits mesurables et quantifiables : les ventes de bétail, de la viande, du lait, de poils et de la peau. Elles regroupent

---

[1]Voir la partie relative au Projet CBTHA.

[2] Bulletin de liaison du projet de conservation de la biodiversité par la Transhumance, N° 1, mai, 2003, disponible sur le site : http://ma.chm-cbd.net/manag_cons/project_ma/zones_arides/transhum, consulté le 18/6/2017.

[3] Ibid.

également d'autres valeurs telles que l'emploi, les transports, les connaissances et les compétences[1].

Concernant les valeurs indirectes, il convient de citer celles qui sont corrélées au pastoralisme comme les intrants agricoles. Par exemple, les engrais, la traction, le transport, mais aussi les produits complémentaires tels que le miel, les plantes médicinales, la faune, la flore et le tourisme. Elles comprennent aussi d'autres valeurs comme les services liés aux écosystèmes à savoir la biodiversité, les flux d'énergie et un éventail de valeurs sociales et culturelles[2].

À ce titre, les États doivent être convaincus de la valeur du pastoralisme comme un système d'exploitation des terres et le voir comme une priorité de développement comparé aux avantages perçus et aux profits à court terme apportés par d'autres utilisations foncières. Les communautés pastorales doivent aussi être convaincues de la légitimité et de la valeur de l'État et parfois développer leur sens de responsabilité civique et de citoyenneté et d'instaurer un climat de confiance[3].

Comme nous l'avons déjà mentionné, la production pastorale fait naître aussi toute une gamme étendue de produits et d'espèces qui contribue à rendre les systèmes pastoraux traditionnels beaucoup plus rentables que les modèles d'élevage centrés sur la viande qui ont été promus

---

[1] HATFIELD (Richard) & JONATHAN (Davies) et al., « Revue mondiale de l'économie du pastoralisme. L'Initiative Mondiale pour un Pastoralisme durable », 2006, disponible sur le site : http://cmsdata.iucn.org/downloads/global_review_ofthe_economicsof_pastoralism_fr.pdf, consulté le 18/6/2017.

[2] Ibid.

[3] DAVIES (Herrera P) & RUIZ-MIRAZO (Jabier) et al., « Améliorer la gouvernance des terres pastorales », Guide Technique pour la Gouvernance des Régimes Fonciers, N° 6, Étude de l'Organisation des Nations Unies pour l'Alimentation et l'Agriculture, 2017, p.32.

en leurs lieux et places ; les systèmes pastoraux ont potentiellement la capacité d'approvisionner les marchés en produits à plus bas coûts.

Les transhumants contribuent de manière significative aux économies nationales et aux revenus nationaux, en particulier dans les pays en développement. La grande force du pastoralisme réside dans son énorme versatilité et flexibilité dans des conditions incertaines et en mutation[1] Cette importance étant d'autant plus soulignée par son apport socioéconomique.

3. Importance socioéconomique de la Transhumance et l'élevage au Maroc

La mobilité des troupeaux constitue une nécessité économique et écologique pour les transhumants, car ceux-ci sont confrontés à la faible productivité de l'environnement ainsi qu'à la grande variabilité et à l'imprévisibilité des ressources qui caractérisent les espaces arides et semi-arides. Celles-ci peuvent être habituelles ou d'urgence durant les sécheresses ou lors des conflits. Notons que la mobilité est fortement dépendante de facteurs techniques et sociopolitiques[2]. Elle est en fait une stratégie mise en pratique par les transhumants à des degrés divers en fonction de la topographie du territoire, du climat, des coutumes entre les tribus. La finalité étant aussi un moyen

---

[1] HATFIELD (Richard) & JONATHAN (Davies) et al., « Revue mondiale de l'économie du pastoralisme. L'Initiative Mondiale pour un Pastoralisme durable », 2006, disponible sur le site : http://cmsdata.iucn.org/downloads/global_review_ofthe_economicsof _pastoralism_fr.pdf, consulté le 18/6/2017., op.cit.

[2] NORI (Michèle) & TAYLOR (Michael), « Moyens mobiles d'existence, ressources fragmentaires, droits variables : appréhender les territoires pastoraux », disponible sur le site : www.landcoalition.org/pdf/pol_pastoral_dftf.pdf, consulté le 14/4/2017.

de réduire l'intensité de la dégradation d'un parcours collectif pendant une courte période.

Contrairement aux sédentaires, les transhumants [1] et leurs troupeaux se déplacent de façon saisonnière en fonction des précipitations, de la température, de la présence de parcours, de la connaissance du potentiel de productivité des écosystèmes et de la capacité de négocier pour accéder aux principaux parcours et des points d'eau. Cette mobilité des transhumants est ainsi fortement liée aux capitaux humains et sociaux[2].

Par ailleurs, le transhumant peut partager son troupeau de plusieurs manières afin de tirer le meilleur parti de la productivité des parcours ; cela lui permet d'obtenir une meilleure exploitation des parcours, mais nécessite davantage de compétences et une main-d'œuvre suffisante[3]. Ainsi, durant les années 1980, en raison des sécheresses successives, de l'écart grandissant de revenus et de la détérioration des zones de parcours, les petits transhumants propriétaires de petits troupeaux ont dû chercher un emploi rémunéré en tant que pasteurs auprès des grands propriétaires de bétail. Par la suite, ces petits transhumants (devenus eux-mêmes de grands transhumants) se sont

---

[1] « Les peuples autochtones ont le droit de renforcer leurs liens spirituels particuliers avec la terre, les territoires, les eaux et les zones maritimes. Zones côtières et d'autres ressources qu'ils possèdent ou occupent traditionnellement et d'assumer leurs responsabilités à cet égard pour les générations futures » art.8, 25, 26 et 27 de la Déclaration des Nations Unies sur les droits des peuples autochtones (12 septembre 2007).

[2] BOURBOUZE (Alain), « Gestion de la mobilité et résistance des organisations pastorales des éleveurs du Haut Atlas marocain face aux transformations du contexte pastoral maghrébin », Managing Mobility in African Rangeland : the Legitimization of Transhumant Pastoralism, Niamir Fuller M. (dir.), Londres, Publications Ltd, 1999, p.246.

[3] Ibid., p.246.

installés sur les mêmes parcours même s'ils n'étaient pas des ayants droit, contribuant ainsi à une augmentation des charges sur les parcours[1].

L'élevage dans la tradition pastorale constitue, au niveau social, un élément d'équilibre et de stabilité des structures pastorales traditionnelles. Il représente l'une des principales composantes de l'agriculture marocaine et revêt une certaine importance socioéconomique pour la population rurale. Sa contribution au PIB agricole atteint 38 %[2]. Cette activité est également un secteur qui offre nombre d'emplois dans les zones rurales, et plus particulièrement dans les zones enclavées.

Le rôle de l'élevage doit être appréhendé à plusieurs niveaux. Il joue un rôle moteur pour certains secteurs agro-industriels en produisant des matières premières : viande, lait, laine et peau. En outre, l'élevage par la division du troupeau est une stratégie d'adaptation bénéfique à la dynamique écologique et à la satisfaction des besoins nutritionnels du bétail.

L'élevage joue également un rôle crucial dans la lutte contre la pauvreté en fournissant des revenus à des millions[3] de personnes engagées dans les domaines de production, de transformation, de commercialisation et de services. Le

---

[1]Ibid., p. 236

[2]Rapport national sur l'état des ressources génétiques animales, 2014, disponible sur : http://www.fao.org/3/i4787e/i4787f27.pdf, consulté le 25/5/2017.

[3]« Les circuits commerciaux traditionnels liés aux produits animaux induisent des milliers d'emplois secondaires, comme au Burkina Faso où ils étaient estimés à 60 000 équivalents temps pleins » MULUMBA(JBK) & SOMDA(J) et al, Élevage et marché régional au Sahel et en Afrique de l'Ouest. Potentialités et défis. CSAO-OCDE/CEDEAO, 2008, p.34 disponible sur le site : https://www.oecd.org/fr/csao/publications/40279092.pdf, consulté le 25/5/2017.

commerce de bétail et de produits d'origine animale constitue aussi une source de revenus et d'emplois.

Dans un tel contexte, il est utile d'identifier les enjeux et la problématique liés à la sédentarisation.

4. Enjeux et problématique de la sédentarisation

Les systèmes pastoraux, comme nous l'avons souligné, évoluent progressivement vers la sédentarisation, ce qui entraîne une surcharge des terres des parcours collectifs. Confirmant cette tendance, Qarro affirme que la sédentarisation est un phénomène nouveau en zones arides. Il a été essentiellement introduit durant la deuxième moitié de ce siècle.

Au niveau de la plaine, et notamment dans certaines communes, le taux de sédentarisation durant la période récente est relativement faible (22 % des transhumants), tout en sachant que les transhumants de ces communes sont actuellement, en quasi-totalité, des sédentaires [1]. Qarro ajoute que d'après les résultats des enquêtes menées dans ces zones sur le changement et l'innovation dans le domaine pastoral, plus de la moitié des foyers ne se déplacent plus, et que ce processus de fixation est récent, seulement quelques foyers étaient concernés avant 1970[2]. La fixation a connu une accélération pendant les années 1970 où la population des foyers concernés a atteint 20 %. Cependant, c'est durant les années1980 que plus de la moitié (74 %) des foyers ont abandonné les déplacements. Parmi ceux-ci, 50 % l'ont fait après 1985 [3]. La

[1] QARRO (Mohamed), Rapport d'Étude sur les systèmes pastoraux, Rapport non publié, École nationale forestière d'ingénieurs, Salé, 2005, p.30.

[2] Ibid., p.30.

[3] ibid., p.30.

sédentarisation est en fait un phénomène antérieurement déclenché par la Colonisation, qui a conduit à la délimitation des territoires des tribus, afin de mieux maîtriser l'espace et de contrôler la population marocaine[1].

S'inscrivant dans cette perspective, le législateur colonial a tenté d'affaiblir les droits et les compétences des institutions coutumières, à savoir la Jmaa. Il a, de ce fait, contribué à « l'accaparement » de l'intérêt collectif. La finalité était de sédentariser les populations afin de limiter la mobilité dans l'espace, de mieux contrôler le territoire national et d'exercer un contrôle politique à travers le foncier[2]. Aussi, le colonisateur a encouragé l'agriculture, en limitant les déplacements et entraînant la fixation des troupeaux autour des parcours.

Parmi les facteurs qui ont conduit à la sédentarisation, nous citerons l'octroi de crédit aux transhumants et la création de points d'eau. À ce propos, remarquons que si la création de ces points d'eau permet de mieux répartir le bétail sur les parcours, elle conduira également à accentuer la dégradation des ressources fourragères en encourageant la fixation des transhumants autour de ces ressources. Signalons, par ailleurs, que l'utilisation de la complémentation est devenue une exigence pour répondre aux besoins des animaux mis sur des parcours[3].

---

[1] BOUDERBALA (Negib), « Les terres collectives du Maroc dans la première période du protectorat (1912-1930) », Revue du monde musulman et de la Méditerranée, N° 79-80, 1996, p. 146.

[2] « … C'est le protectorat qui opère une destruction massive et irréversible des territoires des collectivités, au nom de la construction de l'État moderne… » Ibid., p. 146.

[3] La sédentarisation des transhumants sur les parcours a connu des fluctuations à cause du manque de moyens pour creuser des puits, et aussi à cause de l'apparition de conflits au sein du même groupe.

La pluralité des acteurs en milieu pastoral – la commune, l'entité administrative et la collectivité ethnique – la marginalisation et le faible taux d'encadrement des transhumants, l'inefficacité des coopératives ethno-lignagères et le sous-équipement en infrastructures de base ne permettent pas le développement et la valorisation de l'espace pastoral.

Dans de telles conditions, il serait important de mettre en place des mesures pour rétablir les équilibres écologiques, garantir la durabilité des ressources sylvo-pastorales et combattre la désertification de ces environnements arides. Ainsi, la transition d'un système pastoral à un système d'exploitation mixte repose en partie sur des ressources alimentaires d'origine agricole. De même, le système pastoral s'appuie sur l'utilisation de la végétation spontanée des parcours, à partir de laquelle tous les animaux tirent leur subsistance.

Pendant longtemps, un certain équilibre a été maintenu entre les ressources sylvo-pastorales et le nombre d'animaux, jusqu'à ce qu'il soit brisé par l'augmentation des effectifs et des besoins des animaux. De nos jours, le phénomène de sédentarisation contribue à aggraver le déficit alimentaire, car les ressources fourragères produites par la végétation spontanée n'assurent plus la subsistance des troupeaux tout au long de l'année.

La mise en culture est pratiquée durant les années sèches juste pour affirmer l'annexion du parcours collectif et forestier. Bien que la menace soit urgente, l'institution coutumière (Jmaa) se montre incapable de la contrôler, car la règle[1] de l'acquiescement, prévalant généralement dans

---

[1] La Transhumance hivernale entre les Ait Arfa de la région de Guigou dans le Moyen Atlas vers Azaghar a été arrêtée parce que les accords conclus entre les deux tribus Ait Arfa et Ait Alla ont été rompus en 1970, ce qui a poussé les transhumants à cultiver du fourrage, d'autres

ce type d'institution, devient inefficace en cas de grave conflit. De ce fait, avec la sédentarisation, les systèmes alimentaires entièrement basés sur l'exploitation des parcours sont passés à un mode agropastoral dont les ressources agricoles proviennent des sous-produits (chaume, paille) du fourrage cultivé, surtout pour l'hiver[1].

En ce sens, Bourbouze confirme que l'utilisation des véhicules a aussi modifié le type de mobilité. Les transhumants de moyenne et grande tailles disposent aujourd'hui de Pick-up. D'autres transhumants louent des camions pour amener des citernes d'eau et transporter les moutons dans les souks[2]. L'acquisition de camions et de grandes citernes permet aux transhumants de rester à une distance de 20 à 30 kilomètres des points d'eau et d'utiliser massivement les parcours désertés par d'autres éleveurs[3].

Ainsi, le comportement opportuniste d'individus sans règles de gestion collective en s'appropriant les meilleurs parcours, ainsi que l'utilisation massive des moyens de transport traversant les parcours en toute saison favorise la

---

transhumants ont vendu une partie du bétail pour creuser des puits et cesser de transhumer. BOURBOUZE(Alain), « Gestion de la mobilité et résistance des organisations pastorales des éleveurs du Haut Atlas marocain face aux transformations du contexte pastoral maghrébin », Managing Mobility in African Rangeland : the Legitimization of Transhumant Pastoralism, Niamir Fuller M. (dir.), Londres, Publications Ltd, 1999, op.cit., p.9.

[1] BOURBOUZE (Alain), « Parc naturel d'Ifrane : étude pastorale et stratégie d'intervention », Montpellier, Publications du Centre International de Hautes Études Agronomiques Méditerranéennes, 1994, 32 p.

[2] BOURBOUZE (Alain), « Pastoralisme au Maghreb : la révolution silencieuse », Fourrages, N° 161, Paris, 2000, op.cit., p.7.

[3] LAZAREV (Grigori), ruralité et changement social au Maroc, Publication de la faculté des lettres et des sciences humaines Mohamed V, série : Essais, Rabat, 2014, p.250.

montée des grands troupeaux. Ils constituent le principal facteur de dégradation des parcours collectifs.

La passivité de la société civile et des autorités publiques dans le cadre de la mise en œuvre de programmes de lutte contre la désertification permet à ces transhumants de monopoliser de grandes surfaces favorisant le surpâturage ou la mise en culture. Pareillement, le développement des moyens de transport et du stockage des aliments favorise la sédentarisation et l'adaptation des troupeaux contribuant ainsi à la dégradation environnementale[1].

L'espace collectif fournit des ressources sylvo-pastorales essentielles aux sédentaires et aux transhumants. Ainsi, face au défi d'une gestion durable de ces territoires, l'action publique localisée devient urgente. Dans cette perspective, l'implication des autorités locales et des collectivités territoriales est incontournable dans la recherche et la mise en œuvre de stratégies adaptées aux réalités de ces territoires vulnérables, car celles-ci doivent être acceptées par tous les intervenants concernés dans les territoires donnés[2].

Concluons que, d'une manière générale, les politiques publiques adoptées à travers le monde ont toujours encouragé la sédentarisation des populations transhumantes en réduisant leur mobilité, sous le prétexte fallacieux d'améliorer la productivité des systèmes d'élevage, mais aussi de résoudre les différends des usagers[3]. De ce fait, il

---

[1] Ibid., p.250.

[2] ICKOWICZ (Alexandre) & IBRA (Touré) et al., « Accompagner le pastoralisme pour la valorisation durable des terres de parcours », Liaison Energie Francophonie, N° 105,2017, pp.107-112.

[3] ESTHER (Schelling) & WEIBEL (Daniel) et al., « APPRENDRE DE L'OFFRE DE SERVICES SOCIAUX AUX PASTEURS : ÉLÉMENTS DE BONNE PRATIQUE », disponible sur le site : https://www. iucn.

importait de nous intéresser au cadre juridique régissant les droits d'usage des ressources sylvo-pastorales.

org/sites/dev/files/import/downloads/social_services_to_pastoralists__french_. pdf, 2008 consulté le 28/2/2019.

Chapitre 2 - Le cadre régulateur moderne et traditionnel régissant les droits d'usage des ressources sylvo-pastorales

Dans le contexte marocain, le pluralisme juridique se compose de plusieurs ordres juridiques englobant le droit moderne hérité des droits coloniaux, le droit coutumier et le droit musulman, qui illustrent le droit endogène. Dans un tel contexte, nous sommes confrontés à une situation normative de sources étatiques et non-étatiques multiples, qui forment un pluralisme juridique complexe.

Dans ce chapitre, nous analyserons le cadre normatif positif et endogène régissant l'espace collectif et les droits des usagers, leurs lacunes et leur capacité de résilience.

Section 1 - Le Régime juridique et mode d'accès aux ressources sylvo-pastorales

Dans le droit musulman, il existe deux natures de terres : les terres cultivées ou habitées (Allard almaamoura), qui constituent une appropriation (Melk[1]) ; et d'autre part les terres incultivables, mortes[2] et non appropriées. De telles terres peuvent être divisées en deux autres catégories, les

[1] Au Maroc, l'acte d'Algésiras (1906) a accentué la pression des puissances sur les terres marocaines, il dispose que le makhzen ne peut refuser les autorisations d'achat sans motif légitime. Dans le même sens, dès la signature du traité instituant le protectorat français sur le territoire marocain le 30 mars 1912, la France colonisatrice a adopté la circulaire du grand vizir organisant le contrôle des opérations immobilières et fixe la liste des biens inaliénables, à savoir : le domaine public, le foncier habous, terres collectives, forêts, terres guich…). Elle a mis en place un corpus législatif visant à priver la tribu des ressources auxquelles elle avait librement accès en domanialisant la forêt et en réduisant l'accès et le déplacement sur les parcours, ainsi que le transfert du collectif à Melk. BOUDERBALA (Negib), « Les terres collectives du Maroc dans la première période du protectorat (1912-1930) », Revue du monde musulman et de la Méditerranée, N° 79-80, 1996, op.cit., p. 155.

L'objectif de l'autorité coloniale n'est autre que soustraire les terres collectives au marché et aussi d'exercer un contrôle de tutelle sur ces terres collectives. La tutelle exercée sur les terres collectives permet à l'autorité coloniale sous prétexte de l'intérêt général, l'expropriation pour cause de l'utilité publique, et la nécessité de l'autorisation du Makhzen avant tout changement de statut des terres collectives pour les collectivistes, d'exercer un pouvoir de contrôle politique sur le foncier collectif.

[2] La notion des terres « mortes » signifie les terres vacantes et sans maître, notons que le Dahir N° 1-11-178 du 22 novembre 2011 promulguant la loi N° 39-08 établissant le code des droits réels (Bulletin Officiel N° 5998 du 24 novembre 2011) prévoit dans son art. 222 que « les terres mortes sans maître appartiennent à l'État, et il n'est permis d'en prendre possession qu'avec l'autorisation expresse de l'autorité compétente conformément à la loi », également, l'art. 223 du même Dahir prévoit que » quiconque vivifie une terre morte avec l'autorisation de l'autorité compétente, a le droit de l'utiliser ».

terres communes et les terres « mortes » (Ard Almocharaka et Ard Almawat). La première catégorie est un patrimoine collectif des populations voisines qui peuvent l'exploiter. Mais ces terres se distinguent des terres collectives [1] considérées comme une copropriété tribale ou familiale.

Les terres « mortes » comprennent deux autres catégories : les terres Harim (Ard alharim), qui se trouvent dans la zone bordant des terres mises en valeur, habitées ou cultivées ; elles sont réservées aux besoins du propriétaire, à savoir le pâturage. Toutefois, le propriétaire ne possède que le droit de jouissance (Haq al intifaa) et non l'appropriation. D'autre part, les terres ravivées [2] (Al'Ihyae).

Selon la doctrine islamique, vivifier une terre « morte » est un acte de propriété privée qui s'étend donc aux terres de parcours. Le droit musulman considère que les biens immobiliers vacants « terres mortes » font partie des biens fonciers de l'État. De ce fait, les forêts sont considérées comme des biens appartenant à la communauté musulmane. Ainsi, la seule utilisation de la forêt en tant que terre « morte » résidait dans la satisfaction en bois et en pâturage des besoins des populations riveraines qui habitaient au voisinage de la forêt[3].

Au Maroc, la nature juridique des terres « mortes » est considérée comme propriété domaniale, ce qui contribue parfois à des conflits entre l'État, les sédentaires et les transhumants. Ces derniers les considèrent comme « Ard

[1]Les terres collectives ne sont pas une propriété privée (Melk), elles sont la propriété commune de la tribu.

[2]Il s'agit là des terres « mortes » que l'Homme fructifie qui deviennent des terres utiles. Certes, La vivification des terres « mortes » (Al'ihyae) trouve ses fondements dans le Coran dans plusieurs sourates et hadiths.

[3]Le Dahir du 7 juillet 1914 confirme l'appartenance des forêts aux biens de l'État.

Moulana » (la terre de Dieu), et l'État les estime comme un bien public relevant de la Direction des domaines (Amlak makhzania).

1- Caractérisation des différents types de propriétés des terres collectives et forestières au Maroc

Le système foncier marocain est caractérisé par une pluralité des statuts juridiques du foncier. Dans ce cadre, il existe cinq types de régimes fonciers, dont trois types concernent les parcours, à savoir : le Melk, le domanial et le collectif[1]. Ils seront décrits ci-après.

1.1. Le régime des terres Melk

Au Maroc, le régime Melk désigne des biens fonciers régis par le droit musulman, notamment le Rite Malékite. Le Melk peut être défini par opposition à la propriété de l'État, ou celle des collectivités ethniques, ou la propriété privée de type occidental. En droit musulman, ce régime est limité par le fait que le patrimoine familial patriarcal est maintenu sur les droits de propriété individuels[2].

---

[1] « Les sources du droit marocain sont nombreuses, sources parfois imprécises, pouvant relever de systèmes juridiques différents, de méthodologies diverses. Le raisonnement qui lui est applicable n'est donc pas toujours identique, compte tenu de la diversité de ses sources ; ce raisonnement peut même varier suivant la formation juridique de celui qui l'interprète ; le droit compris par un juriste de formation plutôt coranique ne sera pas exactement le même, ne se présentera pas avec les mêmes développements que le droit raisonne par un juriste de formation plutôt moderne. » DECROUX (Paul), « Droit Foncier Marocain, Droit privé marocain, Tome 3 », Éditions La Porte, 1977, p.11.

[2] BOUDERBALA (Négib), « Les systèmes de propriété foncière au Maghreb », Cahiers Options Méditerranéennes, N° 36, 1999, p.55.

Par opposition à la propriété étatique ou tribale, le régime des terres Melk désigne la propriété foncière régie par le droit musulman. Les terres Melk[1] appartiennent aux individus sans que les critères tribaux interviennent pour lui reconnaître le droit d'en user et d'en disposer.

1.2. Le régime des terres collectives

Depuis la circulaire vizirielle du 1er novembre 1912 reconnaissant les droits des tribus sur les zones qu'elles occupent à titre collectif et subordonnant toute cession de ces terres à l'accord de l'État, le législateur leur a spécifiquement consacré plus de 13 Dahirs, 3 arrêtés viziriaux et 1 décret.

Dans ce sens, les terres collectives relèvent de la propriété collective inaliénable d'un groupement doté de la personnalité civile dite la Jmaa. Le Dahir du 27 avril 1919 stipule les conditions de la gestion de ces terres, et partage les pouvoirs entre l'assemblée représentative de l'autorité de tutelle et des ayants droit.

Les terres collectives constituent donc la propriété commune à un groupement ethnique de même origine où les membres ont un droit de jouissance selon leurs coutumes. Ces terres collectives sont inaliénables, incessibles et imprescriptibles.

---

[1] Paul DECROUX affirme que « Le fondement juridique du droit de propriété des immeubles "melk" est le fait de la possession, une possession paisible, publique, à titre de propriétaire, non interrompu, pendant dix ans […] (ou plus selon certaines conditions), la Hiaza. Dans la réalité des choses, d'un point de vue purement sociologique, le "melk" est garantie par la cohésion du groupe social, par la connaissance naturelle que chacun a des biens des membres du groupe, par un respect vital, pour le groupe, du couple : famille-patrimoine » DECROUX (Paul), « Droit Foncier Marocain, Droit privé marocain, Tome 3 », Éditions La Porte, 1977, p.18.

Avec la colonisation au Maroc, le statut des terres collectives a subi de profonds changements. Le premier Dahir du 1er juillet 1914 sur le domaine public[1] visait à maintenir le pouvoir de contrôle et les droits de propriété du Makhzen sur les terres collectives. Cependant, les terres collectives appartenant aux différentes structures tribales restent régies par les règles coutumières, mais ne peuvent être vendues[2].

L'entrée en vigueur du Dahir du 27 avril 1919 a permis pour la première fois de définir le statut des terres collectives, puis de reconnaître les structures ethniques et tribales à qui elles appartiennent. Ce Dahir permet également à la Jmaa de gérer ses terres collectives sous le contrôle et la tutelle du conseil de tutelle, et fixe le statut insaisissable de ce type de propriété.

À cet effet, l'article 1er du dit Dahir définit la propriété collective comme étant « les terres de cultures ou de parcours dont les tribus, fractions de tribus, douars, d'autres groupements ont la jouissance à titre collectif ». Elles peuvent être définies aussi comme des terres appartenant à un groupe d'habitants ayant la même origine ou faisant partie de la même ethnie…

Le statut foncier des terres collectives précise qu'elles sont inaliénables, incessibles et imprescriptibles, car elles demeurent la propriété collective d'une collectivité appelée Jmaa, dont l'un des principaux rôles est d'intervenir et de dénouer les conflits entre les membres d'un même groupe

---

[1]Bulletin Officiel N° 10 du 1er juillet 1914.

[2] Paul Pascon affirme que les terres collectives sont presque partout un Melk qui ne veut pas dire son nom. BOUDERBALA (Negib), « Les terres collectives du Maroc dans la première période du protectorat (1912-1930) », Revue du monde musulman et de la Méditerranée, N° 79-80, 1996, Op.cit., p. 144.

ethnique ou des groupes ethniques différents, ou entre plusieurs groupes ethniques.

Cependant, les terres collectives possèdent une mauvaise réputation, pour diverses raisons, car elles sont particulièrement considérées comme l'une des facettes de la Siba, et qu'elles constituent des coutumes dans chaque entité séparément, ce qui affecte l'unité législative de l'État. Néanmoins, elles constituent toujours, sous la tutelle du ministère de l'Intérieur, un puissant moyen d'intervention et de contrôle politique dans les campagnes. Aussi, les terres collectives sont considérées comme un obstacle à l'investissement, car leur système juridique ne garantit aucun droit sur la terre.

Toutes ces raisons ont conduit à une évaluation négative de la valeur de ces terres. Cependant, dans le cadre de la libéralisation du marché foncier, l'État essaye de libéraliser ces terres collectives au bénéfice de certains investisseurs privés (par ex. le Groupe OCP pour l'exploitation des phosphates, Masen pour les énergies, etc.).

Malgré la proclamation de l'inaliénabilité de ces territoires collectifs, leur exploitation a été en grande partie cédée sous forme de bail à long terme, soit par concession perpétuelle de jouissance ; celle-ci est régie par les Dahirs du 16 mars 1926, du 19 octobre 1937, du 13 décembre 1941 et du 19 mars 1951, qui réglementent la gestion et l'aliénation des biens collectifs.

Les terres collectives comprennent les parcours et les terres de cultures ; tout membre appartenant à une communauté bénéficie du droit d'exploiter temporairement une partie du collectif. Concernant les terres de cultures, l'ayant droit dispose, dans les territoires à tradition paysanne, d'un lot transmissible[1].

En revanche, les terres de parcours ont connu un certain nombre de problèmes, car les ayants droit ont le droit d'accès et de pâturage pour l'ensemble du troupeau sans restriction dans l'espace, le temps, le nombre et l'espèce du troupeau. Ainsi, les conflits surgissent chaque fois les pactes ne sont pas renouvelés ou perdent leur effectivité[2].

1.3. Le régime des terres Guich

Ces terres ont été concédées par le Makhzen aux tribus en contrepartie des services militaires qu'elles lui rendaient[3]. Les terres Guich n'étaient pas soumises au Dahir du 27 avril 1919, mais l'article 2 du Dahir du 9 août 2019 (loi 62-17) prévoyait que ses dispositions s'appliqueraient aux terres Guich offertes aux collectivités ethniques.

1.4. Les biens habous

Les terres habous constituent « un acte juridique par lequel une personne, en vue d'être agréable à Dieu, se dépouille d'un ou plusieurs de ses biens, généralement immeubles, et les met hors du commerce, en les affectant à perpétuité à une œuvre pieuse, charitable ou sociale soit

---

[1]CHICHE (Jean), « À la recherche d'une définition des statuts fonciers au Maroc », in : Bourbouze A. (ed.), Msika B. (ed.) et al., Pastoralisme et foncier : impact du régime foncier sur la gestion de l'espace pastoral et la conduite des troupeaux en régions arides et semi-arides, Montpellier, Options méditerranéennes : Série A. Séminaires Méditerranéens, N° 32,1997, pp.15-30.

[2] Ibid., pp.15-30.

[3] BOUDERBALA (Négib), « Les systèmes de propriété foncière au Maghreb », Cahiers Options Méditerranéennes, N° 36, 1999, op.cit., p.21.

d'une manière absolue exclusive de toute restriction (habous public), soit en réservant la jouissance de ces biens à une ou plusieurs personnes déterminées (habous de famille. À l'extinction des bénéficiaires, le habous de famille devient habous public[1] ». C'est aussi « un acte juridique (le plus souvent mis par écrit devant le cadi et des témoins) consistant à immobiliser un bien et à en affecter les revenus à des bénéficiaires. Le constituant (ou habousant) doit être musulman (malékisme), propriétaire de la chose et capable d'en disposer. Il peut aliéner la totalité de ses biens, mais seulement le tiers s'il agit durant sa dernière maladie (malékisme). En droit hanéfite le constituant peut être le premier dévolutaire. En droit malékite le waqf est nul s'il n'y a pas un dessaisissement du bien et sa prise de possession par les bénéficiaires ou les administrateurs. En droit hanéfite, il n'est pas nécessaire d'être musulman pour constituer un waqf au profit d'une œuvre musulmane ou d'intérêt public. En pratique on a consenti à la validité des wakfs fait par des non musulmans en faveur d'églises, ou de synagogues... Mais le musulman ne peut constituer en faveur d'une institution non islamique. Le bien devient inaliénable et perpétuel en droit hanéfite. Toutefois, en droit malékite, si les bénéficiaires sont dans la misère[2].»

---

[1]LUCCIONI(Joseph), Le habous ou wakf, Casablanca, Imprimeries Réunies de la "Vigie marocaine" et du "Petit marocain", Vol.1,1942, p.15.

[2]BLEUCHOT(Hervé), « Habous », Encyclopédie berbère [En ligne], 21 | 1999, document H03, mis en ligne le 01 juin 2011, consulté le 24 septembre 2020. URL : http://journals.openedition.org/encyclopedieberbere/ 1840 ; DOI : https://doi.org/10.4000/encyclopedieberbere.1840, consulté le 24/10/2021

1.5. Les terres domaniales

Constituant des biens privés de l'État, ces terres sont conçues de différentes formes, à savoir les terres hors forêts gérées par les sociétés de l'État, et les terres domaniales forestières qui sont soumises au Dahir du 10 octobre 1917, qui fixe les conditions d'usage par les collectivités riveraines pour les droits d'usage.

Vu la complexité juridique qui régit l'accès à la terre et l'usage de l'espace collectif et des droits d'usage, qui constitue l'une des menaces majeures pour les écosystèmes et la sécurité des sédentaires et transhumants dans ces milieux fragiles, il importait d'en analyser le cadre normatif.

2- Analyse du cadre normatif régissant les droits d'usage collectifs

L'analyse du système juridique marocain révèle l'existence de plusieurs ordres de droit. Ce qui nous amène à s'interroger sur la nature de cette coexistence : complémentarité, compétition ou rivalité ?

2.1. Le droit musulman

Le droit musulman est parmi les disciplines religieuses les plus importantes dans l'enseignement théologique en islam [1], il englobe le Coran, la Sunna, Al Ijtihad (interprétation et consensus des Oulémas ou membres de la Oumma) et Al Qyas (le raisonnement analogique). Le droit musulman comprend l'ensemble des travaux produits par les jurisconsultes musulmans dans le temps et répondant à

---

[1] JABALLAH (Jamal), « Qu'est-ce que le droit musulman ? », Raison présente. Figures de l'islam, N° 141, 2002, p.33.

différentes questions, dans une approche de diversité et d'évolution.

Le droit musulman ne se trouve pas en contradiction avec la coutume, car il a au contraire joué un rôle important dans l'élaboration de normes juridiques [1]. Par contre, Michaux Bellaire démontre l'incapacité du droit musulman à s'adapter à de nouvelles situations, car il le considère comme figé, immuable et résistant à l'évolution sociétale. Par ailleurs, il estime que la spontanéité et le besoin de justice surmontent ces imperfections en créant des coutumes[2]. Le droit positif, par contre, renvoie dans de nombreux cas à la coutume qui se révèle parfois comme une véritable norme comblant le vide juridique.

En outre, l'islam ne rejette pas la coutume en tant que telle, car elle est reconnue comme une source de droit complémentaire et autonome après le Coran, la Sunna, Al Ijmaa et Al Ijtihad. La seule condition requise pour qu'une coutume ne soit pas exclue par le droit musulman est qu'elle doit être conforme à la religion, et de ce fait ne pas interdire une obligation religieuse ni permettre un acte illégal.

Dans cet esprit, le droit musulman et le droit positif marocain insistent sur l'existence de droits d'usage préétablis au bénéfice des riverains de la forêt. Dans ce cadre, Ibno Ishak affirme que la terre morte située dans le voisinage d'un fonds rural est grevée pour l'utilité de ce fonds d'une servitude de pacage et d'affouage dans un

---

[1] Le dispositif des règles issues directement de la normativité coranique, dérivées de celles-ci ou considérées comme telles par les musulmans.

[2] BENTAHAR (Mekki), « Droit et société au Maroc », Publications de l'Institut Royal de la culture Aamzigh N° 7, Elmaarif Aljadida, 2005, pp.15-31.

rayon d'un jour de distance d'y aller et d'en revenir utilement.

Au Maroc, lorsque les forêts ont été soumises au régime forestier, les populations riveraines ont obtenu des autorités du Protectorat l'engagement de ne pas perturber leurs coutumes, en l'occurrence leurs droits d'usage[1]. Ces droits d'usage conditionnent très souvent l'existence même de groupements humains ; sans eux, ces droits ne pourraient subsister. Les droits d'usage ont, alors, fait l'objet de réglementations relativement précises fixant les conditions de leur exercice.

2.2. Le Dahir du 10 octobre 1917 sur la conservation et l'exploitation des forêts ou le Code forestier marocain

Avec l'arrivée de la colonisation française, la forêt commençait déjà à faire l'objet d'un interventionnisme d'État. Les autorités publiques se sont appropriées toute la forêt dès les débuts de la colonisation dont la gestion a été confiée à l'administration des eaux et forêts. Le colonisateur français a ensuite mis en œuvre au Maroc un appareil administratif centralisé et un ensemble de politiques de modernisation et d'adaptation du pays pour répondre aux besoins du pouvoir colonial. La politique forestière fait partie de ces politiques.

Dès le 1er novembre 1912, une circulaire a été envoyée par le Grand Vizir aux gouverneurs, caïds et cadis en leur ordonnant de placer la forêt sous la responsabilité de l'administration du Makhzen, sous réserve des droits

---

[1]NADIR (Bouchra), Domanialité et environnement cas des eaux et forêts, Rabat, Éditions Almaarif, 2008, pp .71-72.

d'usage, à savoir le pâturage de troupeaux et le ramassage du bois aux bénéfices des tribus voisines[1].

En 1917, le Dahir portant Code relatif à la conservation et à l'exploitation des forêts dressera le cadre principal du Code forestier marocain. Ce dernier, qui s'est maintenu sans que de réels changements se soient produits jusqu'à aujourd'hui, se base sur deux axes : premièrement, la conservation et l'exploitation des forêts sont soumises au régime forestier ; deuxièmement, l'attribution et la surveillance des droits d'usage sont attribuées aux usagers[2]. Ainsi, toute exploitation ou extraction de tout produit forestier en dehors des dispositions du Dahir du 1917 est considérée comme une infraction passible d'amende[3] ou, en cas de récidive, d'une peine d'emprisonnement[4].

---

[1] « Il est d'autres biens qui ne peuvent être en aucune façon aliénés qu'avec l'autorisation du Makhzen, parce qu'il a sur ces biens des droits de propriété ou de contrôle » ce sont : […] 3° Les forêts qui, dans toute l'étendue de l'Empire appartiennent au Makhzen, sous réserve des droits d'usage (pâturage de troupeaux, ramassage du bois) que pourraient avoir les tribus voisines ; […] 5° Les terres désertes et incultes, les biens vacants et sans maître et, d'une façon générale, tous les immeubles que la loi musulmane comprend sous la dénomination de « terres mortes », lesquelles reviennent de droit au Makhzen et ne peuvent, d'après les règles du Chrâa, être occupées ou vivifiées sans autorisation ». Extrait de la circulaire du 1er novembre 1912.

[2] Les différents textes juridiques régissant les droits d'usage utilisent des termes variés (collectivistes, usagers, riverains ...) pour désigner les principaux acteurs, à savoir sédentaires et transhumants.

[3] Gérard Buttoud appelle l'Administration forestière « l'État forestier gendarme » BUTTOUD (Gérard), « Les projets forestiers de la Révolution (1789-1798) », Revue forestière française, Vol.1, N° 35,1983, p.135.

[4] Les dispositions relatives à l'exploitation et la valorisation des produits forestiers sont traitées dans les titres 2 et 3 du Dahir de 1917, et complétées par l'arrêté viziriel du 4 septembre 1918 relatif à l'exploitation des forêts.

Différents Dahirs et arrêtés viziriels complétant le Dahir de 1917 relatif à l'exploitation et à la conservation des forêts ont contribué à renforcer les socles du régime forestier marocain. Les plus importants concernent la régulation des droits d'usage dans les terres de parcours[1]. Cette régulation limite et subordonne la quantité de têtes de bétail à la possibilité d'accès en herbe, ainsi que l'adoption d'une législation spécifique sur la forêt d'arganier en 1925.

Ces droits d'usage constituant des dispositions originales de ce code forestier sont considérés comme des droits coutumiers et traditionnels permettant de jouir d'un produit de la forêt consommé sur place, et dont l'exercice ne peut excéder les possibilités de régénération de la forêt ni entraver sa conservation.

Seuls les troupeaux qui répondent aux besoins domestiques de l'usager et de la famille sont autorisés gratuitement sur les parcours ; sinon, les usagers doivent s'acquitter d'une redevance. Par ailleurs pour chaque parcours forestier, les forestiers locaux, assistés par les autorités de contrôle[2], sont tenus d'établir chaque année la liste nominative des ayants droit pour la remise des cartes de parcours.

Concernant les terres collectives, le Dahir du 27 avril 1919 organisant la tutelle administrative des collectivités ethniques et réglementant la gestion et l'aliénation des terres collectives définit les terres collectives comme des terres appartenant à un groupement d'habitants de même origine ou appartenant à la même tribu. Le groupement

[1]L'arrêté du 15 janvier 1921 réglementant le mode d'exercice du droit de parcours dans les forêts domaniales.

[2] Les autorités de contrôle sont des représentants de la direction dite « des affaires indigènes » puis « des affaires politiques » au moment de la colonisation. Ils assurent la bonne application des lois.

bénéficie de la personnalité morale et devient l'unique propriétaire des terres collectives gérées par la Jmaa.

Les différences entre les modes d'accès, d'exploitation et d'usage des usagers dans les parcours et des terres collectives peuvent être lues à travers la classification établie par Schlagger et Ostrom[1]. Les différents types de droits distinguent entre les droits d'accès, de prélèvement et de gestion, le droit d'exclusion et le droit d'aliénation.

En l'espèce, concernant les parcours forestiers, les populations rurales ne disposent que d'un droit d'accès et de prélèvement, strictement réglementé par l'administration forestière. Par contre, pour les terres collectives, les populations concernées directement sont dotées des droits de gestion.

Le législateur, dans le cadre du Dahir de 1917, considère les populations riveraines des forêts comme de simples usagers et non comme des gestionnaires. Notons que les droits d'usage introduits par ce texte restent vagues hormis les droits des parcours ; ces derniers restent restreints et délimités annuellement par rapport à la race et au nombre de bétails autorisé à paître dans la forêt.

Le Dahir de 1917 conditionne l'accès aux parcours en obtenant une carte d'inscription au parcours. À cet effet, l'article 41 du Dahir de 1917 fixe les peines et amendes pour non-usage. Certes, cet article ne renforce pas le rôle des populations locales dans la gestion et l'exploitation des forêts, néanmoins il les considère comme des usagers et non des gestionnaires.

---

[1] SCHLAGER (Edella) & OSTROM (Elinor), "Property-Rights Regimes and Natural Resources : a Conceptual Analysis", Land Economics, Vol.68, N° 3, 1992, op.cit., p.252.

2.3. Le Dahir du 27 avril 1919 et le contrôle politique des communautés de lignage à travers le foncier

Le Dahir du 27 avril 1919 organisant la tutelle administrative des collectivités ethniques et réglementant la gestion et l'aliénation des terres collectives a permis aux Jmaa de gérer leurs biens collectifs selon leurs propres réglementations et coutumes. La Jmaa, est une institution traditionnelle qui incarne la volonté collective de coopération, de gestion et de réglementation, a historiquement joué un rôle sociopolitique. Sont concernées les terres collectives des parcours, et ce sous le contrôle et la tutelle du ministère de l'Intérieur ; ce qui a contribué au développement des pactes garantissant la paix sociale, la cohésion et l'équilibre tribal. Ainsi, ce Dahir « répartit la compétence, en matière de règlement des conflits, entre la Jmaa et l'autorité de tutelle d'une part, et le juge de droit commun, de l'autre part [1]». En revanche, l'Administration n'intervient que si un conflit survient et menace l'ordre public. Cette intervention consiste généralement à régler les conflits de manière autoritaire pour garantir l'équilibre du système tribal existant ou simplement à préserver l'ordre public.

Le Dahir du 27 avril 1919 concède aux groupements ethniques propriétaires (tribus…), le droit de jouissance à titre collectif des zones de culture ou de parcours, selon les modes d'exploitation et d'usage traditionnels. Ce droit de jouissance est reconnu à l'ayant droit sur l'ensemble du

---

[1]EL ALAOUI (Mohamed), « Le statut juridique des terres collectives au Maroc et les institutions coutumières et locales dans la zone du Projet de Conservation de la Biodiversité par la relance de la Transhumance dans le Versant Sud du Haut Atlas », Étude du PNUD-ORMVAO, 2002, p. 63, disponible sur le site : http://www.pnud.org.ma/pdf/bio/STATUTS%20JURIDIQUES.pdf, consulté le 14/4/2017.

parcours collectif et forestier conformément aux coutumes qui garantissent le droit des autres ayants droit au même droit de jouissance.

À cet effet, l'article 1er du Dahir du 27 avril 1919 dispose que les terres collectives constituent la propriété des collectivités ethniques. Notons que le droit de propriété sur les terres collectives de culture ou de parcours est un droit appartenant aux tribus, aux fractions, aux douars ou aux autres groupements ; les membres de ces groupements ne possèdent qu'un droit de jouissance qui peut être exercé sous la tutelle de l'État. Les pouvoirs d'intervention des groupements ethniques[1] sont de ce fait très encadrés.

Observons toutefois que le Dahir du 27 avril 1919 ne donne pas une définition claire de la notion d'ayant droit dans les terres collectives ; cette ambiguïté est la source de conflits entre les sédentaires et les transhumants.

Par l'institution du Dahir du 27 avril 1919, les autorités coloniales avaient établi un régime de tutelle sur les territoires tribaux. Cependant, ces tribus ne possèdent qu'un droit d'usage sous couvert de l'État qui assure la tutelle politique et légale sur l'ensemble du territoire. La mise en application du Dahir de 1919 a donc indirectement permis l'accaparement individuel des territoires en privilégiant la négation de l'intérêt collectif au profit des individus, et l'affaiblissement des pouvoirs des institutions locales classiques (telles que la Jmaa et les Nouabs), mais aussi l'affaiblissement des capacités de la régulation traditionnelle des ressources et des territoires communs[2].

---

[1] Voir art. 2 du Dahir du 27 avril 1919 organisant la tutelle administrative des collectivités ethniques et réglementant la gestion et l'aliénation des terres collectives.

[2] BARRIÈRE (Olivier), « Nature juridique de l'Agdal : de la propriété collective au patrimoine commun », in Auclair Laurent (dir.), Alifriqui M. (dir.) Agdal : patrimoine socioécologique de l'Atlas marocain,

L'autorité coloniale a établi un système d'appropriation, selon lequel toutes les terres pastorales et forestières sont placées sous un régime de propriété où le pouvoir central occupe une place prépondérante. Dans ce régime, le pouvoir de tutelle exercé sur la terre des collectivités ethniques impose l'inaliénabilité et l'incessibilité des terres pour les communautés ethniques. L'objectif était de limiter au maximum la mobilité des populations[1], afin de contrôler le territoire marocain, et de mieux asseoir la propriété coloniale[2]. Bien entendu, comme nous l'avons déjà évoqué, ce qui intéressait le législateur colonial, ce n'était pas la gestion des ressources, mais le contrôle politique de la population à travers les terres collectives[3].

Dans ces conditions, le critère imprescriptible, insaisissable et inaliénable des terres collectives pousse à s'interroger si le législateur vise à protéger ce patrimoine au profit des collectivités ethniques, ou à le partager. À cet effet, l'article 4 du Dahir de 1919 autorise l'assemblée des Nouabs des collectivités ethniques à démembrer le droit de propriété sous forme de droit de jouissance entre les chefs

---

Rabat, Publications de l'Institut Royal de la Culture amazighe, N° 29,2012, p.211.

[1]BARRIÈRE (Olivier) & Aït HAMZA (Mohamed) et al., « Maroc : programme de recherche conjoint : gouvernance de la biodiversité pour une gestion patrimoniale de l'environnement (GOVBIO) : Rapport d'étape », Montpellier, Publications de l'Institut de Recherches pour le Developpement, 2007, p.17.

[2] « Il s'agissait de freiner le mouvement de spéculation et de dépossession foncières qui commençait à dépouiller les collectivités ethniques de leurs terres » BARRIÈRE (Olivier), « Nature juridique de l'Agdal : de la propriété collective au patrimoine commun », in Auclair Laurent (dir.), Alifriqui M. (dir.) Agdal : patrimoine socioécologique de l'Atlas marocain, Rabat, Publications de l'Institut Royal de la Culture amazighe, N° 29,2012, op.cit., p.212.

[3]Ibid., p.213.

de famille en tant que droit réel et transmissible ou échangeable entre collectivistes sans pouvoir être aliéné.

Certes, l'article 4 de l'arrêté viziriel du 14 août 1945 régissant la gestion des biens collectifs reconnaît à l'attributaire choisi par le conseil de tutelle la jouissance transférable d'un droit perpétuel concernant les parcelles mises en valeur ; l'article 5 du même arrêté prévoyant que les attributaires disposant d'un lot n'ont droit à la jouissance perpétuelle que si la parcelle est mise en valeur.

Toujours, dans cette perspective, le Dahir du 6 février 1963 a autorisé le partage en jouissance perpétuelle[1] des terres collectives de culture. En revanche, ce partage pourrait s'effectuer de manière inégalitaire en concentrant ce droit entre les mains d'une minorité en formant une nouvelle oligarchie[2]. En effet, ce partage ne concerne que la jouissance et non le bien qui reste le patrimoine et la propriété de la collectivité ethnique ; ce qui constitue une sécurisation de la terre contre toute forme de marchandisation foncière.

L'adoption du Dahir du 27 avril 1919 a été une opportunité incontournable pour le colonisateur qui a opté pour un système pluraliste du territoire marocain, qui regroupera le domaine de l'État, le Melk, la propriété privée

---

[1] « Juridiquement, la jouissance se définit dans l'exercice d'un droit sur les fruits du bien. On ne dispose pas d'un droit de jouissance, mais on est titulaire d'un droit personnel de culture, de cueillette, de pâture, etc., sur une propriété qui est la sienne (privativement ou collectivement). La jouissance se démarque ainsi du droit d'usage qui porte, quant à lui, sur la propriété d'autrui. ». BARRIÈRE (Olivier), « Nature juridique de l'Agdal : de la propriété collective au patrimoine commun », in Auclair Laurent (dir.), Alifriqui M. (dir.) Agdal : patrimoine socioécologique de l'Atlas marocain, Rabat, Publications de l'Institut Royal de la Culture amazighe, N° 29,2012, op.cit., p.213.

[2] On peut citer l'exemple de l'accaparement des terres collectives par le colonisateur.

immatriculée, les terres habous et aussi les terres collectives. Dans ce contexte, Michaux Bellaire estime que ce Dahir est « la meilleure voie pour une saine colonisation [1] » dont l'objectif d'autorité coloniale est multiple à savoir : retirer les terres collectives des marchés, les mettre à disposition des colons, et assurer également un contrôle politique des communautés[2]. Ainsi, il précise : « La terre de tribu, alors, n'était pas une propriété, mais un territoire, espace politique dont l'étendue et la localisation dépendaient du poids démographique de la capacité militaire du groupe et des traités passés avec les groupes voisins. La terre n'était pas rare : elle était à la tribu pour autant que la tribu avait des hommes pour l'occuper et qu'elle n'avait pas rencontré d'autres groupes plus puissants dans son expansion[3] ». Selon Bouderbala, la logique du colonisateur concernant le système foncier peut se résumer comme suit : « Trouver les formules juridiques permettant l'installation de la colonisation foncière ; assurer la sécurité de la propriété coloniale et l'ordre établi à la campagne ; adopter un régime de propriété foncière permettant le développement de l'exploitation capitaliste [4] ». Notons que le Dahir du 27 avril 1919 confirme cette logique selon son article 10 qui stipule que « la propriété des terres collectives ne peut être acquise que par l'État ; cette acquisition ne peut avoir lieu qu'en vue de créer des périmètres de colonisation ».

Dans ces conditions, l'adoption du statut des terres collectives du Dahir de 1919 avait comme objectif de fixer

---

[1]BOUDERBALA (Négib), « Les systèmes de propriété foncière au Maghreb », Cahiers Options Méditerranéennes, N° 36, 1999, op.cit., p.49.

[2]Ibid., p.49.

[3]Ibid., p.49.

[4]Ibid., p.51.

le sol des tribus. En « les enfermant dans les bornes de la délimitation administrative, cette loi vint mettre opportunément un terme à leur divagation qui menaçait la sécurité de la propriété coloniale ; mais en même temps, elle entourait ces 'réserves' d'un cordon sanitaire juridique (inaliénabilité, insaisissabilité, imprescriptibilité) dont l'efficacité se mesure, au moins, aux campagnes incessantes des colons contre cette loi[1] ». Ce Dahir n'était certes pas destiné à rationaliser l'exploitation des terres tribales par l'instauration d'un statut juridique, mais uniquement à établir un contrôle administratif des communautés tribales ; les Jmaa étant aussi dépourvus de tout droit de décision sans l'autorisation de l'autorité coloniale.

L'article 10 du Dahir de 1919 visait aussi à créer des périmètres de colonisation et l'article 8 des aliénations perpétuelles de jouissance au profit des colons. Dans le cadre de ce Dahir, le législateur a résumé les droits des communautés lignagères au droit exclusif d'usage de droit de propriété par la jouissance culturale et pastorale sous le contrôle de l'État. Cette jouissance de nature collective reste exercée par la collectivité lignagère. Cependant, le législateur n'était pas intéressé par la réglementation de la gestion des droits d'usage ; son objectif n'étant que le contrôle juridique et politique des communautés de lignage à travers le foncier[2].

---

[1]Ibid., p.52.

[2]BARRIÈRE (Olivier) & Aït HAMZA (Mohamed) et al., « Maroc : programme de recherche conjoint : gouvernance de la biodiversité pour une gestion patrimoniale de l'environnement (GOVBIO) : Rapport d'étape », Montpellier, Publications de l'Institut de Recherches pour le Developpement, 2007, op.cit., p.11.

2.4.Le Dahir du 4 mars 1925 portant sur la protection et la délimitation des forêts d'arganiers : un réel obstacle à la conservation de l'arganeraie

L'arganier a suscité l'intérêt des autorités depuis la colonisation. En raison de l'exploitation abusive et anarchique ainsi que de l'extension des cultures dans les plaines, une grande partie des forêts marocaines a été détruite. Il est soumis à une législation forestière spécifique lui conférant un statut différent de celui des autres forêts du pays, dans l'intérêt de la préservation de l'espèce et de sa gestion durable par les populations concernées.

Le droit des arganeraies peut sembler à première vue très complexe. D'autant plus que les réglementations issues des législations forestières officielles, collectives, du droit coutumier et du droit musulman interagissent entre elles pour former un droit particulier connu et respecté par les usagers, mais difficile à définir pour ceux qui sont étrangers à ce milieu. Rajoutons à cela que les coutumes varient selon les tribus, ainsi que leur interprétation du droit musulman et leur degré d'obéissance au droit positif.

Ce n'est qu'en 1938 que les droits de jouissance ont été fixés à travers l'application du décret du 1er mai 1938, qui reconnaît aux usagers de l'arganeraie des droits de jouissance étendus sur le boisement d'arganiers. Ces droits, appartenant uniquement aux indigènes des tribus et des fractions, incluent :

- La collecte de bois mort à usage domestique ;
- Le parcours des troupeaux, gratuitement et partout, sauf dans les parcelles incendiées ou exploitées depuis moins de six ans ;
- L'utilisation des sols pour la mise en culture qui inclut le droit de labourer et de cultiver les parcelles déjà cultivées au moment de la délimitation ou, dans le cas

de celles cultivées, cultivables sans danger pour la forêt, dont le service forestier reste juge ;

- Le droit de prendre gratuitement du bois de chauffage, du charbon de bois et du bois de service à usage domestique, avec l'autorisation du service forestier ;
- La coupe des branches nécessaire à la fabrication des clôtures : les utilisateurs y ont droit gratuitement, et, le cas échéant, uniquement avec les branches d'arganier désignées par le triage des gardes forestiers ;
- Le prélèvement, à des endroits désignés, de terre, de sable et de pierre pour leurs besoins domestiques ou ceux de l'artisanat local, moyennant un droit équivalent à 20 % du tarif ordinaire.

- Nous allons résumer ci-après le rôle des acteurs de l'arganeraie.

Afin de remédier aux problèmes des exploitations abusives, notamment pendant la Seconde Guerre mondiale, et de responsabiliser davantage la population usagère de ces zones forestières, l'État marocain a mis en application le Dahir du 28 mars 1951. Celui-ci vise à allouer un cinquième des recettes provenant de la vente de bois d'arganier aux usagers, par l'intermédiaire de la commune rurale. Puis, le Dahir du 19 juin 1957 a été adopté en vue d'attribuer aux communautés usagères un rabais sur le produit de la vente de bûches ou de bûches de bois.

En vertu de cette législation, les communes bénéficient des recettes forestières et, en contrepartie, elles sont obligées d'investir au moins 20 % de leurs recettes dans les zones agro-forestières, y compris celles liées aux améliorations sylvo-pastorales et au reboisement.

Notons que toutes ces mesures viennent consacrer juridiquement la participation rurale au développement de l'économie forestière. Cependant, cette législation est très complexe, car les droits de jouissance ne sont pas attribués à des individus, mais à la communauté reconnue comme usagère de la forêt.

Les dispositions du Dahir de 1925 sur l'arganier constituent un réel obstacle à la conservation à long terme de l'arganeraie, car l'autorisation des labours, de la culture sous les arbres et de la surcharge pastorale contribuent à une perturbation des structures fonctionnelles de l'écosystème[1]. Ainsi, la dégradation de l'arganeraie a été provoquée par l'intensification de l'agriculture moderne caractérisée par une demande croissante de terres et par le défrichage des peuplements d'arganiers. La collecte systématique des noix d'argan, autorisée par la même loi, ne laisse pas beaucoup de possibilités de régénération naturelle et condamne donc la durabilité de l'écosystème de l'arganier. La collecte de bois de feu est également une consommation préjudiciable à la régénération[2]. La pression pastorale sur l'arganier est également aggravée par les transhumants qui dépendent largement des ressources naturelles gratuites et mettent par conséquent en péril l'avenir écologique de l'écosystème.

Le Dahir du 10 octobre 1917 sur la conservation et l'exploitation des forêts, constituant le cadre référentiel de base du régime forestier, se distingue par son caractère de défense et de protection de ce bien fragile exposé en permanence aux risques et au danger de la surexploitation. Ce code est caractérisé par son aspect répressif qui est cependant tempéré par la reconnaissance aux communautés voisines de la forêt, des droits d'usage qu'elles peuvent y exercer. Cependant, malgré cet arsenal juridique très riche, les résultats obtenus n'ont pas été conséquents par rapport

---

[1] http://www.eauxetforets.gov.ma/Publications/PANLCD%20actualis %C3%A9%20rapport%20de%20synthese.pdf, consulté le 17/6/2017.

[2]Ibid.

à ses différentes dispositions en raison de la forte pression exercée par une population rurale en plein croissance avec un niveau de vie généralement bas ; une population souvent dépendante directement des ressources forestières pour subvenir à ses besoins énergétiques et alimentaires vitaux[1].

2.5. Le Dahir du 25 juillet 1969 : le déclencheur des politiques de melkisation

Le Dahir N° 1-69-171 du 25 juillet 1969[2] relatif à la création de périmètres d'amélioration pastorale stipule que des zones rurales appelées « périmètres d'amélioration pastorale » peuvent être créées et délimitées. L'objectif de telles zones étant de mettre fin à la dégradation des parcours et d'assurer la reconstitution pour une exploitation méthodique. Ces périmètres permettent la création de points d'eau, de pistes, d'abris pour le bétail, de logements pour les transhumants, ainsi que la conservation de l'eau et des sols, la plantation d'espèces fourragères et l'élimination de plantes nuisibles. Cependant, ce Dahir nécessite, pour l'exercice du droit d'usage dans les périmètres, l'inscription des concernés sur une liste et la possession d'une carte de parcours.

Concernant l'application de ce Dahir, sur un ensemble de 33 périmètres identifiés pour l'amélioration pastorale,

---

[1] Le Dahir du 10 octobre 1917 soumet les biens suivants au régime forestier :Les forêts domaniales, les forêts des collectivités susceptibles d'aménagement ou d'exploitation régulière, les forêts faisant objet d'un litige entre l'État et une collectivité ou entre l'une de ces deux catégories de propriétaire et un particulier, les terrains collectifs reboisés ou à reboiser et les terres de parcours collectives à améliorer par l'État après accord du ministère de l'intérieure, les terrains reboisés ou à reboiser et les terres de parcours appartenant à des particuliers, dont les propriétaires entendent confier à l'État, soit la surveillance, soit la surveillance et la gestion.

[2] Bulletin Officiel N° 2960-bis du 29/07/1969.

seuls 6 périmètres ont été délimités[1]. L'objectif de ce Dahir, qui n'est autre que l'amélioration et l'exploitation rationnelle des parcours, a été confronté à de nombreux défis et contraintes. Les plus criants ont été la non-participation financière des bénéficiaires, ainsi que la difficulté de fédérer les transhumants en associations ou coopératives[2].

Les terres collectives ont subi une profonde transformation grâce à l'adoption du Dahir N° 1-69-25 du 25 juillet 1969 formant Code des investissements agricoles[3] se rapportant aux terres collectives se trouvant dans les zones irriguées. Ce Dahir les a transformées en Melk indivis[4]. Ce Dahir ne concerne qu'une superficie limitée de terres collectives. Néanmoins, il a été le déclencheur de futures politiques de melkisation des terres collectives en dehors de la zone irriguée.

---

[1] EL ALAOUI (Mohamed), « Le statut juridique des terres collectives au Maroc et les institutions coutumières et locales dans la zone du Projet de Conservation de la Biodiversité par la relance de la Transhumance dans le Versant Sud du Haut Atlas », Étude du PNUD-ORMVAO, 2002, p.53, disponible sur le site : http://www.pnud.org.ma/pdf/bio/STATUTS%20JURIDIQUES.pdf, consulté le 14/4/2017.

[2] Voir section relative aux coopératives pastorales.

[3] Ibid., p.53.

[4] Paul Pascon affirme que les terres collectives sont presque partout un Melk qui ne veut pas dire son nom. BOUDERBALA (Negib), « Les terres collectives du Maroc dans la première période du protectorat (1912-1930) », Revue du monde musulman et de la Méditerranée, N° 79-80, 1996, p. 144.

2.6. Le Dahir du 20 septembre 1976[1] : Quand la forêt devient le seul refuge des populations bénéficiaires

La forêt marocaine joue un rôle stratégique sur le plan socioéconomique, pastoral et environnemental. Elle constitue un patrimoine inestimable en raison de la diversité des systèmes écologiques et de biodiversité qu'elle abrite et de son étendue sur 9 millions d'hectares.

La participation des parcours contribue de façon notable au bilan fourrager national. Cette contribution est importante dans les territoires montagneux où elle varie entre 90 à 70 %[2]. L'élevage sur parcours, qui génère des revenus importants pour la population rurale, est également un moyen adéquat pour valoriser les espaces pastoraux. Ainsi, en 1990, le secteur de l'élevage a contribué à environ 32 % de la valeur ajoutée agricole. Il pourvoit environ 20 %[3] des emplois agricoles et participe aux revenus de plus de 80 % de la population rurale[4]. La richesse floristique de la forêt constitue un espace de parcours par excellence ; en témoigne la production pastorale des forêts qui s'élève de 1,5 à 2 milliards d'unités fourragères en année normale, et contribue à hauteur de 17 % du bilan fourrager. Elle est évaluée à 8,86 milliards d'unités fourragères[5].

---

[1] Le Dahir du 20 septembre 1976 relatif à l'Organisation de la participation des populations au développement de l'économie forestière.

[2] NAGGAR (Mustapha), « Stratégie sylvopastorale et renouveau des pratiques pastorales en forêt au Maroc », Revue Forestière française, N° 5, 2018, op.cit., p.493.

[3] Ibid., p.261.

[4] Ibid., p.261.

[5] BENDAHMANE (Mohamed), « Document national de Prospective-Maroc », Étude Prospective du Secteur Forestier en Afrique,

Cependant, l'exploitation des ressources forestières à des fins multiples reste excessive au regard des possibilités offertes par le milieu naturel qui est soumis à de nombreuses contraintes naturelles, et sociales. Ces contraintes entravent le plus souvent les approches de développement qui y sont adoptées.

Autrefois, les modalités d'usage de l'espace forestier renvoyaient à des notions traditionnelles issues des relations humaines entre usagers et ayants droit, d'un même territoire, et obéissent à une organisation locale dans un cadre traditionnel à savoir la Jmâa ; celle-ci régissant alternativement les règles d'usage commun de l'espace pastoral (Agdal, Transhumance pastorale) tout en profitant de la complémentarité des parcours en forêt et hors forêt. Si depuis le début du siècle la législation forestière n'a cessé de s'enrichir de nouveaux textes, un constat s'impose aujourd'hui : « la forêt juridique marocaine est plus touffue[1] ».

Pendant longtemps, la forêt a fourni une grande partie de moyens de subsistance à des millions de marocains, qui collectaient habituellement leurs besoins en bois, faisaient paître leurs troupeaux ou cultivaient des parcelles. Le législateur ne pouvait raisonnablement ignorer cette réalité millénaire. Aussi, tout en domanialisant les forêts, il a eu la sagesse de la maintenir en codifiant certains droits d'usage coutumiers, et en limitant l'exercice seulement aux riverains traditionnels et en interdisant toute cession de

---

Organisation des Nations Unies pour l'Alimentation et l'Agriculture, 2001, p.5, Disponible sur le site : http://www.fao.org/3/AB590F/AB590F00.htm, consulté le 20/11/2018.

[1] MEKOUAR (Mohamed Ali), « Droit, forêt, environnement : virtualités écologiques de la législation forestière », in La forêt marocaine, droit, économie, écologie, Rabat, Éditions Afrique orient, 1989, p.18.

droits d'usage à des tiers. Il entendait ainsi permettre aux populations concernées d'utiliser ce riche milieu, mais sans en abuser.

Cependant, « entre le droit et la pratique, le fossé s'est creusé au fil des années : peu à peu les usages devenus abusifs, au mépris des restrictions légales et au détriment du patrimoine forestier [1] ». Un tel changement est particulièrement remarquable concernant le droit au parcours reconnu exclusivement au bénéfice des communautés habituées à transhumer dans la forêt ; cet exercice est également strictement réglementé par un texte spécifique, à savoir l'arrêté du 15 janvier 1921 réglementant le mode d'exercice du droit de parcours dans les forêts domaniales. Ce texte prévoit notamment que les usagers doivent être inscrits sur une liste[2] nominative et porter une carte de parcours, qu'ils ne peuvent conduire leurs animaux que dans les cantons défendables. Il précise aussi le nombre de têtes de bétail autorisées à paître. Il est fixé en fonction de l'espèce et de la capacité de la terre. Une taxe, variable selon l'espèce, doit être payée pour chaque tête de bétail. Toutefois, dans la réalité, cette

---

[1]Ibid., p.22.

[2]Depuis les années 1990, la région orientale a connu une prolifération de coopératives pastorales. La coopérative est devenue un interlocuteur privilégié de l'administration et un cadre pour la mise en œuvre des actions de développement pastoral, notamment les mises en défens et les déplacements des transhumants. À la veille de la création de coopératives ont eu tendance à gonfler la liste des ayants droit, tout en intégrant tout le monde les fils, les immigrés, voir les morts. On pensait que plus le groupe était grand, plus il était probable qu'il disposât d'une part importante du bien à partager. TOZY (Mohamed) & BENDELLA (Ahmed), « Propositions pour une analyse de la complexité juridique en situation dualiste : le cas des terres collectives au Maroc », in Le débat juridique au Maghreb : de l'étatisme à l'État de droit, Paris, Éditions Publisud, 2009, pp.52-69.

réglementation demeure très théorique[1]. De ce fait, de grands troupeaux se sont formés, ce qui surcharge le terrain de parcours et perturbe l'équilibre écologique. Au fil du temps, il en résulte une pression constante des animaux sur la forêt, qui devient encore plus forte en périodes de sécheresse.

Les effets pervers pour la forêt se retrouvent aussi dans l'exercice excessif de ces droits d'usage, à savoir la collecte frauduleuse de produits forestiers ou l'usage irrégulier des espaces forestiers, sous couvert de droits légitimes qui sont dénaturés de diverses manières. Dans ce contexte, le fondement de la reconnaissance légale des droits d'usage n'est pas remis en cause. Au contraire, interdire la jouissance de produits forestiers conduirait à l'aggravation des prélèvements illicites. Néanmoins, « il est impératif que seuls en bénéficient les véritables usages et que les non-riverains en soient rigoureusement exclus, sous peine, d'une part, de dégrader considérablement les terrains forestiers, dont les capacités de charge ne sont pas illimitées, et en fin de compte d'en arriver à manquer de pâturage ; d'autre part, de concurrencer les usagers dans l'exercice de leurs droits, alors qu'ils en sont les seuls titulaires légitimes[2] ».

Il est indéniable que plusieurs obstacles juridiques à la surexploitation des forêts existent, mais sur le terrain, leur efficacité est assez douteuse. Dans bien des cas, elles se révèlent relativement inefficaces face à un défrichage

---

[1] MEKOUAR (Mohamed Ali), « Droit, forêt, environnement : virtualités écologiques de la législation forestière », in La forêt marocaine, droit, économie, écologie, Rabat, Éditions Afrique orient, 1989, op.cit., p.23.

[2] Ibid., p.22.

prématuré, à une exploitation forestière illégale ou même irrégulière[1].

En outre, une autre discordance entre le juridique et le social peut être illustrée par la réforme résultant du Dahir du 20 septembre 1976 [2] sur la participation des communautés au développement de l'économie forestière. L'objectif était de favoriser le développement de la foresterie communautaire, en allouant certaines ressources du domaine forestier communal au budget de la commune.

Puisque les communautés locales bénéficient des revenus de leurs forêts, celles-ci se retrouvent donc financièrement plus à l'aise pour assurer leur autodéveloppement. Néanmoins, les conditions de la mise en application du Dahir du 1976 semblent moins rassurantes en matière de préservation de la forêt, car les communes profitent de cette manne, sans rien rétrocéder à leurs forêts, ou bien en restituant seulement peu de ce qu'elles leur doivent. Ainsi, elles peuvent être tentées de surexploiter les forêts pour tirer le meilleur parti de ses revenus. À terme, « en essayant de gagner trop [3], les

---

[1] Il convient de noter que la législation forestière de certains États a interdit l'accès de la forêt à la chèvre pour une période déterminée (Tunisie) ou continue de l'interdire (Liban), ce qui diminue relativement la dégradation de la végétation forestière. CORTAS(A), La forêt marocaine, droit, économie, écologie, Casablanca, Éditions Afrique orient, 1989, p.38.

[2] Bulletin Officiel N° 3334 du 22/09/1976.

[3] Cette idée a été confirmée par une étude élaborée par le Haut-commissariat au Plan, en précisant que « Sur 25 ans, et en projetant les rythmes de dégradation actuels de manière linéaire, il apparaît que le couvert forestier passera d'un recouvrement de 12,36 % à environ 11 % en 2030. La surface forestière baisserait ainsi de 8,7 Mha à 8,1 Mha. C'est là apparemment une projection nettement moins catastrophiste que celle qui est habituellement décrite […] Depuis 1986, c'est-à-dire sur dix ans, le patrimoine forestier a perdu 1836 ha par expropriation et 1042 ha dans le cadre de distractions. Le total annuel moyen est de

communes finiraient par perdre leurs forêts[1] ». Dans ces conditions, la nécessité de la préservation des ressources naturelles, y compris des forêts, devient de plus en plus impérieuse, et nécessite sans aucun doute un financement accru, face à la pression, et aux dommages subis par les résultats pervers du mode de développement dominant.

Afin de couvrir les dépenses de ce financement, diverses sources doivent être recherchées. En plus des faibles ressources fiscales des communes rurales, les revenus de leur domaine privé ne sont que de faibles pourcentages pour couvrir leurs dépenses. Pour remédier à cette situation, le législateur a tenté, en vertu du Dahir du1976 relatif à l'organisation de la participation des populations au développement de l'économie forestière, de redistribuer les ressources forestières entre l'État et les communes rurales, tout en permettant à ces dernières de disposer de produits forestiers comme produit financier dans leurs budgets[2].

Il faut comprendre l'importance socioéconomique de la forêt comme base de toute activité pastorale et comme source d'énergie domestique et autre, car la relation entre elle et la communauté voisine ou les ayants droit était très forte ; ceux-ci considèrent la forêt comme leur propre

289 ha ce qui semble faible sauf en cas de perte d'un massif forestier précieux ». LAOUINA (Abdellah), « Gestion durable des ressources naturelles et de la biodiversité au Maroc », Rapport du haut-commissariat au plan, 2016, disponible sur le site : www.hcp.ma/Gestion-durable-des-ressources-naturelles-et-de-la-biodiversite-au-Maroc_a845.html, consulté le 05/02/2019.

[1] MEKOUAR (Mohamed Ali), « Droit, forêt, environnement : virtualités écologiques de la législation forestière », in La forêt marocaine, droit, économie, écologie, Rabat, Éditions Afrique orient, 1989, op.cit., p.22.

[2]Voir l'art. 10 du Dahir du 20 septembre 1976 relatif à l'Organisation de la participation des populations au développement de l'économie forestière.

patrimoine. N'oublions pas que la forêt était généralement exploitée à travers des croyances, des rituels et des traditions.

S'inscrivant dans cette perspective, la Charte communale du 30 septembre 1976 a marqué une étape importante dans le développement des compétences locales. Ainsi, l'article 30 dispose, dans son 6e alinéa, que le conseil communal « arrête, dans les limites des attributions qui lui sont dévolues par la loi, les conditions de conservation, d'exploitation et de mise en valeur du domaine forestier ». Ce régime forestier est considéré comme une transition du cadre de la décentralisation, car il permet aux communautés ou aux ayants droit de bénéficier directement de leurs forêts. En revanche, ces compétences sont pratiquement très limitées compte tenu de l'intervention de l'autorité de tutelle.

Le capital forestier au Maroc est estimé à plus de trois milliards de dirhams ; et après avoir restitué le bénéfice du produit forestier aux communes rurales en 1976, ses revenus s'élevaient à environ 60 millions de dirhams, après déduction des frais d'entretien et de reboisement[1].

Notons que les dépenses locales obligatoires liées à la forêt sont précisées au chapitre 15 du Dahir du 20 septembre 1976. Ces dépenses sont obligatoires pour les communes qui bénéficient des ressources forestières sur leur territoire. Le législateur a fixé le pourcentage d'au moins 20 % des ressources pour ces dépenses. Cependant, le manque de sensibilisation des usagers ou des ayants droit sur l'écosystème forestier contribue sans aucun doute à la dégradation des forêts et à la violation de la législation forestière, à travers une augmentation exponentielle des

[1] FIKRI (Elkbir), Le régime financier de la commune marocaine, Casablanca, Les éditions maghrébines, 1980, p.51.

délits et des infractions, ce qui a inévitablement réduit la superficie de cet écosystème.

Pourtant, à son origine, la législation de la préservation de la forêt en vertu du Dahir du 20 septembre 1976 devait impliquer la population bénéficiaire pour contribuer à l'économie de sa forêt, mais les conditions de vie difficiles et les faibles revenus individuels ont poussé la population bénéficiaire à considérer la forêt comme le seul refuge pour elle et son bétail[1].

Un constat : la conscience environnementale des populations sur la forêt est étroitement dépendante du développement économique et social local dominant sur lequel le droit n'a pas toujours d'effet.

2.7. La loi 33-94[2] : une loi ambitieuse heurtée par les conflits

Après l'application du Dahir N° 1-69-171 du 25 juillet 1969, l'État marocain a jugé nécessaire de développer également les zones Bour. S'en est suivie la promulgation de la loi N° 33-94[3] relative aux périmètres de mise en valeur du Bour. L'objet de cette loi n'était que l'amélioration et la gestion rationnelle des parcours. Or les coûts des travaux d'amélioration pastorale ont été entièrement à la charge de l'État (le Dahir précité a partagé les coûts entre l'État et les populations pastorales), car les travaux d'équipement sont partagés entre l'État et les communes rurales intéressées. Ainsi, les travaux de régénération et d'enrichissement des pâturages dans les

---

[1] NADIR (Bouchra), Domanialité et environnement cas des eaux et forêts, Rabat, Éditions Almaarif, 2008, op.cit., pp .71-72.

[2] La loi 33-94 relative aux périmètres de mise en valeur en Bour

[3] Promulgué par le Dahir n° 1-95-10 du 22 février 1995, Bulletin Officiel N° 4312 du 21/06/1995.

forêts domaniales sont partagés entre l'État et les bénéficiaires.

Concernant l'exercice du droit de partage, ce dernier est soumis aux mêmes conditions prévues par le Dahir du 25 juillet précité. Ce droit est soumis au paiement d'une redevance [1] annuelle liée à l'ouverture du pâturage si les parcours se trouvent dans une forêt domaniale qui a subi une amélioration pastorale.

Parallèlement, la loi 33-94 encourage la création de coopératives des transhumants, tout en accordant des avantages aux personnes inscrites sur la liste des adhérents. De nombreux obstacles se sont élevés dans la mise en œuvre de ce projet. Ils sont liés à la lourdeur des procédures réglementaires, ainsi qu'à la difficulté d'impliquer les nombreux acteurs, à leur réticence et à la rigidité des procédures financières. À ce propos, la mise en application des projets de développement pastoral a été entravée par d'autres contraintes, en particulier l'insuffisance d'encadrement et des ressources financières. Ces obstacles ont engendré de modestes résultats. Ainsi, « sur un total de 15 PMVB [2] ayant une composante pastorale, 11 PMVB connaîtraient des blocages pour cause de conflits entre ayants droit sur les limites des parcours et les droits d'usage, de refus des populations quant à la réalisation de travaux d'amélioration de parcours dont elles convoitent la mise en culture et l'appropriation ou encore de mise à disposition, par l'autorité provinciale, de terrains au profit de jeunes promoteurs désireux d'y créer des exploitations agricoles alors qu'il s'agit de terrains à vocation pastorale[3] ».

---

[1]Cette redevance sert à l'entretien des parcours.

[2] Périmètres de mise en valeur en Bour.

[3]EL ALAOUI (Mohamed), « Le statut juridique des terres collectives au Maroc et les institutions coutumières et locales dans la zone du Projet de Conservation de la « Biodiversité par la relance de la Transhumance

Certes, la loi N° 33-94, constitue un cadre juridique adéquat. Néanmoins, son application a été très limitée à cause de contraintes liées notamment à l'incapacité des acteurs à assimiler une approche basée sur la négociation, la concertation et la contractualisation. Elle s'est également heurtée à la lourdeur des procédures, aux difficultés de coordination et à une prise en considération insuffisante des critères ethniques dans la délimitation des projets de développement de la composante pastorale du Bour. Enfin, il y a lieu de citer aussi le défaut de participation financière des bénéficiaires des travaux d'aménagement et de réhabilitation des parcours.

L'objectif de la loi N° 33-94 relative aux périmètres de mise en valeur en Bour était l'amélioration pastorale. Pour répondre à cet objectif, le législateur s'est doté des moyens indispensables à la réussite des programmes d'amélioration pastorale. À cet effet, il a identifié trois types de zones possibles, à savoir : les zones d'amélioration pastorale ; la zone de développement agricole ; et la zone de conservation des sols. Cette loi était fondée sur une action concertée et la participation des acteurs intéressés. Comme nous l'avons mentionné, si cette loi était fondée, son application s'est heurtée à un certain nombre de difficultés telles que les litiges liés aux limites des territoires des communautés et la non-définition des droits d'usage.

---

dans le Versant Sud du Haut Atlas », Étude du PNUD-ORMVAO, 2002, p.56, disponible sur le site: http://www.pnud.org.ma/pdf/bio/STATUTS%20JURIDIQUES.pdf , consulté le 14/4/2017.

2.8. La loi 113-13[1] et les enjeux de mise en œuvre et de légitimité

Dans cette perspective globale, le Maroc a adopté la loi N° 113-13, relative à la Transhumance pastorale, à l'aménagement et à la gestion des espaces pastoraux et sylvo-pastoraux[2]. Cette loi vise à établir un cadre juridique relatif à l'organisation, au développement et à l'exploitation adéquate et durable des ressources sylvo-pastorales et au règlement des conflits pouvant résulter de l'activité pastorale. Le texte précise, par ailleurs, les conditions de mobilité des troupeaux, l'accès aux espaces pastoraux et sylvo-pastorales, leurs ressources et les obligations incombant aux propriétaires des troupeaux dans le cadre de la sauvegarde de l'environnement, des écosystèmes et des espaces publics et privés.

En outre, le texte attribue aux autorités compétentes des pouvoirs et des missions d'organisation, de réglementation, de suivi et de surveillance des activités de Transhumance pastorale. Ces autorités ont le pouvoir d'ouvrir des espaces pastoraux et sylvo-pastoraux et de déterminer les périodes de Transhumance et de mobilité des troupeaux et des populations qui en dépendent. De ce fait, la loi exclut, par conséquent, les transhumants, et les populations locales[3] de

---

[1] La loi 113-13 relative à la Transhumance pastorale, à l'aménagement et à la gestion des espaces pastoraux et sylvo-pastoraux

[2]Promulguée par le Dahir N° 1-16-53 du 27 avril 2016, Bulletin Officiel N° 1031.

[3]Les populations des régions de Souss Massa et de Daraa Tafilalet refusent l'application de la loi 113-13. Elles ont récemment créé une association « AKAL » pour la défense de leurs terres et de leurs droits. Le Conseil national des droits de l'Homme stipule dans son rapport annuel en 2019 que « La coordination du Mouvement Akal pour "la richesse et la terre", composée de représentants des tribus et des bénéficiaires de terres collectives, a organisé une marche dans la ville

la gestion et de la préservation des terres de parcours. Cette exclusion a contribué au déclenchement de conflits[1] entre transhumants, sédentaires, ou agriculteurs[2].

L'article 3 la loi N° 113-13, dispose que « le pâturage des troupeaux et la Transhumance doivent s'effectuer dans le respect du droit de propriété d'autrui, de la préservation des ressources sylvo-pastorales et des potentialités des espaces pastoraux et sylvo-pastoraux, des droits d'usages[3] existant sur ces espaces ». Cependant, ce texte ne définit ni la notion « d'ayant droit » ni la notion « d'usagers ». Mettons en exergue aussi que l'article 7 permet à l'Administration compétente de créer des zones de mise en défens, en excluant les acteurs concernés (les transhumants, les ayants droit...). En revanche, l'article 9, en

---

d'Agadir (août 2019) contre la loi N° 113.13 réglementant le pâturage et la Transhumance. Cette coordination avait précédemment organisé deux marches à Casablanca (décembre 2019) et Rabat (février 2019). Le Conseil souligne la nécessité de trouver d'urgence des solutions au problème du surpâturage, en raison des impacts sociaux qu'il peut provoquer et des impacts négatifs sur les droits des individus et des sociétés » disponible sur le site : https://www.cndh.org.ma/, consulté le 20/07/2020.

[1] Au cours des dix dernières années, la province de Tiznit a reçu 537 plaintes et la province de Chtouka, 438 plaintes.

[2] Au cours de l'année 2018, la région de Souss Massa a connu d'énormes conflits entre transhumants et agriculteurs d'Aït Milk, Belfaa, Inchaden, Arbiaa Sahel, Tafrout, Idousaka Taroudant...

[3] Le code forestier tunisien, dans son art. 47, reconnaît comme titulaire d'un droit d'usage dans les forêts de l'État tout tunisien domicilié dans une forêt ou un riverain de celle-ci, dans un rayon de 5 km et ayant exercé ce droit de dix ans, alors que la législation marocaine ne reconnaît les droits d'usage qu'aux personnes appartenant à une tribu ou à une fraction riveraine d'une forêt ou ayant de tout temps l'habitude d'y transhumer (art. premier de l'arrêté viziriel du 15 janvier 1921).

contradiction avec le précédent, autorise la conclusion de contrats entre les acteurs concernés.

L'article 12 mérite, toutefois, une attention particulière, car il permet à l'Administration compétente d'ouvrir des forêts d'arganiers, qui représentent un patrimoine mondial, et sans pour autant obtenir l'accord des ayants droit. À cet égard, la loi en vigueur exige, dans ses articles 24 et 27, l'obtention d'autorisations de Transhumance de l'Administration compétente, et l'obligation d'informer les autorités locales de l'arrivée des transhumants dans les parcours. La procédure de saisie et de mise en fourrière en cas de délit, prévue à l'article 43, soulève également le problème de la taille du troupeau s'elle est trop importante.

2.9. La loi 62-17 : un nouveau pas vers le renforcement de la tutelle

En 2019, l'État marocain a adopté une nouvelle loi qui a abrogé celle du 27 avril 1919. Cependant, cette loi a soulevé de nombreuses objections en matière de droits d'usage collectifs. Dans ce cadre l'article 3 de la loi 62-17[1] portant sur la tutelle administrative et la gestion des terres des communautés Soulalyates stipule que les listes des membres des collectivités ethniques, hommes et femmes, seront réactualisées dans les trois mois suivants la date de l'invitation adressée par la province aux Nouabs, sous le contrôle de l'autorité locale. Cependant, les représentants des collectivités ethniques (Nouabs) ont procédé à l'inscription d'étrangers de la tribu sur les listes des ayants droit, de sorte que ces listes comprennent plus de 50 % des étrangers de la tribu. Cela constitue un facteur aggravant car les autorités locales ne surveillent pas ces listes.

[1]Promulguée par le Dahir N° 1-19-115 du 9 août 2019 qui a abrogé le Dahir du 27 avril 1919. Bulletin Officiel N° 6807du 26/08/2019.

L'article 6 de la loi 62-17 prévoit que les membres des collectivités ethniques, hommes et femmes, jouissent du droit d'usage selon la répartition faite par les Nouabs. Ce droit d'usage leur permet uniquement l'exploitation personnelle et directe des biens collectifs. En revanche, cet article complique et perturbe la gestion des droits d'usage, car il précise que les membres de la communauté ethnique ont un droit d'usage personnel, sur la gestion et l'exploitation de ces territoires qui sont collectives.

En contradiction avec les droits des populations autochtones sur leur patrimoine, et avec les droits de l'Homme tels qu'ils sont universellement reconnus, l'article 8 de la loi 62-17 stipule qu'un membre de la communauté ethnique peut être privé du droit d'usage sur le territoire collectif pendant un à cinq ans. Néanmoins, ce n'est ni possible ni réaliste, étant donné l'appartenance du membre à son territoire, à son cheptel, et à son patrimoine. Une telle disposition menacerait le fonctionnement des collectivités ethniques et contribuerait à aggraver les crises et les différends.

À vrai dire, la loi actuelle abrogeant celle du 27 avril 1919 n'a apporté aucune nouvelle en matière d'exploitation et de règlement des conflits dans les terres collectives. Toutefois, deux congrès sur les terres collectives organisés par le ministère de l'Intérieur en 1995 et 1990 ainsi que le discours Royal du 12 octobre 2018 insistaient sur l'instauration d'une loi équitable. Cette loi n'a fait que renforcer la tutelle sur les terres collectives en excluant les acteurs concernés de la gestion de leur patrimoine collectif.

3. Nature et portée des droits d'usage et d'ayant - droit en terres collectives et forestières

Il est certain que le problème de la définition de la notion d'ayant droit influence directement l'usage, l'accès aux ressources et les droits d'usage collectifs. Dans cette sous-section, l'étude tentera d'apporter des réponses à cette question majeure.

3.1. Droits des ayants droit

Au Maroc, le Code de 1917 relatif au régime forestier est le seul texte qui a donné une définition aux ayants droit. Selon ce Code, les ayant droit sont des « populations marocaines exclusivement et riveraines de forêts ». Il a également défini le droit d'usage en forêt en tant que « droit de parcours bestiaux, ramassage de bois mort… ». L'ayant droit a donc acquis, selon le Code précité, son droit particulier ou collectif sur la terre collective d'un ancêtre commun. Toutefois, ce droit peut être accordé aux étrangers à la collectivité pourvu qu'ils fassent partie de la communauté pendant une période déterminée et qu'ils contribuent aux dépenses liées à la gestion des terres collectives.

Dans ce contexte, l'article 4 du Dahir du 27 avril 1919 dispose que « les terres collectives sont réparties en jouissance à titre provisoire, entre collectivistes, conformément aux usages et aux directives de la tutelle ». Cependant, le présent Dahir n'a pas défini le sens des terres collectives ou des collectivistes, même s'il donne à entendre que « ces terres peuvent faire l'objet d'un partage, portant attribution à chacun des chefs de famille du groupement, d'un droit perpétuel de jouissance ». Ainsi, ce droit perpétuel de jouissance « est imprescriptible et ne peut être aliéné ou saisi qu'au profit de la collectivité elle-même ». Le Dahir du 1919 précise également que, concernant les lots visés par le droit de jouissance « peuvent être échangés entre attributaires… leur location ou leur mise en association entre attributaire exclusivement, par une durée maximale de deux années agricoles, est subordonnée à l'autorisation de l'assemblée des délégués ».

Dans ce sens, l'article 1er de l'arrêté viziriel du 14 août 1945 relatif à la gestion des biens collectifs précise que « tout partage d'un immeuble collectif comportant une attribution définitive à chacun des chefs de famille de la collectivité du droit perpétuel de jouissance sur une ou plusieurs parcelles est subordonné à l'autorisation du conseil de tutelle ». À cet égard, l'article 4 du même Dahir dispose que « lorsqu'il s'agit de parcelles déjà valorisées, il est établi à la diligence de l'autorité locale de contrôle en la forme authentique, un acte reconnaissant à l'attributaire désigné par le conseil de tutelle un droit perpétuel de jouissance transmissible ».

Les articles 5, 6, 7, 8 et 9 de l'arrêté viziriel de1945 précité précisent que « lorsqu'il s'agit du partage d'un immeuble non encore valorisé, celui-ci est divisé en autant de lots qu'ils existent de chefs de famille admis au partage par le conseil de tutelle… ce partage est effectué publiquement par tirage au sort en présence de deux Adouls ou devant la Jmaa judiciaire » et que « chaque attributaire est mis en possession provisoire de son lot ». Cette « attribution du droit perpétuel de jouissance ne devient définitive que si le lot est valorisé », et qu'« en cas de déchéance, le lot fait retour à la collectivité qui peut procéder à une nouvelle attribution à certaines de ses membres » ou bien « le réserver pour l'usage commun ». À cet égard, l'article 1er du règlement N° 2977 du 13 novembre 1957 sur le partage collectif des terres définit la notion de « l'ayant droit » comme étant « les chefs de famille, c'est-à-dire les hommes mariés depuis six mois au moins, ou les veuves des collectivistes ayant au moins un enfant ont droit chacun à une part d'égale superficie ».

L'article 4 du même règlement dispose que « sont exclus de partages les collectivistes absents depuis plus d'un an » ainsi que « les collectivistes ayant plaidé contre la Jmaa en vue de Melkiser à leur profit une partie du collectif sauf s'ils n'ont aucun moyen d'existence ». Cependant, les catégories exclues peuvent être considérées comme des ayants droit en se référant à l'inscription sur des listes établies par les autorités locales. Cela rend le concept d'ayants droit vague et ambigu, et qui contribue à l'éclatement de conflits de légitimité liés à l'usage de ressources collectives et forestières.

Dans cet ordre d'idées, l'article 5 précise que « sont admis au partage concurremment avec les membres de la collectivité, les collectivistes de retour en tribu à compter de la première compagne qui suit leur retour » et que « les étrangers ayant par tolérance de la Jmaa, résidé en son sein pendant plus de dix ans, jouissent des mêmes avantages que les collectivistes, et participent aux charges communes ». L'article 6 spécifie, à son tour, qu'« en cas de décès du bénéficiaire du droit de jouissance d'un lot, ce droit est transféré à sa veuve et à ses enfants, non déjà pourvus… Ce droit demeure obligatoirement dans l'indivision entre eux, à défaut le lot est déclaré vacant ». Remarquons enfin que dans les articles 3 et 4 du Dahir N° 1-69-30 du 25 juillet 1969 [1] relatif aux terres collectives situées dans les périmètres d'irrigation, il est stipulé que « l'assemblée des délégués devra établir la liste des ayants droit (cette liste) qui doit être adressée à l'autorité locale et aux collectivistes ayant droit dans un délai de 6 mois depuis la publication du présent Dahir au Bulletin Officiel », comme elle « ne peut faire l'objet de recours que devant le conseil de tutelle saisi par les intéressés eux-mêmes ou par l'autorité locale dans un délai de 3 mois à compter de la notification ».

[1] Bulletin Officiel N°2960-bis du 29/07/1969.

À ce propos, soulignons que dès 1963 l'expression « groupement indigène » a été remplacée par le terme « groupement ethnique »[1] ; de même, la Jmaa n'est plus considérée, comme dans le Dahir du 27 avril 1919[2], en tant qu'assemblée groupant tous les chefs de foyer relevant de la même collectivité, mais uniquement comme une assemblée de délégués[3]. Ce qui a poussé le ministère de l'Agriculture à demander au ministère de tutelle (l'Intérieur) de designer les ayants droit. Ladite liste a soulevé beaucoup de problèmes qui ont accentué le processus d'opposition au projet d'aménagement pastoral[4].

Cette qualité d'ayant droit s'applique également aux chefs de famille mariés de plus de six mois minimum, n'ayant jamais été contre leur collectivité ethnique ou Jmaa, qui contribuent aux charges et aux dépenses communes du groupement ethnique et qui n'auraient pas bénéficié de l'attribution d'une partie ou d'un lot domanial dans le cadre de la politique de la réforme agraire. Ce statut s'applique également à la veuve d'un membre de la collectivité qui a au moins un enfant, ou à un membre de la collectivité de retour au groupe ethnique, ainsi qu'aux étrangers de la tribu[5] qui résident depuis plus de 10 ans et participent aux dépenses communes de la tribu.

---

[1] Le Dahir N° 1-62-179, du 6 février 1963, modifiant le Dahir du 27 avril 1919 a remplacé l'expression « groupement indigènes » par celle des « groupements ethniques ».

[2] Voir art. 2 du Dahir du 27 avril 1919 précité.

[3] Voir art. 2 du Dahir du 6 février 1963 précité.

[4] TOZY (Mohamed), « Quelques cas de production indigène de droit », Paris, Éditions Centre National de la Recherche Scientifique, 1989, pp.83-103.

[5] La tribu semble être une association politique entre lignages, basée sur des nécessités socio-économiques. PASCON (Paul), « Segmentation et stratification dans la société rurale marocaine », Bulletin économique et social du Maroc, N° 138-139, 1979 consultable sur :

Cependant, dans la réalité, le critère important pour bénéficier de la qualité d'ayant droit reste l'appartenance à la collectivité ethnique ; les autres critères n'ont qu'une importance secondaire. Ainsi, la veuve sans enfant a aussi la qualité d'ayant droit et peut bénéficier d'un lot de terres collectives pour construire sa maison. Enfin, la qualité d'ayant droit peut être acquise par la conclusion de contrats de partage entre collectivités ethniques et l'exercice simple d'une activité pastorale.

Traditionnellement, les règles relatives aux droits d'usage décidées par les Jmaa, permettent généralement de pâturer et d'abreuver le troupeau. Dans ce cadre, un transhumant peut construire des enclos ou les utiliser sur le site dont la propriété peut être collective. Ces enclos sont utilisés par les premiers transhumants qui les occupent[1].

Dans d'autres cas, les campements qui abritent les enclos sont considérés, après une présence continue et effective, comme une propriété privée[2]. Ils peuvent même être objet d'héritage[3]. Plusieurs tribus distinguent deux catégories d'usagers : ceux qui ont l'autorisation de disposer d'un enclos ; et ceux qui en sont privés sont ainsi obligés de n'avoir que leurs troupeaux dans le parcours collectif et

---

http://besm.mmsh.univ-aix.fr/n/Pages/138-139-07.aspx, consulté le 26/12/2018.

[1] RACHIK (Hassan), « Dynamique de la propriété collective et espace juridique communautaire », in Contester le droit : communautés, familles et héritage au Maroc, Casablanca, Éditions la Croisée des Chemins, 2016, p.30.

[2]RACHIK (Hassan), « Dynamique de la propriété collective et espace juridique communautaire », in Contester le droit : communautés, familles et héritage au Maroc, Casablanca, Éditions la Croisée des Chemins, 2016, op.cit., p.30.

[3] BONTÉ (Pierre) & MAHDI (Mohamed), « Pasteurs de l'Atlas. Production pastorale, droit et rituel », Casablanca, Editions Fondation Konrad Adenauer, N°159-160,1999, pp.260-262.

forestier. D'autres limitations comprennent l'interdiction faite au transhumant de passer la nuit[1] avec son troupeau dans des parcours proches des villages et la détermination des effectifs admis pour l'ensemble du troupeau ou de certaines espèces[2].

Dans ce contexte, il existe des règles morales qui limitent la liberté de déplacement et constituent une base sociale pour la jouissance paisible des parcours, comme par exemple le respect d'une distance respectueuse (tiqar, louqr) de la tente et du parcours de ses voisins[3]. Par ailleurs, le transhumant étranger non résident est accepté, à titre conditionnel comme usager temporaire. Néanmoins, la décision finale appartient à l'assemblée du village. La Jmaa peut refuser la demande si le nombre est jugé excessif[4]. Cependant, les transhumants en déplacement vers d'autres parcours peuvent être autorisés à pâturer durant le passage[5].

---

[1]En 1988, le gouverneur d'Errachidia décida que l'un des villages en conflit avait le droit au pâturage et non le droit de passer la nuit aux parcours. ILAHIANE (Hsain), « The Berber Agdal Institution : Indigenous Range Management in the Atlas Mountains », Ethnology, 1999, Vol.38, p21-45.

[2] Ibid., pp.21-45.

[3] MAHDI (Mohamed), « Le statut collectif des parcours entre le consensus de la collectivité et l'action individualisée, Pastoralisme et foncier : impact du régime foncier sur la gestion de l'espace pastoral et la conduite des troupeaux en régions arides et semi-arides », Montpellier, Publications du Centre international des hautes études agronomiques méditerranéennes, 1997, p.33.

[4] BONTÉ (Pierre) & MAHDI (Mohamed), « Pasteurs de l'Atlas. Production pastorale, droit et rituel », Casablanca, Editions Fondation Konrad Adenauer, N°159-160,1999, op.cit., pp.260-262.

[5] ILAHIANE (Hsain), « The Berber Agdal Institution : Indigenous Range Management in the Atlas Mountains », Ethnology, 1999, Vol.38, p21-45.

Au début des années 1980 et dans le cadre du projet de développement pastoral et de développement[1] des parcours de la tribu Aît Arfa de Guigou, le problème majeur qui se posait aux autorités administratives était la définition de la notion d'ayants droit ; c'est-à-dire des membres possédant le droit d'accéder aux parcours collectifs de la tribu. Selon les coutumes locales, tout membre de la tribu est un ayant droit[2]. À ce titre, peut revendiquer ce statut toute personne dont les ancêtres sont issus de la tribu ou ceux dont les ancêtres ont défendu le territoire tribal durant la période précoloniale. Les étrangers, par contre, sont exclus de la gestion des parcours et ne peuvent être représentants de la Jmaa (Nayb). Chaque village choisit un représentant (Nayb) qui s'occupe à la fois du parcours et des relations avec l'Administration publique.

Notons que les étrangers n'ont jamais cessé de prétendre être des citoyens ayant le droit d'accéder aux mêmes droits que tous les Marocains, quelle que soit leur origine tribale[3]. Ils affirment également que les parcours appartiennent à

---

[1] « Avant l'introduction du projet du développement pastoral, la distinction entre l'originaire et l'étranger n'avait pas de répercussions objectives quant à l'exploitation des parcours. Tous les transhumants résidents y conduisaient leurs troupeaux. Avec le projet pastoral tout a changé. Ce qui était en jeu c'est la reconnaissance officielle de l'ayant droit. Ce qui n'était pas admis par les membres de la tribu, c'est la consécration juridique d'une pratique informelle et la transformation de leur "générosité" à l'égard des étrangers en un droit d'accès aux biens collectifs» RACHIK (Hassan), "Dynamique de la propriété collective et espace juridique communautaire", in Contester le droit : communautés, familles et héritage au Maroc, Casablanca, Éditions la Croisée des Chemins, 2016, op.cit., p.42.

[2]Ibid., p.42.

[3]RACHIK(Hassan), « Les usages politiques des notions de tribu et de nation au Maroc », Identity, Culture and Politics: An Afroasian Dialogue, Vol.1, 2000, p.45.

l'État en dernier lieu[1]. Les étrangers utilisent des notions modernes, telles que la citoyenneté, parce que les notions d'identité collective tribale, avec ce qu'elles impliquent, ne sont pas dans leur meilleur intérêt. Dans ce sens, si les membres de la tribu refusent d'accepter ces notions modernes[2], ce n'est plus pour défendre leurs intérêts que par attachement à leur tradition, soulignant ainsi que « le sentiment d'appartenance à une communauté élargie s'estompe au profit de l'appel à l'individualisme lié à la pénétration des valeurs de la démocratie libérale, de l'ouverture de ces régions sur l'économie nationale et de la monétarisation des échanges[3] ».

Le droit de la tribu, et plus particulièrement le droit de propriété des parcours fondé sur l'exclusion des étrangers résidents, devient de plus en plus contesté. Cette contestation est possible dans un contexte où les affaires tribales ne sont plus résolues dans l'intimité de la tribu et où de nouvelles opportunités sont offertes aux étrangers pour exprimer leurs désaccords[4]. S'agissant des parcours

---

[1] TOZY (Mohamed) & MAHDI (Mohamed), « Aspects du droit communautaire dans l'Atlas marocain », Droit et société, N° 15,1990, p.226.

[2] À cet effet « le rapport à la tradition n'est plus uniforme. Des transhumants contestent les anciennes règles basées sur des discriminations traditionnelles. Dans ce cas également, la tradition n'est entretenue que par le groupe qui tire des avantages du droit traditionnel ». RACHIK(Hassan), « Les usages politiques des notions de tribu et de nation au Maroc », Identity, Culture and Politics: an Afroasian Dialogue, Vol.1, 2000, op.cit., p.42.

[3] BOURBOUZE (Alain), « Gestion de la mobilité et résistance des organisations pastorales des éleveurs du Haut Atlas marocain face aux transformations du contexte pastoral maghrébin », Managing Mobility in African Rangeland : the Legitimization of Transhumant Pastoralism, Niamir Fuller M. (dir.), Londres, Publications Ltd, 1999, op.cit., p.10.

[4] RACHIK (Hassan), « Dynamique de la propriété collective et espace juridique communautaire », in Contester le droit : communautés,

collectifs, l'ayant droit en occupe provisoirement une partie et jouit des droits d'usage reconnus par sa communauté. Souvent, la règle du « premier arrivé, premier servi[1] » est appliquée. Le droit de jouissance perpétuelle sur le même terrain marque un changement dans le droit des collectifs agricoles. Il est transmissible aux héritiers de l'ayant droit qui doivent rester dans l'indivision[2].

L'article 4 du Dahir du 27 avril 1919, organisant la tutelle administrative des collectivités ethniques et réglementant la gestion et l'aliénation des terres collectives, précise que les terres collectives sont réparties en jouissance, à titre provisoire, entre collectivistes[3]. Il dispose également que les terres collectives peuvent faire l'objet d'un partage portant attribution à chaque chef de famille du groupement, d'un droit perpétuel de jouissance.

De son côté, l'arrêté du 15/1/1921 définit la notion « d'usagers », qui concerne ceux qui font partie d'une tribu ou d'une action riveraine de la forêt, en excluant les tiers étrangers, même si ceux-ci acquièrent des immeubles sur le territoire d'une tribu donnée. Dans ce cadre, l'arrêté viziriel du 14 août 1945 réglementant la gestion des biens collectifs, stipule que tout partage d'un immeuble collectif constitue une attribution définitive à chacun des chefs de famille de

---

familles et héritage au Maroc, Casablanca, Éditions la Croisée des Chemins, 2016, op.cit., p.25.

[1]Ibid., p.25.

[2]Selon le Dahir de 1919 (articles 4 et 6) : les terres collectives de cultures « sont réparties en jouissance, à titre provisoire, entre les collectivistes, conformément aux usages et aux directives de la tutelle » et « en cas de décès du bénéficiaire du droit de jouissance d'un lot, ce droit est transféré à sa veuve et à ses enfants, non déjà pourvu » ce droit « demeure obligatoirement dans l'indivision entre eux. À défaut le lot est déclaré vacant ».

[3]Les différents textes régissant les terres collectives introduisent des concepts différents pour désigner les ayants droit ou les usagers.

la collectivité du droit perpétuel de jouissance sur une ou plusieurs parcelles.

Le Dahir du 25 juillet 1969 relatif aux terres collectives situées dans les périmètres d'irrigation dispose, à son tour, que « les terres soumises aux dispositions de ce Dahir sont considérées comme appartenant dans l'indivision aux personnes qui à la date de publication de ce Dahir, ont la qualité d'ayant droit ». Cependant, l'appartenance à l'ethnie demeure un élément indispensable pour bénéficier de la qualité d'ayant droit. Cette qualité est suivie de la résidence au sein de la communauté ethnique, de la qualité de chef de famille et de l'exercice d'activité agricole pour les terres de culture ou d'élevage pour les terres de parcours. Toutefois, ces critères se varient selon chaque collectivité ethnique, multipliant ainsi les conflits liés aux droits d'usage.

Selon le législateur marocain, le propriétaire des terres collectives est la collectivité ethnique. Alors, qui sont les ayants droit ? En terme juridique, « l'ayant droit est une personne qui par elle-même ou son auteur a vocation à exercer un droit : elle bénéficie d'un droit en raison de son appartenance à la catégorie qui y donne vocation. Les ayants droit de la jouissance de la terre collective sont les membres de la communauté lignagère propriétaire de son espace foncier. Le groupement se compose des héritiers d'un ancêtre commun à la tribu, à la fraction ou au douar[1] ».

Le régime des terres collectives a réparti l'espace collectif entre les différentes collectivités lignagères. Cette répartition n'a pas été prise en compte en matière de délimitation des collectivités territoriales. Mais les

---

[1]BARRIÈRE (Olivier) & Aït HAMZA (Mohamed) et al., « Maroc : programme de recherche conjoint : gouvernance de la biodiversité pour une gestion patrimoniale de l'environnement (GOVBIO) : Rapport d'étape », Montpellier, Publications de l'Institut de Recherches pour le Développement, 2007, op.cit., p.11.

territoires collectifs lignagers se retrouvent parfois sur le territoire de plusieurs collectivités territoriales, ce qui pose un problème majeur en matière de gestion et de régulation de droits d'usage et des ressources sylvo-pastorales.

Cette notion se complexifie d'autant plus en raison des droits d'usage et de jouissance auxquels nous nous intéresserons ci-après.

3.2. Droits d'usage et droits de jouissance

Depuis des temps immémoriaux, les populations marocaines ont l'habitude de faire recours à la forêt pour subvenir à leurs besoins variant selon la nature du peuplement forestier et le mode de vie de la tribu. La loi forestière a maintenu les principaux droits d'usage dont jouissent les usagers marocains dans les forêts. Ces droits sont reconnus en vertu de l'article 21 du Code de 1917 précité. Ils ne peuvent être cédés ou étendus au profit de personnes n'appartenant pas aux tribus bénéficiaires, même si ces habitants de la forêt deviennent propriétaires de terres sur le territoire des tribus « usagères ».

Le droit au parcours en tant que droit d'usage est régi par l'arrêté viziriel du 15 janvier 1921. Celui-ci précise que ce droit ne peut être exercé que dans les parcelles de forêt reconnues comme défensables par le service forestier et dans la limite de leur possibilité en herbe. Dans ce contexte, le nombre d'animaux admis au parcours est fixé en fonction des possibilités forestières et peut faire l'objet de révisions annuelles. Outre le nombre de pâturages nécessaire aux besoins domestiques des usagers, les troupeaux admis aux parcours donnent lieu à la perception d'une redevance[1] calculée par tête d'animal.

Toutefois, cette redevance est incompatible avec l'exercice du droit d'usage. Elle demeure peu élevée par rapport à la valeur du produit prélevé et constitue un symbole de précarité du droit exercé [2] .L'arrêté des directeurs des eaux et forêts et des affaires politiques du 22 juin 1936 relatif à l'application du régime forestier en territoire militaire, définit le droit d'usage forestier comme étant « la jouissance coutumière ancestrale d'un produit de la forêt consommé sur place et dans les limites des besoins familiaux. Son exercice ne peut pas excéder la possibilité de la forêt ni nuire à sa conservation ».

De ce fait, le droit d'usage n'est pas absolu, car son exercice est soumis à certaines conditions tendant à garantir un compromis entre la nécessité de préserver l'intégrité de la forêt et la possibilité pour les usagers d'exercer ces droits. Par exemple, les droits de jouissance dont bénéficient les usagers sur les forêts d'arganiers du sud-ouest du Maroc sont plus étendus que les autres droits d'usage, car ils concernent à la fois les arbres, leurs fruits et l'utilisation des terres. Ces droits de jouissance sont régis par le Dahir du 4 mars 1925 et son arrêté d'application du 1er mai 1939. Il s'agit, selon ces textes, de la collecte du bois mort, de la cueillette des fruits et du parcours des troupeaux. Il concerne aussi l'utilisation des sols, la coupe de branchage pour le bois de chauffage, le charbonnage et le service de l'enlèvement de la terre, du sable et de la pierre.

Signalons que les droits d'usage, tels qu'ils sont perçus par les collectivités au niveau des parcours, qui consistent

---

[1] Voir l'art. 4 de l'arrêté viziriel du 15 avril 1946 relatif à l'aménagement sylvopastoral des massifs forestiers.

[2] ABOULOUAFI (Driss), La forêt marocaine, Rabat, Imprimerie Al Karama, 2004, p.183.

en la totale liberté d'action des transhumants, font partie des principaux problèmes. Ils accentuent la dégradation des parcours, et constituent une source de plusieurs conflits entre les collectivistes en ce qui concerne les périodes d'ouverture des parcours à respecter et les mises en défens.

Observons enfin que ces droits d'usage sont souvent l'objet de révision par les collectivités ethniques à l'occasion des années de sécheresse. Si leurs parcours sont menacés de détérioration en raison du surpâturage, les collectivistes n'hésiteront pas à inciter les étrangers à quitter leur zone ou à diminuer le nombre de têtes de bétail qu'ils possèdent.

3.3. Exercice des droits d'usage

Jusqu'au début du XXe siècle, la société marocaine était organisée en groupements ethniques disposant d'un territoire exploité collectivement. L'usage de l'espace forestier à cette époque était confondu avec les droits de propriété. Depuis la promulgation du Code de 1917 portant sur la conservation et l'exploitation des forêts, le législateur a introduit la notion de droits d'usage, afin de respecter les pratiques coutumières des groupements ethniques.

Néanmoins, les concepts d'« usagers », de « droits d'usage » et d'« exercice » de ces droits semblent souvent mal interprétés tant par les ayants droit que par les institutions publiques chargées de réglementer ces droits[1].

---

[1]Historiquement, le colonisateur était dans la recherche d'un processus juridique capable d'officialiser le monopole et la maîtrise du foncier, et de trouver des solutions juridiques permettant à la fois la colonisation foncière et aussi la garantie de « droits » sur la terre. Il a institué un mécanisme vers la melkisation selon lequel le Cadi qui est juge de Chra'a qui doit vérifier si la terre n'est pas collective, et bien qu'elle soit aliénable, cependant le Cadi ne se base pas pour défendre le statut des terres collectives sur les normes coutumières, il recourt à la théorie

En outre, l'interprétation inappropriée que font les usagers ou les ayants droit entre le droit d'usage et le droit de propriété contribue à rendre la gestion et la résolution des conflits liés à l'exercice des droits d'usage d'autant plus complexe. En effet, l'arrêté viziriel du 15 janvier 1921 précise que l'usager ne doit pas ramasser plus que ce qui lui est nécessaire. Son article 2 dispose que le droit aux parcours ne peut être exercé que dans les cantons reconnus comme « étant défendables » par l'Administration, et doit être interdit dans les bois jeunes et âgés de moins de six ans.

Le pâturage dans la forêt est sans aucun doute le plus important des droits d'usage. Toutefois, en dépit de la rigidité de la loi, la fraude est facile, puisque « la mise en défens, dont le rôle n'est plus à démontrer qui donne la possibilité au forestier de fermer au parcours environ 20 % de la superficie boisée, n'est jamais appliquée [1] ». Le problème fondamental réside dans l'incompréhension entre les transhumants et les forestiers (l'État). Les premiers n'acceptent pas les interdictions imposées par les réglementations forestières à un ensemble qu'ils considèrent comme le leur et dont ils contestent la domanialité. Les seconds sont incapables de contrôler l'ensemble du périmètre domanial dont ils possèdent la charge. Ils se limitent à collecter des taxes pour les menus et les produits d'élevage et à persécuter les délinquants. Ainsi, l'arrêté ministériel portant sur le statut sylvo-pastoral traite la gestion des terrains forestiers, afin qu'ils puissent à

---

musulmane de la vivification. Cela a contribué à la transition vers le Melkisation, la marchandisation des terres collectives, au capitalisme et à la formation d'une bourgeoisie colonisatrice sur le territoire marocain par la suite.

[1] NADIR (Bouchra), Domanialité et environnement cas des eaux et forêts, Rabat, Éditions Almaarif, 2008, op.cit., p.71.

la fois produire du bois, protéger le sol et être utilisés comme parcours.

Cependant, le nombre de troupeaux dépasse la capacité des parcours, un bon nombre des défens est mis en place et de nombreux transhumants souhaitent leur augmentation[1]. Dans ce contexte, des mesures ont été définies par l'arrêté[2] du 21 mars 2002. Elles ont pour finalité de fixer les limites, les conditions et les modalités de demande et d'octroi de la compensation pour la mise en défens du domaine forestier à exploiter ou à régénérer. Cet arrêté prévoit notamment une compensation pour la mise en défens des forêts domaniales à exploiter ou à régénérer à accorder aux usagers du domaine forestier organisés en coopératives ou en associations. Cette compensation est accordée pendant toute la période fixée pour la mise en défens. Il est donc nécessaire de rechercher un compromis équitable entre la possibilité de réserver suffisamment de pâturages aux troupeaux et la nécessité d'assurer la régénération des parcours.

Concluons donc que le droit positif marocain est à la croisée des chemins, son modèle exogène ne répond pas aux besoins et spécificités locales en termes de foncier collectif et de gestion des ressources naturelles ; ce modèle juridique exogène a participé au divorce des sociétés traditionnelles et de leurs environnements. L'influence de la vision occidentale du droit positif marocain reste fortement ancrée dans l'esprit du législateur marocain. Le droit positif a toujours montré ses limites en matière du foncier collectif, de gestion des ressources naturelles ou du droit d'usage collectif.

---

[1]Ibid., p.72.

[2]N° 1855_01, Bulletin Officiel N° 5000.

Certes, la multiplicité des ordres juridiques, ainsi que la multiplicité des acteurs et des institutions en matière d'espace collectif et de droits d'usage influencent l'accès et l'usage des ressources sylvo-pastorales.

Section 2 - Acteurs, institutions traditionnelles et modernes, et projets sylvo-pastoraux

Dans cette section, l'analyse se concentrera sur l'importance et les rôles des différentes institutions chargées de la gestion des parcours, ainsi que sur les différents projets pastoraux adoptés par l'État marocain.

1. Institutions de gestion des terrains de parcours collectifs et forestiers

Dans cette sous-section, nous examinerons la contribution des institutions traditionnelles et modernes à la gestion des parcours.

1.1. Institutions traditionnelles

Le Maroc se caractérise par l'existence d'institutions traditionnelles telles que les Jmaa, les Agdals et autres, qui sont encore fonctionnelles en matière de gestion des espaces pastoraux. Les coopératives[1] pastorales constituent également un atout dans la gestion participative de l'espace pastoral.

---

[1] L'organisation des coopératives au Maroc a vu le jour á l'époque du protectorat français suite á la mise en vigueur du Dahir du 13 février 1922, visant à réglementer et contrôler le crédit à la consommation au profit des coopératives. Ces coopératives étaient initialement limitées aux colonisateurs français et aux européens résidant au Maroc ; alors que les marocains n'avaient le droit d'adhérer à ces coopératives qu'après 1937, date de l'entrée en vigueur du Dahir du 24 avril 1937, permettant de créer une coopérative agricole.

1.1.1. L'institution de la Jmaa

La Jmaa, en tant que réalité sociale tribale, peut être définie comme une assemblée réunissant plus ou moins régulièrement et formellement les chefs de famille pour traiter des problèmes collectifs jugés importants par le groupe[1].

Les terres collectives sont inaliénables, incessibles et imprescriptibles, car elles sont la propriété collective d'une collectivité appelée Jmaa. L'un des rôles principaux de la Jmaa est d'intervenir et de résoudre les conflits entre les membres d'un même groupe ethnique ou de groupes ethniques différents, ou entre groupes ethniques différents.

À cet effet, la gestion des terres collectives du parcours a développé une nouvelle pratique, suite au consentement des Jmaa. Elle concerne la mise en culture des parcelles, au sein des parcours, pour remédier aux insuffisances des revenus, dans ces milieux vulnérables, notamment durant les périodes de sécheresse.

1.1.2. L'institution de l'Agdal

L'Agdal est un mot amazigh commun dans les régions montagneuses du Maroc, qui fait généralement référence à l'interdiction temporaire d'utiliser un territoire[2]. Il constitue aussi une pratique de gestion communautaire impliquant la protection de certaines ressources au sein d'une zone

---

[1]GELLNER (Ernest), Les Saints de l'Atlas, Saint-Denis, Bouchène, 2003, p.69.

[2] FAOUZI(Hassan), « L'Agdal dans la dynamique des systèmes agraires des arganeraies des Haha (Haut-Atlas Occidental, Maroc) », Études caribéennes,2013.

délimitée. L'Agdal désigne un espace sylvo-pastoral[1] dont l'accès est interdit aux transhumants pendant une période précise de l'année avec des périodes d'ouverture et de fermeture bien précises.

De ce fait, la pratique de l'Agdal constitue un mode de gestion communautaire reposant sur la conservation, la protection et la gestion collective des ressources spécifiques et des écosystèmes originaux au sein d'un territoire donné et délimité. Les mises en défens saisonnières interviennent à des moments précis du cycle biologique de la végétation[2]. L'une des caractéristiques essentielles de l'Agdal est l'alternance de période d'ouverture et de fermeture. C'est une forme de solidarité, de subsidiarité, d'hospitalité de résistance et de réussite locale à la fois simple et complexe. L'Agdal est étroitement associé à des représentations et des croyances qui témoignent d'une vision du monde et d'un environnement tout à fait original, et qui participent pleinement au fonctionnement du système socio-écologique[3].

---

[1]Le mot Agdal (pluriel : igoudlane) a une étymologie profonde et proviendrait d'une racine amazighe vivante au Maroc et chez les Touaregs de l'Aïr, et que l'on retrouve jusqu'en Tunisie, indiquant probablement une large répartition de ces pratiques de gestion dans le passé. Il renfermerait la racine Gdl qui peut prendre le sens de « laisser au repos ». Le terme Agdal se réfère aussi et surtout à l'idée de clôture, de réserve, d'interdiction, voire de horm et de haram, MAHDI (Mohamed), et P DOMINGUEZ, « Les Agdals de l'Atlas marocain : un patrimoine en danger », Bulletin Economique et Social du Maroc, Rabat, Editions Okad,2009,pp.328-330.

[2]AUCLAIR (Laurent) (dir.) & ALIFRIQUI (Mohamed) (dir.), Agdal : patrimoine socioécologique de l'Atlas marocain, Rabat, Publications de l'Institut Royal de la Culture amazighe, 2012, p.55.

[3] Ibid., op.cit.,30

a. Typologies de l'Agdal

Généralement, nous pouvons distinguer deux types d'Agdal, à savoir l'Agdal communautaire et l'Agdal frontalier.

L'Agdal communautaire

Il représente un sujet de droit qui nécessite une gestion à plusieurs niveaux de la structure sociale segmentaire, en fonction de lignage, de village, de fraction tribale. Dans ce cadre, décréter l'Agdal sur une zone permet à la Jmaa détentrice des droits collectifs d'affirmer sa propriété du sol et de prétendre à l'usage exclusif des ressources[1].

L'Agdal frontalier

Il s'agit d'une zone située à proximité des territoires tribaux. L'exploitation de la régulation des droits d'usage est commune à plusieurs groupes de segments de communautés. La gestion de ce type d'Agdal (droits collectifs d'exclusion, gestion) est normalement confiée à une personne descendante d'un Saint sacré, détenteur de la Baraka[2]. Placé sous la protection d'un Saint et géré par ses descendants, l'Agdal frontalier possède un caractère sacré qui s'exprime dans les règles d'exploitation des ressources[3].

De nos jours, l'ouverture des igoudlane (pluriel de l'Agdal) donne lieu à des rituels et des

---

[1]Ibid., op.cit., p.28.

[2]AUCLAIR (Laurent) & ROMAIN (Simenel) et al., Agdal : Les voies imazighen de la patrimonialisation du territoire, Rabat, Éditions Hespéris Tamuda, 2010, p.132.

[3]Ibid., p.135.

processions pour honorer les Saints fondateurs [1]. Pour préserver le statut de l'Agdal et affirmer l'indivision territoriale, les descendants du Saint interviennent dans l'arbitrage des conflits intercommunautaires[2].

b. La nature juridique de l'Agdal

La communauté peut limiter la liberté d'accès aux parcours collectifs grâce à l'institution d'Agdal qui désigne l'acte d'interdire temporairement l'usage d'un espace collectif, ou même un « lieu soustrait à la jouissance commune [3]», voire une limitation du nombre du bétail admis dans un terrain de parcours.

La période de mise en défens correspond souvent au printemps ou au début de l'été, une période sensible à la reproduction des plantes. À cet effet, la Jmaa fixe les dates ainsi que les sanctions en cas de transgression, parfois avec la bénédiction ou la présence des autorités locales. En règle générale, la mise en défens est un acte annuel, mais il arrive qu'une Jmaa décide de fermer des parcours si elle estime nécessaire de minorer l'effet du surpâturage[4].

---

[1] AUCLAIR (Laurent) (dir.) & ALIFRIQUI (Mohamed) (dir.), Agdal : patrimoine socioécologique de l'Atlas marocain, Rabat, Publications de l'Institut Royal de la Culture amazighe, 2012, op.cit., p.28.

[2]AUCLAIR (Laurent) & ROMAIN (Simenel) et al., Agdal : Les voies imazighen de la patrimonialisation du territoire, Rabat, Éditions Hespéris Tamuda, 2010, op.cit., p.141.

[3]PASCON (Paul) & BERQUE (Jacques), Structures sociales du Haut Atlas, Paris, Presses Universitaires de France, 1978, p.111.

[4] Ilahiane Hsain, « The Berber Agdal institution: indigenous range management in the Atlas Mountains », Ethnology, 1999, vol.38, pp.21-45.

L'Agdal est une pratique pastorale ou forestière (Agdal n'touga ou Agdal n'ikchoud[1]). L'Agdal forestier est organisé au niveau du village et concerne l'espace limitrophe des habitations. Il ne concerne pas les pâturages qui restent libres et il permet aux gens l'approvisionnement en fourrage quand le froid et la neige réduisent la Transhumance[2].

Sa durée n'est pas fixée à l'avance, mais dépend des conditions climatiques[3]. Annuellement, les villages avertissent le garde forestier de l'ouverture de leur Agdal en hiver et organisent même une collecte de fonds afin de disposer du champ libre. Outre la fixation de dates, la Jmaa prend d'autres dispositions. Par exemple : des sanctions contre les contrevenants, le recrutement de gardiens pour faire respecter les règles de la mise en défens et de la Transhumance, via des sanctions et des amendes (lkhtia) déterminées par la Jmaa[4]. Le gardien est payé par l'ensemble des usagers (Aït lmod3) ou par la somme des amendes perçues[5]. Avec le temps, l'Agdal a perdu en partie sa flexibilité et son efficacité de gestion, notamment en raison du manque d'implication des ayants droit dans la gestion durable des ressources sylvo-pastorales collectives.

Ces situations s'accentuent, d'autant plus que les valeurs de coopération et de solidarité qui caractérisaient la société traditionnelle sont devenues limitées en raison de certains

---

[1] AUCLAIR (Laurent) & ROMAIN (Simenel) et al., Agdal : Les voies imazighen de la patrimonialisation du territoire, Rabat, Éditions Hespéris Tamuda, 2010, op.cit., p.32.

[2] Ibid., p48.

[3]RACHIK(Hassan), « Dynamique de la propriété collective et espace juridique communautaire », in Contester le droit : communautés, familles et héritage au Maroc, Casablanca, Éditions la Croisée des Chemins, 2016, op.cit., p.29.

[4] Voir partie consacrée à l'analyse des chartes négociées.

[5]Ibid., p.30.

facteurs. Citons à titre d'exemple, les facteurs liés à la pression sur la régulation des droits d'usage, au règne de l'individualisme dans les sociétés communautaires traditionnelles et à la sédentarisation qui contribue à la rupture des liens traditionnels entre groupements ethniques[1].

Aujourd'hui, cette pratique coutumière trouve une nouvelle résonance en raison de la généralisation du concept de la durabilité et face à l'échec des institutions modernes, notamment dans les espaces subissant de fortes pressions anthropiques.

1.2. Institutions modernes

Dans cette sous-section, l'analyse focalisera sur la contribution des différentes institutions modernes chargées de la gestion des terres collectives, des ressources sylvo-pastorales et des droits d'usage.

1.2.1. Le ministère tuteur des collectivités ethniques

Il s'agit du ministère de l'Intérieur qui veille à l'application et à l'exécution des décisions prises par les conseils de la tutelle. Il adresse à ces conseils les divers rapports utiles relatifs aux collectivités ethniques et à leur patrimoine collectif. Il représente également les collectivités ethniques devant la justice, et permet aux Jmaa de conclure des contrats d'association agricole avec des tiers et de tenir la comptabilité des collectivités ethniques.

---

[1]Selon Bourgeot André « la sédentarisation imposée par des moyens extérieurs de tous ordres : économique, politico-policier, juridique ; ce type de sédentarisation apparaît comme une rupture du dynamisme de la société nomade » BOURGEOT (André), « Nomadisme et sédentarisation. Le processus d'intégration chez les Kel Ahaggar », Revue de l'Occident musulman et de la Méditerranée, N° 11, 1972, p. 88.

1.2.2. Le conseil de tutelle

Il est composé du ministre de l'Intérieur ou de son délégué, en qualité de président, du ministre de l'Agriculture, des directeurs des affaires politiques et des affaires administratives du ministère de l'Intérieur ou de leurs délégués, ainsi que de deux représentants nommés par le ministre de l'Intérieur, qui sont des Nouabs des communautés ethniques. Le conseil de tutelle examine toutes les questions concernant la Jmaa ; il prend des décisions[1] et gère les différentes intra ou inter collectivités ethniques.

1.2.3. Le rôle des autorités locales

L'autorité locale ne possède qu'un droit limité de contrôle de la gestion et la mise en valeur des terres collectives en tant que représentant du tuteur des collectivités ethniques. Ce contrôle exercé par les autorités locales se heurte, toutefois, à des obstacles juridiques et institutionnels, à savoir :

- L'ambiguïté qui caractérise les Dahirs du 27 avril 1919 et 62-17, notamment dans le cadre de sa définition de la notion d'« ayants droit » ;
- L'incompatibilité de ce Dahir avec l'évolution globale que connaît le Maroc ;
- La fragilisation du pouvoir de la Jmaa ; et

[1] Voir l'art. 13 du Dahir du 27 avril 1919 organisant la tutelle administrative des collectivités ethniques et réglementant la gestion et l'aliénation des terres collectives.

- L'opportunisme qui caractérise parfois les missions et les pouvoirs des Nouabs des terres collectives, ainsi que l'absence de critères objectifs dans leur désignation.

1.2.4. Les collectivités territoriales

Au Maroc, la Constitution de 2011 a tenté de consolider la décentralisation. À cet effet, le chapitre 1er stipule que : « L'organisation territoriale du Royaume est décentralisée, fondée sur une régionalisation avancée ». Le texte constitutionnel consacre aussi dans son chapitre 9 un ensemble de principes généraux, notamment ceux liés à la libre administration[1], à la démocratie participative, et à l'implication des populations locales.

Ces dispositions reflètent la place importante que les collectivités territoriales en général, et les communes en particulier, occupent dans la construction institutionnelle de l'État marocain[2]. Elles sont à la fois des outils de

---

[1] L'art. 136 de la constitution marocaine dispose que « L'organisation territoriale du Royaume repose sur les principes de libre administration, de coopération et de solidarité. Elle assure la participation des populations concernées à la gestion de leurs affaires et favorise leur contribution au développement humain intégré et durable. »

[2] L'art. 146 de la Constitution marocaine dispose qu'« une loi organique fixe notamment;

- Les conditions de gestion démocratique de leurs affaires par les régions et les autres collectivités territoriales, le nombre des conseillers, les règles relatives à l'éligibilité, aux incompatibilités et aux cas d'interdiction du cumul de mandats, ainsi que le régime électoral et les dispositions visant à assurer une meilleure participation des femmes au sein de ces Conseils ;
- Les conditions d'exécution des délibérations et des décisions des Conseils régionaux et des autres collectivités territoriales, conformément aux dispositions de art. 138 ;
- Les conditions d'exercice du droit de pétition prévu à l'art. 139 ;

« développement économique et de régulation des disparités sociales ».

La loi organique N° 113-14 relative aux communes mentionne certaines compétences en termes de gestion environnementale au profit des communes. Ainsi, dans le ressort territorial de la commune, l'article 87 cite les actions relatives à la protection de l'environnement, la gestion du littoral, l'aménagement des plages, des corniches, des lacs et des rives des rivières, la protection et la restauration du patrimoine culturel et la préservation des sites naturels…

Cependant, l'analyse des lois organiques relatives aux collectivités territoriales nous montre que la région bénéficie de nombreuses compétences en matière de protection de l'environnement, de développement rural et des zones forestières et montagneuses[1]. En effet, certaines

---

- Les compétences propres, les compétences partagées avec l'État et celles qui leur sont transférables au profit des régions et des autres collectivités territoriales, prévues à l'art. 140,
- Le régime financier des régions et des autres collectivités territoriales ;
- L'origine des ressources financières des régions et des autres collectivités territoriales conformément à l'art. 141 ;
- Les ressources et les modalités de fonctionnement des fonds de mise à niveau sociale et de solidarité interrégionale prévues à l'art. 142 ;
- Les conditions et les modalités de constitution des groupements visés à l'art. 144 ;
- Les dispositions favorisant le développement de l'intercommunalité, ainsi que les mécanismes destinés à assurer l'adaptation de l'organisation territoriale dans ce sens ;
- Les règles de gouvernance relatives au bon fonctionnement de la libre administration, au contrôle de la gestion des fonds et programmes, à l'évaluation des actions et à la reddition des comptes ».

[1]Art. 90 de la loi organique N° 111-14 relative aux régions.

compétences ne relèvent pas du champ d'action des communes, ce qui viole le principe de subsidiarité, de participation et de démocratie de proximité. En conséquence, les communautés lignagères et les communes sont assujetties toutes deux au principe de tutelle.

Conformément aux dispositions de la loi organique N° 113-14[1] relative aux communes, la commune possède un rôle primordial dans la fixation des conditions de conservation du domaine forestier, et contribue à la sauvegarde et à la protection des sites naturels et du patrimoine historique et culturel. Elle est également tenue d'assurer la protection des plantations et des végétaux contre les parasites et le bétail[2].

Dans ce contexte, le Dahir du 20 septembre 1976 relatif à l'organisation de la participation des populations au développement de l'économie forestière vise à redistribuer les ressources entre l'État et les communes rurales, tout en permettant à ces dernières de disposer des produits forestiers en tant que produits financiers dans leurs budgets. En revanche, sur les parcours, le poids de la tutelle, ainsi que l'importance des enjeux électoraux font que la commune ne bénéficie pas d'une vision proactive de la conservation des ressources sylvo-pastorales[3]. Par ailleurs, son action est entravée par un défaut des compétences et des moyens financiers et par le manque de dispositions juridiques.

Par conséquent, l'insuffisance des ressources financières et le poids de la masse salariale sur les budgets communaux,

---

[1] Cette loi ne fait pas la différence entre la commune rurale et la commune urbaine.

[2] Dahir N° 1-15-85 du 7 juillet 2015 portant promulgation de la loi organique N° 113-14 relative aux communes. Bulletin Officiel N° 6440 du 18 février 2016.

[3] Voir la partie des coopératives dans le cadre du Projet PDPEO.

l'incapacité des élus locaux et le développement de la population locale entravent l'atteinte des objectifs voulus. Le peu de personnel qualifié aux besoins des communes, ainsi que l'ambiguïté des textes juridiques et les lourdes procédures de gestion du développement rural exigent une nouvelle vision de coopération intercommunale. L'objectif est que les communes peuvent élaborer leurs plans de développement rural sur la base du développement pastoral.

De son côté, la région est en charge de l'élaboration et du suivi de l'exécution du programme de développement régional et du schéma régional de l'aménagement du territoire. Elle est compétente de la préservation de la régulation des droits d'usage, de la diversité biologique et de la lutte contre la pollution et la désertification, la préservation des zones protégées, la protection des écosystèmes forestiers et le développement économique, social, culturel et environnemental[1].

Dans ce contexte territorial, les politiques de décentralisation ne peuvent à elles seules renforcer la gouvernance locale. Néanmoins, elles appuient les institutions coutumières qui jouissent d'un degré élevé d'acceptabilité et de légitimité au niveau local en soutenant la gouvernance locale. Enfin, l'État a aussi un rôle essentiel dans la légitimation de ces institutions coutumières par la mise en place de conventions, de chartes, d'accords de conservation…

Certes, le Maroc a accumulé une grande expérience en matière de décentralisation territoriale depuis la Charte communale de 1976[2], la Charte communale de 2002, la

---

[1]Dahir N° 1-15-83 du 7 juillet 2015 portant promulgation de la loi organique N° 111-14 relative aux régions. Bulletin Officiel N° 6440 du 18 février 2016.

[2]L'art. 76 de la loi organique N° 113-14 relative aux communes dispose que : « Lorsque le président s'abstient de prendre les actes qui lui sont

Charte communale de 2009 et les lois organiques des collectivités territoriales N° 113-14, 112 - 14 et 114-14. Cependant, le principe de la libre administration reste théorique en l'absence de l'indépendance financière et administrative des communes et de leur dépendance à l'égard du pouvoir central. Dans ce cadre, la circulaire N° D4 du 18 janvier 2019 permet à l'autorité de tutelle de se substituer aux communes dans certains cas, et ce sur la base de l'article 76 de la loi organique N° 113-14. De fait, le remplacement du législateur de la tutelle par l'accompagnement n'est qu'une nouvelle forme de tutelle qui tend à priver les communes d'une véritable libre administration.

Depuis son indépendance, le Maroc s'est engagé dans des réformes institutionnelles de décentralisation et de démocratisation. Ces réformes prévoient un transfert de pouvoirs, de compétences, ainsi que des ressources centralisées vers les niveaux régional et local. L'objectif étant d'assurer une meilleure gestion de la régulation des droits d'usage, tout en impliquant les intervenants territoriaux concernés grâce au principe de subsidiarité.

---

impartis par la présente loi organique et que cette abstention nuit au fonctionnement normal des services de la commune, le gouverneur de la préfecture ou de la province demande au président d'exercer les fonctions qui lui sont dévolues. À l'expiration d'un délai de sept (7) jours à compter de la date d'envoi de la demande sans que le président n'y donne suite, le gouverneur de la préfecture ou de la province saisi la juridiction des référés près le tribunal administratif en vue de statuer sur l'existence de l'état d'abstention. La juridiction des référés statue dans un délai de 48 heures à compter de l'introduction de la saisine auprès du greffe de ladite juridiction. Il est statué tel que prévu à l'alinéa précédent par décision de justice définitive et sans convocation des parties le cas échéant. Lorsque la décision de justice constate ledit état d'abstention, le gouverneur peut se substituer au président dans l'exercice des actes que ce dernier s'est abstenu d'exercer. »

Subsidiarité et décentralisation fournissent donc un cadre adéquat pour la gouvernance territoriale, fondée sur la participation des populations intéressées. Cependant, la décentralisation et la subsidiarité souffrent de nombreuses contraintes. Celles-ci sont liées notamment à la confusion et aux chevauchements d'autorité et de compétences, au manque d'action concertée quant aux projets[1] communs, au défaut de dialogue et des ressources humaines qualifiées engagées dans un projet territorial commun.

En 2014, la loi-cadre[2] 99-12 portant Charte nationale de l'environnement et du développement durable a réservé une place importante aux rôles des collectivités territoriales pour mieux assurer l'intégration des aspects environnementaux dans les politiques régionales et nationales. Cette charte vise à renforcer la protection et la régulation des droits d'usage, de la biodiversité et du patrimoine culturel et à intégrer la dimension de durabilité dans les politiques publiques. De même, elle a pour ambition aussi de définir les engagements de l'État, des collectivités territoriales, des entreprises, de la société civile

---

[1] En Afrique, et suite à la déclaration de N'Djamena de 2013, « Pastoralisme et sécurité dans les espaces saharo-Sahéliens », un ensemble de projets ont été mis en œuvre, à savoir le Projet régional d'appui au pastoralisme au Sahel, ce projet est financé en 2015 par la Banque mondiale dans 6 pays, le projet PASTOR mis en œuvre au Tchad et soutenu par l'Union européenne, qui promeut la co-construction de politiques et de réglementations adaptées au développement de ces territoires vulnérables. ICKOWICZ (Alexandre) & IBRA (Touré) et al., « Accompagner le pastoralisme pour la valorisation durable des terres de parcours », Liaison Énergie Francophonie, N° 105,2017, op.cit., pp.107-112.

[2] Dahir N° 1-14-09 du 6 mars 2014 portant promulgation de la Loi-cadre N° 99-12 portant Charte nationale de l'Environnement et du Développement durable (Bulletin Officiel N° 6240 du 20 mars 2014).

et de la population en matière de protection de l'environnement et de développement durable[1].

S'inscrivant dans cette perspective, l'article 20 de la Charte[2] stipule que les collectivités territoriales doivent garantir la participation des populations aux questions de décision inhérentes à la protection de l'environnement local et au développement durable.

---

[1]Voir l'art. premier de la loi-cadre N° 99-12, Dahir N° 1-14-09 du mars 2014 portant promulgation de la Loi-cadre N° 99-12 portant Charte nationale de l'Environnement et du Développement durable (Bulletin Officiel N° 6240 du 20 mars 2014).

[2] La charte insiste sur un certain nombre de principes, à savoir :

- Le principe d'intégration vise à développer une approche transversale et intersectorielle globale pour l'élaboration et la mise en œuvre de multiples politiques, stratégies, programmes ou plans de développement.
- Le principe de territorialité prend en considération la dimension territoriale régionale pour favoriser l'implication des acteurs territoriaux pour un développement durable et équilibré des territoires. Ce principe vise à établir un équilibre écologique du territoire.
- Le principe de solidarité consolide la solidarité en tant que valeur ancrée dans la société, et favorise la cohésion nationale dans le but d'une gestion rationnelle et équitable de la régulation des droits d'usage.
- Le principe de précaution prend en compte les mesures adaptées et socialement acceptables pour faire face aux dommages environnementaux.
- Le principe de prévention met en place des mécanismes pour évaluer l'impact des activités de nature à nuire à l'environnement en recommandant des mesures pour en réduire les effets négatifs.
- Le principe de responsabilité rend toute personne responsable des dommages à l'environnement et responsable de sa réparation.
- Le principe de participation implique toutes les cteurs locaux dans le processus d'élaboration des politiques et des stratégies concernant la protection de l'environnement et le développement durable.

La loi N° 11-03 présente une section entière dédiée aux campagnes et aux zones montagneuses, et accorde une importance particulière aux schémas et aux plans d'aménagement de gestion intégrée. Ainsi, l'article 1er de la loi N° 11-03 prévoit que l'objectif de la loi est l'amélioration du cadre et des conditions de vie de l'Homme dans une logique participative et responsable visant à assurer une bonne gestion de l'environnement[1].

Le législateur mentionne que la protection de l'environnement dans le contexte marocain repose sur une bonne gestion intégrée, la responsabilité collective, la participation, la recherche d'un équilibre écologique entre les obligations de développement et celles de préservation de l'environnement. Est évoquée aussi l'intégration du principe de durabilité lors de la mise en œuvre des plans, de l'application du principe de « l'usager pollueur-payeur [2]».

---

[1]Art. Premier de la loi N° 11-03 précitée dispose que « La présente loi a pour objet d'édicter les règles de base et les principes généraux de la politique nationale dans le domaine de la protection et de la mise en valeur de l'environnement. Ces règles et principes visent à : protéger l'environnement contre toutes formes de pollution et de dégradation quelle qu'en soit l'origine ; améliorer le cadre et les conditions de vie de l'homme ; définir les orientations de base du cadre législatif, technique et financier concernant la protection et la gestion de l'environnement ; mettre en place un régime spécifique de responsabilité garantissant la réparation des dommages causés à l'environnement et l'indemnisation des victimes ».

[2] L'article 2 dispose que l'application des dispositions de la loi N° 11-03 se base sur les principes généraux suivants : « - La protection, la mise en valeur et la bonne gestion de l'environnement font partie de la politique intégrée du développement économique, social et culturel ; - La protection et la mise en valeur de l'environnement constituent une utilité publique et une responsabilité collective nécessitant la participation, l'information et la détermination des responsabilités ; - L'instauration d'un équilibre nécessaire entre les exigences du développement national et celles de la protection de l'environnement lors de l'élaboration des plans sectoriels de développement et

1.2.5. Offices de mise en valeur agricole et différents Services agricoles

Les offices de mise en valeur agricole (ORMVA) et les différents services agricoles interviennent sur les parcours à travers différents types d'appui, d'encadrement et de formation qu'ils apportent aux agriculteurs (sédentaires) et aux transhumants.

1.2.6. Coopératives et associations d'élevage et d'amélioration pastorale

Ces coopératives et associations interviennent dans le cadre du développement pastoral en tant qu'interlocuteur des populations intéressées et en tant que partenaire de l'État. Cependant, « cette situation a perturbé l'environnement social des villageois du fait qu'elle a pris en charge la gestion interne des villages et a commencé à se substituer à la Jmaa. En conséquence, l'action de cette dernière est devenue inefficace en matière de gestion de la régulation des droits d'usage et de gestion des conflits[1] ».

---

l'intégration du concept du développement durable lors de l'élaboration et de l'exécution de ces plans ; - La prise en considération de la protection de l'environnement et de l'équilibre écologique lors de l'élaboration et de l'exécution des plans d'aménagement du territoire ; - La mise en application effective des principes de "l'usager payeur" et "du pollueur payeur" en ce qui concerne la réalisation et la gestion des projets économiques et sociaux et la prestation de services ; - Le respect des pactes internationaux en matière d'environnement lors de l'élaboration aussi bien des plans et programmes de développement que de la législation environnementale ».

[1] CHAMICH (Mohamed), Gestion des conflits liés aux ressources naturelles dans l'arganeraie du Souss, Thèse de doctorat, Université de Toulouse 2,2008, p.155.

1.2.7. Commission Nationale des Parcours

La Commission Nationale des Parcours[1] est chargée, sous la présidence des ministères de l'Agriculture et de l'Intérieur :

- De l'élaboration des stratégies de développement et d'aménagement des zones pastoraux et sylvo-pastoraux ;
- Des programmes et des schémas d'aménagement des espaces pastoraux et sylvo-pastoraux ;
- De la création, de l'aménagement et de la gestion des zones pastoraux et sylvo-pastoraux ;
- De l'organisation de l'activité pastorale dans les territoires pastoraux et sylvo-pastoraux, dont la Transhumance ;
- Du soutien des organisations professionnelles pastorales ;
- De tout projet de texte législatif relatif aux espaces pastoraux ou sylvo-pastoraux et de l'utilisation de leurs ressources ;
- De la mise en œuvre de systèmes d'alerte et du management des risques liés à l'activité pastorale ;
- De la déclaration des zones sinistrées et des plans d'urgence[2].

---

[1] Voir l'article 17 du Dahir N° 1-16-53 du 27 avril 2016 portant promulgation de la loi N° 113-13 relative à la Transhumance pastorale, à l'aménagement et à la gestion des espaces pastoraux et sylvopastoraux.

[2] Voir même le décret N° 2-18-131 du 11 mai 2018 fixant la composition et les modalités de fonctionnement de la Commission nationale des parcours et des comités régionaux des parcours.

1.2.8. Comités régionaux des parcours

Les comités régionaux des parcours[1], pouvant être créés dans chaque région à vocation pastorale, sont chargés notamment de :

- Faire des propositions à l'administration compétente concernant :

✓ Les sites propices à la création, à l'aménagement et à la gestion d'espaces pastoraux ou sylvo-pastoraux ;
✓ Les programmes, les projets et les travaux d'aménagement des espaces pastoraux et sylvo-pastoraux ;
✓ Les périodes d'ouverture et de fermeture de l'activité pastorale, des zones pastorales et sylvo-pastorales ;
✓ Les surfaces de mise en défens pastorale et les périodes d'ouverture et de fermeture de ces zones ; et
✓ Les mesures d'appui aux organisations professionnelles pastorales de la région intéressée.
✓ De suivi et de mise en œuvre des programmes, des projets et des travaux d'aménagement des espaces pastoraux et sylvo-pastoraux de la région ;

✓ De contribuer au règlement des différends nés des pratiques pastorales dans la région intéressée.

- D'émettre ses avis à l'administration compétente portant sur :

✓ L'octroi des autorisations de Transhumance ;
✓ La déclaration des zones sinistrées de la région et les actions prévues dans les plans d'urgence ;

---

[1]Art. 19 du Dahir N° 1-16-53 du 27 avril 2016 portant promulgation de la loi N° 113-13 relative à la Transhumance pastorale, a l'aménagement et à la gestion des espaces pastoraux et sylvopastoraux.

- ✓ La prorogation de la durée de mise en défens.

Tous ces comités relèvent de l'autorité du wali de la région concernée. Elles comportent des représentants des différentes administrations publiques et des organisations professionnelles pastorales, sans nécessairement impliquer les acteurs locaux et les ayants droit.

Reste à signaler aussi que la loi 113-13 et ses décrets d'applications souffrent d'une grande légitimité aux regards des acteurs intéressés[1]. Il s'agit là d'une loi purement technique, qui n'a pas pris en considération l'échec des anciens projets visant la régulation des droits d'usages et la résolution des conflits. Exemple : les organisations professionnelles.

1.3. Évaluation des politiques et projets sylvo-pastoraux et leurs impacts sur l'environnement

Depuis l'indépendance, le Maroc a conçu et a mis en œuvre de nombreuses stratégies et politiques. Celles-ci visent à promouvoir les secteurs socioéconomiques et environnementaux et améliorer le niveau vie des populations rurales à travers le développement de l'agriculture et des parcours.

Elles visent aussi à renforcer la sécurité alimentaire, lutter contre l'érosion hydrique et éolienne et garantir la conservation et le développement des forêts. Nous détaillerons les principales actions et politiques directement ou indirectement liées à la question des droits d'usage collectifs ci-après.

[1]Toutes les manifestations des ayants droit et leurs associations (à rabat, Casablanca, Agadir, Tiznit en 2018 ; 2019 et 2020) ont exprimé leurs refus à la présente loi et ses décrets d'applications.

1.3.1. La politique forestière « Forêts du Maroc 2020-2030 » : un tournant dans la gestion forestière

Le domaine forestier était réglementé par un ensemble de textes juridiques élaborés sur la base du Code du 10 octobre 1917 relatif à la conservation et à l'exploitation des forêts. Cette législation forestière n'est pas figée et nombre de ses dispositions ont été depuis révisées par le législateur.

Une nouvelle stratégie de développement du secteur forestier, qui vise le développement durable de la forêt marocaine, a vu le jour. Cette stratégie globale prend en compte toutes les composantes de l'environnement forestier, à savoir l'environnement naturel, les êtres humains et le cadre juridico-institutionnel. Il s'agit de la stratégie forestière « Forêts du Maroc 2020-2030 » qui constitue un tournant important dans la gestion forestière au Maroc dont l'objectif est de rendre le secteur forestier durable, à travers un modèle de gestion créateur de richesses qui place les populations usagères au coeur de la gestion des forêts[1]. Lancée par le Roi Mohammed VI le 13 février 2020, la nouvelle stratégie forestière s'appuie sur cinq orientations pour faire de la forêt un espace :

- De développement qui consiste à changer le regard des usagers sur la forêt ;
- Durable pour faire respecter la ligne rouge des capacités forestières pour ne plus détruire le capital forestier, préserver et développer toutes les ressources naturelles ;
- Participatif à travers l'engagement des usagers dans une gestion partagée pour atteindre les objectifs ;

---

[1] https://www.agriculture.gov.ma/en/node/14773 , consulté le 01/9/2021

- Productif en mobilisant tout le potentiel offert grâce au partenariat privé pour soulager la pression d'une exploitation informelle des forêts ; et

- Biodivers en sauvegardant le patrimoine naturel à travers un réseau d'espaces emblématiques[1].

- La nouvelle stratégie forestière est construite autour de quatre axes majeurs pour sa mise en œuvre :

- La création d'un nouveau modèle basé sur une approche participative ;

- La gestion et le développement des espaces forestiers selon leur vocation ;

- Le développement et la modernisation des professions forestières ;

- La réforme institutionnelle du secteur à travers la création de l'Agence des Eaux et Forêts[2].

Il s'agit aussi de mettre en place une gestion rationnelle intégrée qui favorise le développement durable et qui assure la sécurité foncière. C'est dire, gérer le pluralisme juridique lié au droit foncier marocain, tout en assurant la coexistence [3] d'ordres juridiques différents, parfois

---

[1] ibid.

[2] Ibid.

[3] Jean-Guy Belley affirme qu'« en théorie du droit, le pluralisme juridique se conçoit comme la coexistence d'une pluralité d'ordres juridiques distincts qui établissent entre eux des rapports de droit. L'admission de principe du pluralisme juridique n'est pas nécessairement incompatible avec le paradigme classique de la science du droit ». BELLEY(Jean-Guy). « Le contrat comme vecteur du pluralisme juridique ». Gérard, Philippe, et al. Droit négocié, droit imposé ? Bruxelles : Presses de l'Université Saint-Louis, 1996. (pp. 353-391), disponible sur le site :Web.http://books.openedition.org/pusl/18828 , consulté le 20/05/2021.

incompatibles, voire conflictuels. Ce pluralisme juridique coïncide avec un pluralisme d'acteurs, traditionnels et modernes, d'où le problème de concurrence qui freine le processus de légitimation.

1.3.2. La politique agricole : du 'plan Maroc vert' au 'Génération Green 2020-2030'

Depuis son indépendance, le Maroc a adopté des stratégies favorisant les zones utiles et accessibles au détriment des milieux enclavés. L'orientation générale des politiques agricoles, découlant du Code des Investissements agricoles (1969), a été conçue comme une agriculture étroitement dirigée, fortement subventionnée et essentiellement productiviste[1]. Plusieurs stratégies ont été élaborées, concernant le développement de l'agriculture, de l'élevage, mais aussi des terrains de parcours. Nous citerons aussi la Stratégie 2020 de développement rural (1999) et le Plan Maroc Vert (2008).

Pour répondre aux contraintes qui caractérisent le contexte international marqué par la montée de l'insécurité alimentaire, les effets du changement climatique, la hausse des prix des produits agricoles, l'État était obligé à redéfinir ses missions et ses politiques dans le domaine de l'agriculture. À l'époque de l'Indépendance, l'agriculture[2] était peu modernisée, et dépendait fortement du facteur

[1] QARRO(Mohamed) et YESSEF (Mohamed), Rapport de la phase II : diagnostic et états des lieux des parcours forestiers au niveau national, NIRAS,2015, p.56.

[2] Depuis l'indépendance, 2/3 de la population active marocaine est employée dans le secteur agricole et les ¾ de la population totale vivent dans les zones rurales en 1955. L'agriculture représente 38 % du PIB et couvre une superficie de 7 millions d'hectares cultivés, avec un cheptel estimé à 21 millions de têtes. En 1955, ce secteur agricole garantissait l'autosuffisance alimentaire du Maroc, disponible sur le site : https://www.hcp.ma/file/111435/, consulté le 11/7/2019.

écologique et des précipitations, d'où vient sa vulnérabilité et sa faible productivité. En revanche, l'agriculture a été considérée comme une priorité dès le lendemain de l'Indépendance.

Cette vision avait été confirmée à l'occasion de la première réunion du Conseil supérieur de la promotion nationale en 1964, et aussi dans le plan triennal adopté en 1965 qui mettait l'accent sur la modernisation et la rentabilité de l'agriculture marocaine. Pour soutenir et réussir cette stratégie, le Maroc[1] a massivement investi dans les barrages consacrés à l'irrigation. Cette nouvelle approche de gestion des terres et des ressources en eau était destinée à répondre à la demande intérieure en produits alimentaires et également à encourager les cultures dites commerciales et de base, à savoir le sucre, le lait et le blé tendre[2]. En plus, dès 1969, le Maroc a adopté le Code des investissements agricoles, qui visait à organiser les modalités de mise en valeur des terres irriguées.

Cependant, la politique des barrages a contribué à accentuer les disparités sociales. À partir du milieu des années 80, le programme d'ajustement structurel (PAS) a remis en cause ladite politique[3], par contre la Banque mondiale l'avait encouragé avant de reconnaitre dans son rapport publié en 2000, que plus de 70 % de l'investissement public à l'agriculture va à la grande

---

[1]Depuis 1960, le Maroc a créé l'Office national de l'irrigation (ONI), qui a ensuite été remplacé par des conseils régionaux de développement agricole.

[2] AKESBI (Najib), « Évolution et perspectives de l'agriculture marocaine », Rapport, groupe thématique « 50 ans de développement humain et perspectives 2025 », Cinquantenaire de l'indépendance du Royaume du Maroc, Rabat, 2005, p.92.

[3] AKESBI (Najib), « La politique d''ajustement structurel dans l''agriculture au Maroc », Politiques agricoles et stratégies paysannes au Maghreb, Institut agronomique et vétérinaire, Rabat, 1996, p.179.

irrigation, laquelle bénéficie aux agriculteurs relativement plus aisés aux exploitations plus grandes[1].

Durant les années (1985-1993), le désengagement de l'État et la libéralisation des structures de production ont poussé le Maroc à mettre en œuvre un vaste ensemble de programmes agricoles tels que : PASA 1 ET 2 ; PAGI 1 ET 2 ; et PISA 1 ET 2[2]. En effet, durant la période post-PAS, le pays a adopté des programmes visant à sécuriser le secteur agroalimentaire, à intégrer le marché mondial, à augmenter les revenus des agriculteurs, à respecter les vocations de l'espace rural et à mieux exploiter le potentiel de production. De même, l'innovation, le contrôle sanitaire et la promotion de la qualité ont été encouragés.

Dans une telle perspective, le Maroc a adopté à cet effet un ensemble de lois et de programmes. Citons par exemple : la loi sur les périmètres de mise en valeur en Bour ; la loi sur l'eau ; le lancement du Programme national d'irrigation (1993-2000) ; la création du Fonds de développement rural (FDR) ; le Programme de construction de routes en milieu rural ; le Programme d'approvisionnement en eau en milieu rural (PAGER) ; et le Programme d'électrification rurale (PERG). Par ailleurs, depuis 1998, le Maroc a mis en œuvre des stratégies spécifiques pour promouvoir le monde rural, en m'occurrence : la Stratégie 2020 du développement rural ; le Plan de développement économique et social (2000-2004) ; et la Stratégie de développement à long terme de l'agriculture marocaine. Tous ces programmes visant à

---

[1] https://documents1.worldbank.org/curated/en/119871468322800685/pdf/449160REPLACEM0020100use0same0info.pdf

[2]« Mobilisation du potentiel humain politique économique, croissance et emploi », Rapport, groupe thématique « 50 ans de développement humain et perspectives 2025 », Cinquantenaire de l'indépendance du Royaume du Maroc, Rabat, 2005, p.13.

établir un système de développement rural fondé sur les principes d'équité, de solidarité, de participation et de protection de la régulation des droits d'usage.

Depuis 2008, toutes ces stratégies, avec un bilan mitigé, ont été remplacées par le Plan Maroc Vert (PMV). Ce plan, basé sur une approche globale, s'est fixé des objectifs reposant sur deux piliers : le premier portant sur le développement d'une agriculture moderne à forte valeur ajoutée et sur le soutien des investissements privés ; et le second se base sur le soutien solidaire à la petite agriculture et vise à améliorer les revenus des agriculteurs précaires. Cette approche globale accorde une attention particulière aux agriculteurs dans les zones vulnérables, notamment les zones arides et semi-arides (montagnes et oasis) qui représentent ensemble les deux tiers de la superficie agricole du Maroc, à savoir : 35 % de la superficie irriguée et 80 % de la population agricole[1].

Plus particulièrement, le Pilier I du PMV a pour but d'aider les agriculteurs des zones susmentionnées à accéder à l'économie de marché, tout en développant une gouvernance visant à réduire la pauvreté. Puis, dans une deuxième phase, ce pilier veut créer de la richesse, tout en préservant la spécificité de chaque territoire et en apportant des réponses viables à l'agriculture marginale et traditionnelle. Concernant le Pilier II, celui-ci se réfère au cadre du développement de l'agriculture marginale, traditionnelle et solidaire et aux expériences et aux bonnes pratiques de certains pays. La finalité étant de promouvoir la production des filières végétales et animales des espaces

[1] Rapport relatif au Pilier II du Plan Maroc Vert : De la stratégie à l'action, document de synthèse, Rabat, 2009, p.11, disponible sur le site : http://www.cgda.ma/doc/autres-publications/pilier-2-plan-maroc-vert.pdf, consulté le 11/03/2018.

défavorables par une intervention directe de l'État dans des zones marginales, sur la base de deux types de projets :

- Des projets de conversion de cultures pour transformer les systèmes de production de céréales en arboriculture.
- Des projets de diversification visant à générer des revenus agricoles supplémentaires avec d'autres produits tels que le miel, les plantes médicinales, etc.[1]

La logique du Pilier II du PMV présuppose l'engagement de la petite agriculture dans une approche de professionnalisation ainsi que le regroupement de l'offre pour atteindre une dimension économique permettant l'accès aux inputs, au financement, au marché, permettant ainsi une agriculture durable et plus productive.

Pareillement, la mise en application du Pilier II du PMV ambitionne de promouvoir l'agriculture et toutes les ressources sylvo-pastorales et végétales de l'espace agraire naturel, ainsi que de renforcer et de diversifier les activités génératrices de revenus. Le pilier II vise aussi à valoriser les produits de terroir qui constituent des « biens publics », ainsi que d'anticiper leur adaptation aux effets négatifs du changement climatique.

Enfin, il importait d'assurer la convergence des différentes politiques et actions publiques, ainsi que d'établir une certaine cohérence et de communication entre tous les acteurs intéressés. Assurer les conditions de convergence entre les différentes stratégies sectorielles, et de se doter d'outils de veille et d'instruments de suivi et

[1]« Mobilisation du potentiel humain politique économique, croissance et emploi », Rapport, groupe thématique « 50 ans de développement humain et perspectives 2025 », Cinquantenaire de l'indépendance du Royaume du Maroc, Rabat, 2005, op.cit., p.13.

d'évaluation est le meilleur chemin pour la consécration des règles et principes de la bonne gouvernance.

1.3.3. La politique de la montagne : une politique sans mise en œuvre

La montagne a de tout temps été symbolisée par le château[1] d'eau du pays, mais elle n'a jamais vraiment bénéficié de stratégies adéquates de développement. Les montagnes et les parcours sont plutôt considérés comme des sources de problèmes en termes d'exode rural, de menaces de détérioration de l'environnement et de régulation des droits d'usage.

La politique du développement de la montagne actuellement en vigueur au Maroc est intégrée dans le cadre des politiques environnementales. Elle s'articule autour de trois axes, à savoir : la promotion des atouts de la montagne ; la définition d'un développement différencié ; et la promotion de l'auto-développement[2]. Cependant, si sa portée et ses objectifs sont ambitieux, jusqu'à présent pas la mise en œuvre de cette politique souffre d'un certain nombre de contraintes[3].

---

[1] Rapport du CESE, « Le développement rural : espace des zones montagneuses », 2017, p.40, disponible sur le site :http://www.cese.ma/media/2020/10/Avis-Le-d%C3%A9veloppement-rural_Espace-des-zones-montagneuses.pdf /, consultable le 14/06/2019.

[2] QARRO (Mohamed) & YESSEF (Mohamed), Etude sylvo-pastorale. Rapport de la phase II : diagnostic et états des lieux des parcours forestiers au niveau national, Haut-commissariat aux eaux et forêts et à la lutte contre la désertification, 2015, p.57.

[3] «De plus, les principales stratégies mises en place pour le développement rural et des zones montagneuses notamment le Programme Intégré de Développement des Zones Montagneuses, le PMV pilier II, la Vision 2020 du tourisme, la Vision 2015 d'artisanat,... n'ont pas été accompagnées de cadre juridique régissant les modalités

1.3.4. La politique des parcours

Au niveau politique, nous avons identifié trois principales phases en relation directe avec le développement des parcours :

- La première phase (1969-1980) a pris en considération l'importance des systèmes pastoraux. C'est ainsi que l'État a adopté le Dahir du 25 juillet 1969 N° 1-69-30 relatif aux terres collectives situées dans les périmètres irrigués, visant le développement et l'intensification des cultures et de l'élevage dans ces périmètres pour apporter une certaine stabilité aux agriculteurs[1].
- La deuxième phase (1981-1990) a porté sur la mise en œuvre de projets de développement en matière de pâturage via la coopération avec des organisations internationales et les programmes d'ajustement structurel, pour faire face aux impacts de la sécheresse que le Maroc a subi au début des années 1980.

---

de leur mise en œuvre et définissant les responsabilités des acteurs concernés. » Extrait du rapport du Conseil Economique, Social et Environnemental sur le développement rural : Espace des zones montagneuses, 2017, p.24. Disponible sur le site: http://www.cese.ma/media/2020/10/Avis-Le-d%C3%A9veloppement-rural_Espace-des-zones-montagneuses.pdf, consulté le 12/09/2021

[1]« Sur un total de 33 périmètres identifiés en vue de leur amélioration pastorale, 6 périmètres seulement ont été délimités jusqu'à la veille de l'entrée en vigueur de la loi N° 33-94, représentant environ 180 000 Ha au total ». EL ALAOUI (Mohamed), « Le statut juridique des terres collectives au Maroc et les institutions coutumières et locales dans la zone du Projet de Conservation de la Biodiversité par la relance de la Transhumance dans le Versant Sud du Haut Atlas », Étude du PNUD-ORMVAO, 2002, p.53, disponible sur le site : http://www.pnud.org.ma/pdf/bio/STATUTS%20JURIDIQUES.pdf, consulté le 14/4/2017.

- La troisième phase (à partir de 1990) a visé l'appui du rôle des organisations professionnelles et des investissements privés dans le cadre d'une stratégie générale pour l'expansion des pâturages. Elle s'est traduite par l'adoption de la loi 33-94 relative aux périmètres de mise en valeur en Bour, par la participation des communautés intéressées à la réalisation de projets, par la protection des parcours[1], par l'amélioration de la qualité de la végétation et par la sauvegarde des ressources sylvo-pastorales.

Compte tenu des acquis et échecs en la matière, le Maroc a adopté depuis 1992 la stratégie de développement des parcours à l'horizon 2020. Cette stratégie s'articule autour des axes suivants :

- La création d'un conseil de développement pastoral et de conseils régionaux, visant à promouvoir les espaces pastoraux et sylvo-pastoraux, la promotion d'une « union nationale des éleveurs sur parcours » ;
- Le renforcement des infrastructures et la création de coopératives professionnelles ;

---

[1]Le Maroc a adopté également un ensemble de plans et stratégies visant d'améliorer le niveau de vie de la population marocaine en général et rurale en particulier à savoir le Plan directeur des Aires Protégées le Plan directeur de Reboisement, le Plan national de l'Eau (PNE), le Plan directeur de Lutte Contre les Incendies, la Stratégie des Parcours, Mise en Valeur des Terres Bour, le Plan national de l'Irrigation (PNI), le Plan national d'Aménagement des Bassins Versants (PNABV), la Stratégie de Développement Rural 2020, le Plan Maroc Vert, le Programme national des Routes rurales (PNRR), le Programme d'Électrification Rurale Globale (PERG), le Programme d'approvisionnement groupé en eau potable des populations rurales (PAGER), l'Initiative nationale de Développement humain le Plan Maroc Vert (INDH).

- Le renforcement des structures d'encadrement technique, d'étude et de recherche.

Toutefois, la mise en œuvre de cette stratégie n'a vraiment débuté qu'en 1995. Elle couvre aussi des projets intégrés de développement rural, notamment dans la région orientale (PDPEO) et le développement d'un ambitieux programme de conservation des ressources sylvo-pastorales à l'horizon de 2020. Parmi les projets de développement pastoraux, citons en particulier : le projet de développement pastoral et de l'élevage dans l'Oriental, le projet de développement rural dans la région de Tafilalet et la vallée du Dadès, le projet de conservation de la biodiversité par la Transhumance sur le versant sud du Haut Atlas, le projet de mise en place d'un espace pastoral à Tiznit et le programme d'Aménagement du Bassin Versant de l'Oued Lakhdar.

a. Le projet de développement pastoral et de l'élevage dans l'Oriental : Les coopératives créées face à l'exercice du pouvoir

Le projet de développement pastoral et de l'élevage dans l'Oriental (PDPEO) s'intéresse aux hauts plateaux de l'Oriental, et plus particulièrement les provinces de Figuig, Jerada, Errachidia, qui représentent environ 3,1 millions d'hectares. Ce projet concerne environ 9 000 familles d'éleveurs[1]. Il a défini trois objectifs majeurs, à savoir : l'organisation de l'exploitation rationnelle et durable des parcours par l'introduction de méthodes pratiques de gestion rationnelle des espaces pastoraux, avec l'adhésion et l'implication des populations concernées ; l'amélioration

[1]GENIN (DIDIER) & BENCHAKROUN (Fayçal) et al., « De la parole aux gestes… : éléments de réflexion sur les dispositifs de gestion concertée des ressources forestières et pastorales au Maroc », Montpellier, Publications de l'Institut de Recherches pour le Développement, 2007, p.35.

des conditions de vie des populations par l'augmentation de la production des parcours et du cheptel ; et une meilleure organisation des éleveurs en coopératives éthno-lignagères.

Ces coopératives, basées sur la solidarité des membres et sur une gestion démocratique, sont fondées sur le partage des facteurs de production pour atteindre un objectif d'intérêt commun. Elles sont des interlocutrices de l'Administration qui contribuent à la gestion des parcours. Elles bénéficient d'une certaine réussite et, donc, de légitimité. Ainsi, « Après plus d'une dizaine d'années d'expérience, il apparaît que les coopératives ont été, effectivement, impliquées dans les négociations et les concertations sur le choix des sites à mettre en repos, sur les dates d'ouverture et de fermetures de ces sites et sur les indemnités des mises en repos que l'administration du projet verse aux coopératives, charge à celles-ci de les distribuer à ses adhérents[1] ». Constatons que cette initiative s'est révélée concluante pour les populations riveraines, tant en termes de perception de l'environnement qu'en termes de reconnaissance et de promotion des formes d'organisation locale[2].

Des résultats concrets ont été obtenus, notamment concernant la création d'infrastructures d'élevage telles que les points d'eau, les écoles, les dispensaires. Cependant, ce projet a rencontré certains obstacles comme l'absence de frontières administratives entre les communes rurales et les tribus, l'exploitation de certaines parcelles au sein des mises en repos reconnues de fait à leurs usagers traditionnels, les violations des mises en défens notamment en période de sécheresse[3].

---

[1]Ibid., p.37.

[2]Ibid., p.37.

[3]Ibid., p.37.

En matière de gestion concertée des droits d'usage, nous mentionnerons certaines difficultés comme la dépendance des coopératives vis-à-vis de l'État, le manque de maturité des coopératives et la complexité des relations qui bloque la prise de décision.

Enfin, nous relèverons aussi l'ambiguïté caractérisant la définition des critères d'ayant droit à l'usage des parcours, qui s'étend à tous les descendants de la communauté. En effet, « la concertation n'a pas considéré les droits ou les prétentions de droit sur les espaces mis en repos de tous les groupes intéressés. Ce qui est perçu comme une atteinte aux pactes pastoraux entre ethnies voisines et avec les éleveurs étrangers[1] ».

Dans ce même ordre d'idée, notons que « les camions octroyés aux coopératives pour assurer le transfert des fourrages, de l'eau et du cheptel, ont plus profité aux grands éleveurs et posent des problèmes d'équité sociale pour leur usage… Ils ont profondément participé à la perturbation du calendrier naturel des écosystèmes et de leur usage par les populations [2]».

Un constat : la non-participation des acteurs clés dans les projets de développement propulse ces projets dans des environnements de dépréciation des valeurs locales. La résistance des populations concernées est ainsi perçue comme un handicap ou une incapacité des populations rurales de s'engager dans les processus de développement visant la rationalisation de la gestion et une meilleure exploitation de leurs territoires.

Néanmoins, il est certain que la nature du rapport que les transhumants entretenaient avec leur environnement social

---

[1]Ibid., p.38.

[2]Ibid., p.38.

et naturel a été profondément modifiée[1]. L'un des facteurs les plus frappants de l'évolution du pastoralisme est l'intervention de l'État dans les projets de développement des parcours et de l'élevage.

Dans ce contexte, la création de coopératives pastorales représentant les groupes ethniques dans une zone du projet deviennent l'interlocuteur de l'Administration pour la gestion et le développement des parcours. Elles garantissent la durabilité et assurent la responsabilité de la distribution des subventions de l'État (aliments du bétail achetés ou reçus, santé des animaux, etc.)[2].

Ainsi, la coopérative apparaît dans le panorama institutionnel comme un nouveau groupe d'appartenance qui a suspendu les références ethniques, mais qui reste réinterprété par les intérêts opportunistes des groupes, et en particulier des individus[3]. Aussi, cette nouvelle institution soulève la question du rôle des institutions de gestion des parcours, à savoir les Nouabs et la Jmaa. Dans le concret, le rôle des Nouabs s'est limité à un rôle de façade, laissant à l'autorité de tutelle sur les terres collectives toute liberté d'initiative et de décision.

---

[1]MAHDI (Mohamed), « Pastoralism and Institutional Change in the Oriental », in Pastoral Morocco - Globalisation Scapes of Mobility and Insecurity, Allemagne, Wiesbaden,2007, pp.93-105.

[2]Le coût total du projet est de 47,7 millions de dollars cofinancés par le FIDA, le groupe BAD/FAD et l'État marocain, avec 14 millions, 24,8 millions de dollars et 8,9 millions de dollars, respectivement, PDPEO-DPA Figuig, 2002. Voir MAHDI (Mohamed), « La tribu au secours du développement pastoral », Études Rurales, N° 184, 2009.

[3]TOZY (Mohamed), « Des tribus aux coopératives éthnolignagères, Mutations sociales et réorganisation des espaces steppiques », in Mutations sociales et réorganisation des espaces steppiques, par Mohamed Mahdi (dir.), Casablanca, Éditions Najah Al Jadida, 2002, pp. 133-148.

Concernant la Jmaa, celle-ci voit son domaine d'action de plus en plus occupé par l'institution de coopérative. Néanmoins, le passage de la gestion traditionnelle pastorale à la nouvelle gestion contribue à influencer les rapports sociaux, la vie pastorale et le statut des individus. En témoigne, le projet PDPEO, financé par le Fonds International de Développement Agricole (FIDA). Celui-ci a pour ambition d'optimiser les conditions de vie de la population locale, et notamment de combattre la désertification grâce à la participation citoyenne, en organisant des coopératives pastorales pour limiter l'exode rural.

Dans cette perspective, ce projet implique la coopérative dans de nombreuses fonctions comme : l'approvisionnement et la commercialisation de produits alimentaires ; la distribution des aliments subventionnés ; le transport de l'eau pour l'abreuvement du bétail ; et la gestion du capital financier de la coopérative. Le but était d'associer les transhumants dans la régulation des droits d'usage et de faire de ces coopératives de véritables organismes pour la gestion pastorale. Ainsi, en concertation avec l'administration de tutelle, les coopératives pastorales de l'Oriental ont procédé à la création d'espaces mis en repos, appelé Mahmia[1], et de certains parcours destinés à être rouverts à une utilisation après leur régénération[2].

En revanche, nous avons remarqué que « les mises en repos ne sont ouvertes qu'aux seuls adhérents de la

---

[1]Il s'agit là d'une sorte d'aire protégée ou Agdal ou espace mis en défens.

[2]Le projet a initialement prévu la mise en défens de 750 000 ha et en a réalisé 470 000 ha, soit 61 % (Rapport d'évaluation intermédiaire PDPEO-DPA Figuig, 2002), disponible sur le site : https://www.ifad.org/documents/38714182/39736364/Morocco.pdf/145407a0-fe47-4584-90c2-be1b58cf390b, consulté le 23/9/2018.

coopérative qui, par ailleurs, sont seuls à recevoir les aliments de compensation. Les autres ayants droit non-adhérents en sont exclus. La Mahmia échappe ainsi à l'emprise de l'ayant droit pour passer sous celle de l'adhérent, qui devient un statut légitimé, non plus par l'appartenance ethnique, mais surtout, par les apports en parts sociales versées au capital de la coopérative [1] ». Notons que la logique de la Mahmia rompt avec les anciens pactes pastoraux entre tribus, en interdisant l'accès aux transhumants étrangers à la communauté ethnique. Cette exclusion a entraîné certaines violations de ces interdits notamment par ceux qui s'estiment injustement exclus du système. Ils considèrent cette organisation comme un moyen d'usurper des droits d'usage que les anciens pactes pastoraux leur avaient accordés[2].

La coopérative n'a pas non plus échappé à la manipulation politique. Elle est devenue elle-même un instrument de conquête et d'exercice du pouvoir. La solidarité ethnique, qui constituait le fondement de leur constitution, a été ébranlée par la loyauté électorale divergente de leurs partisans [3] . Aussi, ne faut-il pas s'étonner que certains candidats aux élections tentent d'entraîner dans leur sillage des membres de leur ethnie ou de leur douar.

Pratiquement, si le projet procède d'une approche participative de la gestion et de la régulation des droits d'usage, il se sera heurté, toutefois, à certaines contraintes.

---

[1]MAHDI (Mohamed), « Innovation institutionnelle et recomposition de l'ancien ordre pastoral », in P. Bonte et al. (dir.), Développement rural, Environnement et enjeux territoriaux. Regards croisés oriental marocain et sud-est tunisien, Tunis, Cérès Editions,2009, p.279.

[2]Ibid., p. 279

[3]MAHDI (Mohamed), « La tribu au secours du développement pastoral », Études Rurales, N° 184, 2009, p.141.

Les réticences mentionnées ci-haut nous montrent combien le développement est une combinaison de paramètres pas toujours conciliables. Ainsi, certains Mahmia sur les zones intertribales ont rapidement ressuscité d'anciens conflits frontaliers entre tribus voisines, car ces Mahmia équivalent à une reconnaissance du droit d'usage au profit de groupes et à l'exclusion d'autres qui ne sont pas membres des coopératives[1]. Ces marginalisations ont engendré des actes de violation des mises en défens par certaines communautés, qui voient dans les Mahmia un moyen de les exclure d'un droit ancestral de jouissance justifié par des pactes pastoraux[2]. Ce contexte a, en effet, contribué à entraver l'extension des mises en repos des parcours.

Pour confirmer nos assertions, une évaluation interne du PDPEO reconnaît que « le niveau de programmation et de réalisation des mises en repos est inférieur aux prévisions du rapport d'évaluation. Les négociations menées avec la population pour la création d'autres mises en repos se trouvent ainsi bloquées[3] ».

De ce fait, la création des coopératives sans l'adhésion et la préparation des transhumants, des sédentaires et des ayants droit aux finalités du projet a connu certains effets négatifs. Malgré certains succès enregistrés au début par cette expérience de gestion participative de la régulation des droits d'usage, le système mis en place reste fragile. Dans

---

[1] MAHDI (Mohamed), « Innovation institutionnelle et recomposition de l'ancien ordre pastoral », in P. Bonte et al. (dir.), Développement rural, Environnement et enjeux territoriaux. Regards croisés oriental marocain et sud-est tunisien, Tunis, Cérès Editions,2009, p.279.

[2]PDPEO, 2002. Rapport d'achèvement du Projet de Développement des Parcours et de l'Élevage dans l'Oriental disponible sur https://www.ifad.org/es/web/ioe/evaluation/asset/39834630 , consulté le 24/6/32017.

[3]Ibid.

ce sens, BONTÉ et al. ont constaté que la « coopérative pastorale était une formule novatrice et originale, sa greffe sur les structures traditionnelles a révélé une dynamique de changement socio institutionnelle particulière, où l'arbitrage entre la tradition et la modernité est calculé en fonction des intérêts immédiats des groupes et des individus ». Toutefois, selon les mêmes auteurs, « l'opportunité est le seul justificatif du choix du type de loyalisme. En effet, les niveaux de la structure sociale tribale choisis pour constituer les coopératives ne sont pas toujours pertinents et ne constituent pas de véritables lieux d'expression de solidarités sociales. Des tensions n'ont pas tardé à surgir entre les ethnies constitutives de la coopérative et ont abouti à des scissions au sein des coopératives[1] ».

b. Projet de développement rural dans la région de Tafilalet et la vallée du Dadès et le but contre la dégradation des terres

Le projet de développement rural dans la région de Tafilalet et de la Vallée de Dadès (PDRT) fait partie du programme d'ajustement structurel[2]. Il visait à optimiser la production agricole de systèmes hydrauliques de petites et moyennes tailles dans la vallée et les oasis. Il avait aussi pour but de lutter contre la dégradation des terres, d'améliorer les systèmes d'élevage intensif dans les zones irriguées et de développer les zones pastorales, les

[1]BONTÉ (Pierre) & ELLOUMI (Mohamed) & GUILLAUME (Henri) & MAHDI (Mohamed), « Développement rural, environnement et enjeux territoriaux : regards croisés Oriental marocain et Sud-Est tunisien », op.cit., p.276.

[2] Consultable sur le site: https://www.ifad.org/fr/web/ioe/-/tafilalet-and-dades-rural-development-project-pdrt-2006- , Consulté le 23/08/2018.

organisations locales, les infrastructures et les équipements sociaux dans les zones rurales.

c. Projet de conservation de la biodiversité par la Transhumance sur le versant sud du Haut Atlas : un projet ambitieux souffrant du manque de suivi et d'évaluation

Suite au Sommet de Rio [1] (1992), le concept de « biodiversité » a été mondialisé et possédait, depuis lors, une signification universelle. Selon l'article 2 de la Convention sur la diversité biologique [2] de 1992, la biodiversité exprime « la variabilité des organismes vivants de toute origine y compris, entre autres, les écosystèmes terrestres, marins et autres écosystèmes aquatiques et les complexes écologiques dont ils font partie, cela comprend la diversité au sein des espèces et entre espèces, ainsi que celle des écosystèmes ». La diversité est, donc, un concept qui fait référence à la gamme de variation, à la biodiversité et à la variété du monde vivant[3]. La biodiversité permet aux

---

[1] Tenu 20 ans après la Conférence des Nations Unies sur l'environnement à Stockholm en 1972, le Sommet de Rio marque une étape essentielle dans l'identification des politiques publiques environnementales et de développement durable susceptibles d'être appliquées à l'échelle mondiale en vue de parvenir à un développement durable auquel toute l'humanité a fondamentalement le droit.

[2] La Convention sur la diversité biologique est un traité international fondé sur trois objectifs : la conservation de la diversité biologique, l'utilisation durable de la diversité biologique et le partage juste et équitable des avantages découlant de l'utilisation des ressources génétiques. Son objectif général est d'encourager les actions qui conduiront à un avenir durable. La Convention sur la diversité biologique, Nations Unies, 1992.

[3] Bulletin de liaison du projet de conservation de la biodiversité par la Transhumance, N° 1, mai 2003, disponible sur le site: http://ma.chm-cbd.net/manag_cons/project_ma/zones_arides/transhum, consulté le 18/6/2017.

écosystèmes d'être flexibles et de résister aux variations de l'espace, garantissant ainsi les valeurs culturelles, sociales et spirituelles. Dans chaque écosystème (désert, forêt, montagne…), les espèces vivantes forment un tout et s'interagissent pas seulement les unes avec les autres, mais également avec les éléments naturels qui les entourent (comme l'eau, l'air et le sol). Par ailleurs, les espèces et les écosystèmes assurent des services essentiels à la vie sur la Planète.

Tout au long de son histoire, le Maroc a constitué un dépositaire mondial exceptionnel de la biodiversité, qui marque sa richesse inéluctable en espèces végétales et animales rares et endémiques. Sa position géostratégique entre la Méditerranée au nord et l'Atlantique à l'ouest et le Sahara au sud, ainsi que ses massifs montagneux de plus de 4 160[1] m d'altitude lui confèrent une très grande variété de diversité climatique et biologique. Pour conserver cette richesse, le pays a consenti d'importants efforts, notamment :

- La réalisation d'une étude nationale sur la biodiversité en 1997 ;
- L'adoption de la stratégie nationale pour la conservation et l'utilisation durable de diversité biologique ;
- L'adoption du plan d'action national de 2004 visant à réconcilier les réalités économiques, sociales et écologiques ;

---

[1] LAOUINA (Abdellah), « Gestion durable des ressources naturelles et de la biodiversité au Maroc », Rapport du haut-commissariat-au plan, 2016, disponible sur le site : www.hcp.ma/Gestion-durable-des-ressources-naturelles-et-de-la-biodiversite-au-Maroc_a845.html, consulté le 05/02/2019.

- La mise en place du Centre d'échange d'informations sur la biodiversité ;
- Le renforcement des capacités nationales d'auto-évaluation pour la gestion globale environnementale pour mettre en application les conventions internationales sur la diversité biologique, le changement climatique et la dégradation des sols ;
- L'adoption du plan stratégique 2011-2020 et les objectifs d'Aichi[1] relatifs à la diversité biologique ; et
- L'adoption de la stratégie nationale concernant les aires protégées en1996.

Le Projet de Conservation de la Biodiversité par la Transhumance sur le Versant Sud du Haut Atlas (CBTHA), comme élément de ce dispositif, ne concerne qu'une zone de près d'un million d'hectares dans la région d'Ouarzazate[2]. Il avait pour objectif d'atteindre un certain équilibre écologique et économique entre tous les systèmes de production intensifs et extensifs. Autrement dit, le CBTHA visait la conservation et la régénération de la biodiversité et la sensibilisation et l'optimisation des capacités des acteurs et des décideurs concernés par le site. Ce projet ciblait également une population comprenant des transhumants et leurs familles, des agro-éleveurs et des chefs coutumiers.

---

[1]Les « Objectifs d'Aichi » (au nombre de vingt), constituent le nouveau "Plan stratégique pour la diversité biologique 2011-2020" pour la planète, adopté par les Parties à la Convention sur la diversité biologique (CDB) en octobre 2010. (« Aichi » renvoie au nom de la préfecture d'Aichi, au Japon).

[2] Bulletin de liaison du projet de conservation de la biodiversité par la Transhumance, N° 1, mai 2003, disponible sur le site : http://ma.chm-cbd.net/manag_cons/project_ma/zones_arides/transhum, consulté le 18/6/2017.

La CBTHA a adopté une approche selon laquelle les sites sensibles à la biodiversité seront protégés et les ressources disponibles exploitées de manière durable à travers la relance de la Transhumance grâce à la gestion durable des biens communs. Ainsi, ce projet visait en effet[1] :

- La mise en place d'un modèle de cogestion de la régulation des droits d'usage entre les institutions traditionnelles et étatiques ;
- La sensibilisation, la formation et l'encadrement des acteurs cibles comme les transhumants, les chefs coutumiers et les femmes rurales[2] sur les différentes approches et techniques de la gestion durable et de la conservation ;
- L'élaboration des stratégies et des plans d'action participatifs de la biodiversité et la gestion durable de la régulation des droits d'usage ;
- L'amélioration du statut social et économique des transhumants à travers le professionnalisme, la contribution financière ainsi que l'exploitation des parcours collectifs ;
- L'élaboration d'une charte nationale du pastoralisme ;

---

[1]Bulletin de liaison du projet de conservation de la biodiversité par la Transhumance, N° 1, mai 2003, disponible sur le site: http://ma.chm-cbd.net/manag_cons/project_ma/zones_arides/transhum, consulté le 18/6/2017.

[2] Les femmes rurales ont un savoir très important en matière d'utilisation, d'exploitation et de gestion des ressources sylvo-pastorales dans ces espaces marginaux. « Le développement rural : Espace des zones montagneuses », Étude du Conseil Économique Social et Environnemental du Maroc, 2017, disponible sur le site :http://www.cese.ma/media/2020/10/Avis-Le-d%C3%A9veloppement-rural_Espace-des-zones-montagneuses.pdf /, consultable le 14/06/2019.

- L'implication de tous les secteurs (éducation, santé, tourisme, équipement...) pour accompagner les populations concernées ;
- L'adoption de mesures législatives convenables pour résoudre les conflits qui surgissent à l'occasion de l'exploitation de l'espace collectif ;
- Le traçage des itinéraires et des trajets des transhumants adaptés aux capacités et potentialités des parcours pour atténuer la pression liée à la surexploitation des ressources sylvo-pastorales ainsi que la valorisation des espaces sous-saturés ;
- L'intégration de l'approche participative et la dimension de la biodiversité dans les politiques de développement agricole ;
- Le développement des services sociaux mobiles pour encourager la Transhumance ;
- La conciliation des impératifs de la préservation de l'environnement, d'une part, et les nécessités du développement local, d'autre part ; et
- La mise en place d'un débat réaliste et constructif indispensable pour la prise en compte de la dimension environnementale et de la Transhumance dans l'élaboration des politiques de développement rural.

Ce projet ambitieux et global a initié plusieurs études relatives à la biodiversité, à la Transhumance et à l'organisation de la population locale au sein d'associations pastorales telles que les M'gouns et Ait Sedrat, l'association Adrar d'Imlchil au profit d'une douzaine de membres d'organisations pastorales. La capacité de concilier les nécessités de la préservation de la biodiversité et les besoins des populations locales constituant le facteur clé de la réussite de tels projets. Toutefois, nous constatons que ces initiatives ont, pour la plupart, souffert d'un manque de suivi et d'évaluation ; des lacunes qui n'ont pas permis de déterminer la pertinence des objectifs, ni l'efficacité ou l'impact de la durabilité. De ce fait, l'État marocain a développé une nouvelle stratégie intégrée pour la durabilité des espaces pastoraux présentée ci-après

d. Projet de mise en place d'un espace pastoral à Tiznit : projet contesté par les acteurs concernés

Le Programme National pour le Développement des Parcours et la Régulation des Flux de Transhumance (PDPRT), dans les régions de Souss Massa et Guelmim-Es-Smara[1], ambitionne d'améliorer la résilience de l'élevage pastoral, ainsi que de préserver la biodiversité. Le schéma ci-dessous présente ce programme visant le développement des parcours et la régulation des flux de Transhumance et ses objectifs.

Il faut signaler que la zone du programme est caractérisée par un écosystème aride et montagneux, avec des précipitations annuelles ne dépassant pas 100 mm et couvrant une superficie de 5 071 991 ha[2]. En dépit de ces contraintes environnementales et climatiques, le projet a permis la réalisation d'un ensemble d'actions dans les provinces de Taroudant (Azaghar Nirs et Assadss), de Tiznit (Ct Lamaader et Tassrirt), de Chtouka Aït Baha (Ct Ida ougnidif) et de Sidi Ifni (Ibder et Tioughza). Ces actions peuvent être présentées comme suit :

- **Taroudant** : l'organisation professionnelle des transhumants, la plantation d'arbustes sur 800 ha, l'aménagement et la création de points d'eau, l'aménagement des pistes sur 20 km, la construction d'ambitions pour le bétail, ainsi que le développement

---

[1] "Guelmim Oued Noun "selon la nouveau découpage territorial.

[2] ibid.

de l'apiculture et la mise en place du siège des coopératives pastorales.

- **Tiznit** : l'organisation professionnelle des transhumants, la plantation d'arbustes sur 2000 ha, la mise en repos sur 700 ha, l'aménagement et la création de points d'eau, l'aménagement de pistes sur 40 km, la construction d'espaces d'élevage et la mise en place du siège des coopératives pastorales.
- **Chtouka Ait Baha** : l'organisation professionnelle des transhumants, la plantation d'arbustes sur 800 ha, l'aménagement et la création des pointes, l'aménagement des pistes sur 20 km et la construction d'unité de valorisation du miel.
- **Sidi Ifni :** l'organisation professionnelle des transhumants, la plantation d'arbustes sur 300 ha, l'aménagement et la création de points d'eau, l'aménagement des pistes sur 25 km, la construction des espaces pour les bétails, et l'équipement de coopératives apicoles.

Les objectifs de ce projet sont ambitieux. Cependant, le projet a fait l'objet de contestation des acteurs, notamment les sédentaires et les transhumants, puisqu'il a donné plus d'importance aux actions d'infrastructures sans pouvoir impliquer les acteurs clés dans la prise de décision. En effet, dans les grands projets pastoraux, le développement ne concernait que les actions d'équipement, telles que les points d'eau et la construction d'étables[1]. Par ailleurs, les actions visant généralement à la création d'infrastructures n'impliquent pas la réorganisation des activités pastorales,

---

[1] NAGGAR (Mustapha), « Éléments de base d'une stratégie de sylvopastoralisme en Afrique du Nord, Rupture : nouveaux enjeux, nouvelles fonctions, nouvelle image de l'élevage sur parcours », Montpellier, Options méditerranéennes : Série A, N° 39, 2000, p.194.

à l'exception du Projet de développement de l'élevage et des parcours de l'Oriental financé par le FIDA. Néanmoins, ce dernier a permis la création de coopératives éthnolignagères, en essayant de concilier la gestion moderne et traditionnelle[1].

Constatons ici que les différentes politiques publiques pour le développement des parcours et des forêts au Maroc ont eu pour résultat d'étendre le contrôle de l'État, qui intervient pour superviser le secteur et aider les populations. Néanmoins, ces politiques devaient inclure la dimension collective en se fondant sur des compromis capables de concilier les intérêts légitimes de la population et de la collectivité[2]. Il importe, en effet, de résoudre les conflits qui surgissent entre différents acteurs dans ces milieux enclavés, et ne pas se limiter à de simples interventions techniques visant à intensifier la production pastorale et à minimiser la dégradation sans pour autant veiller à l'implication des populations concernées.

e. Programme d'Aménagement du Bassin Versant de l'Oued Lakhdar : actions importantes et résultats insuffisants

Financé à 70 % [3] par la Banque mondiale, le Programme d'Aménagement du Bassin Versant de l'Oued Lakhdar (PABVOL) avait deux objectifs, à savoir : la gestion

---

[1]Ibid., p.194.

[2] LAZAREV (Grigori), ruralité et changement social au Maroc, Publication de la faculté des lettres et des sciences humaines Mohamed V, Rabat, 2014, série : Essais, Op, cit., p.296.

[3]GENIN (DIDIER) & BENCHAKROUN (Fayçal) et al., « De la parole aux gestes… : éléments de réflexion sur les dispositifs de gestion concertée des ressources forestières et pastorales au Maroc », Montpellier, Publications de l'Institut de Recherches pour le Développement, 2007, op.cit., p.31

durable des droits d'usage et l'amélioration des conditions de vie des populations de la région du projet. Il couvre 26 villages appartenant à quatre communes rurales (Abachkou, Sgatt, Aït M'Hamed et Ouaoula). Il vise à « mettre en place des comités de douars (CD), interlocuteurs privilégiés du projet pour l'élaboration en concertation de plans de développement de douars (PDD) et de contrats-programmes annuels (CP) [1] ». Ce projet a obtenu des résultats remarquables concernant l'approche participative du développement à travers l'organisation des populations au sein des comités de douars qui « se sont transformés en cours de programme en associations de développement local (ADL) ayant acquis un statut légal et une certaine autonomie de fonctionnement [2] ».

Nonobstant les points forts dudit programme, force est de constater de modestes résultats en termes de régulation des droits d'usage, dont l'amélioration sylvo-pastorale (ASP) et la gestion concertée des forêts sur les terres de statut collectif et le domaine forestier de l'État. Ainsi, « sur les 600 hectares d'(ASP) initialement prévus, seuls 120 ont été réalisés avec un taux de réussite très médiocre. Les deux plans de gestion concertée des forêts réalisés n'ont pu déboucher sur des actions concrètes [3] ».

Enfin, précisons que l'image du forestier est toujours associée – dans l'imaginaire des populations locales – à l'intervention de l'État répressif, image négative fortement ancrée dans l'histoire, qui nuit bien souvent à l'ensemble des programmes de gestion forestière ou sylvo-pastorale.

---

[1] Ibid., p.32.

[2] Ibid., p.33.

[3] Ibid., p.32.

Chapitre 3 - La gestion des conflits et les limites du cadre régulateur existant

Au Maroc, comme nous l'avons constaté, trois types de juridicité coexistent – les normes coutumières (lorf), le droit musulman (chra'a) et le droit positif (moderne) – qui se chevauchent et s'interpénètrent. L'État détient le monopole de la production normative et de la coercition. Il n'accepte pas l'existence d'ordres normatifs autres que le légal, mais uniquement des normes coutumières en marge.

En plus des dynamiques changeantes mentionnées ci-haut, d'autres changements peuvent être évoqués, notamment la baisse des rôles des institutions traditionnelles, la lourdeur des procédures administratives en matière d'octroi des permis de Transhumance, le non-respect des lois en vigueur, l'analphabétisme, la faible implication de la population locale et des ayants droit dans les processus décisionnels et la faible légitimité du droit positif pour les acteurs locaux. De tels changements ont souvent contribué au déclenchement des conflits majeurs entre transhumants et sédentaires.

Dans ce chapitre, et malgré l'absence de statistiques officielles sur les conflits, l'étude se concentrera sur l'analyse des conflits de droits d'usage, leurs types et leurs causes.

Section 1 - Causes et caractéristiques des conflits

Le conflit constitue un élément essentiel de la théorie sociologique, dans ce cadre Simmel qui a jeté les édifices d'une théorie sociologique des conflits. C'est ainsi que pour lui « ce sont les causes du conflit, la haine et l'envie, la misère et la convoitise, qui sont véritablement l'élément de dissociation. Une fois que le conflit a éclaté pour l'une de ces raisons, il est en fait un mouvement de protection contre le dualisme qui sépare, et une voie qui mènera à une sorte de d'unité, quelle qu'elle soit, même si elle passe par la destruction de l'une des parties[1] ».

Une définition standard pour les conflits n'existe pas. Les deux définitions suivantes sont souvent utilisées et elles nous permettent d'identifier quelques éléments clés des conflits[2] :

- Le conflit est une divergence de perception par rapport aux intérêts, où la conviction que les objectifs actuels des parties ne peuvent pas être atteints simultanément[3]
- Un conflit naît si deux parties divergent sur la distribution des ressources (matérielles ou symboliques) et agissent sur la base de cette incompatibilité perçue[4].

---

[1] SIMMEL (Georg), Sociologie : Étude sur les formes de la socialisation, Paris, Presses universitaires de France, 1999, p.265.

[2] SCHÖNEGG (Günter), MARTEL(Philippe), SANO(Balla), « Les conflits liés à la transhumance transfrontalière entre le Niger, le Burkina Faso et le Bénin », DED, Fachreferat für Ländliche Entwicklung, Wasserwirtschaft und Ressourcennutzung, 2006, p.79.

[3] PRUITT(Rubin), Dean(G), PRUITT(Jeffrey), RUBIN(Z), Social Conflits : Escalation, stalemate, and settlement, Mcgraw-Hill Book Company, 1994.

[4] International Alert, Thinking about conflicts, 2000.

Les éléments clés qui constituent un conflit sont deux ou plusieurs acteurs qui s'opposent et la perception d'une divergence d'intérêt autour d'une ressource matérielle ou symbolique.

Un conflit se manifeste à travers des actes destructeurs, il commence avec une phase latente dans laquelle les acteurs sentent une tension (qui va s'intensifier au fil du temps) entre eux. La gestion du conflit peut être constructive ou destructive (violence).

En effet, il n'y a pas une société sans conflits. Les conflits sont causés par l'évolution sociale et naissent à cause des conflit de distribution des ressources, et une société sans conflits est une société stagnante, qui n'évolue plus[1]. Le conflit a des fonctions précises[2], il serve de signal d'alarme et il met en évidence les symptômes de malaise et les questions en attente de règlement, les conflits favorisent l'introduction d'innovation et de changement, et empêchent ainsi la stagnation, ils cimentent les groupes et les relations sociales et exigent la communication et la créativité.

Dans cette section, l'analyse mettra l'accent sur les causes, origines et caractéristiques des conflits qui surgissent entre sédentaires et transhumants.

---

[1] SCHÖNEGG (Günter), MARTEL(Philippe), SANO(Balla), « Les conflits liés à la transhumance transfrontalière entre le Niger, le Burkina Faso et le Bénin », DED, Fachreferat für Ländliche Entwicklung, Wasserwirtschaft und Ressourcennutzung, 2006, op.cit., p.79.

[2] SCHWEDERSKI, KARKOSCHKA, FISCHER, « Appui à la participation et à l'autopromotion dans la gestion des ressources naturelles :un guide à l'intention des collaboratrices et des collaborateurs de projets » , GTZ, 1998.

1. Caractéristiques et types de conflits

La concurrence entre les usagers par rapport à l'accès aux ressources sylvo-pastorales dont ils ont besoin pour améliorer leur niveau de production animale, la rareté des ressources sylvo-pastorales, la dégradation des parcours, la multiplication des cadres juridiques ainsi que l'ambiguïté qui caractérise la définition des ayants droit, sont tous des facteurs contribuant à l'émergence de nombreux conflits dans les territoires concernés, qui sont souvent enclavés. Ainsi, Bendella affirme ironiquement que « sur le parcours, on a l'impression qu'il pousse plus de conflits que d'herbe, surtout quand il pleut[1] ». Dans ce contexte, nous avons divisé les conflits en deux types : les conflits intra-tribaux et les conflits intertribaux.

1.1. Les conflits intra-tribaux

Il s'agit de conflits liés au défrichement de certaines parties du parcours et s'inscrivant souvent dans une logique de concurrence entre les acteurs concernés : éleveurs, transhumants et ayants droit. Ainsi, tous ces terrains de parcours qui appartiennent à ces acteurs, n'appartiennent finalement à personne et peuvent donc appartenir à n'importe qui[2]. À ce sujet, Simmel relève que « de même que l'on considère généralement que le simple fait de posséder équivaut déjà au droit de posséder, le stade antérieur qu'est le désir de posséder finit lui aussi par devenir un tel droit, et le double sens du terme revendiquer

[1]BENDELLA (Ahmed), « Les modes de régulation des conflits », in Développement rural, environnement et enjeux territoriaux, in P. Bonte et al. (dir.), Développement rural, Environnement et enjeux territoriaux. Regards croisés oriental marocain et sud-est tunisien, Tunis, Cérès éditions, 2009, p.314.

[2]Ibid., p. 296.

montre que la volonté, disposant déjà du droit de sa force, lui donne aussi volontiers la force d'un droit[1] ».

1.2. Les conflits intertribaux

Ce genre de conflits porte souvent sur la contestation d'un défrichement ou du campement d'un transhumant. Il débute parfois entre individus déterminés, mais dégénère rapidement en conflit entre deux tribus. En ce qui concerne les conflits frontaliers, ceux-ci relèvent pratiquement d'un problème d'ordre public et nécessitent parfois l'intervention des autorités locales, voire parfois centrales.

2. Causes des conflits

La vulnérabilité des parcours exploités par les sédentaires et les transhumants, ainsi que la nature des interrelations entre les différents acteurs locaux met en concurrence l'exploitation des droits d'usage. Elle déclenche des conflits entre les différents acteurs locaux. En témoignent les heurts liés à l'exploitation des droits d'usage et ceux entre différents usagers.

Ces conflits sont généralement liés à la forte concurrence relevant de la gestion des droits d'usage, à la croissance démographique des populations usagères, ainsi qu'à la complexité des ordres juridiques fonciers et à l'ambiguïté qui caractérise la notion des ayants droit. Dans ce cadre, la terre constitue un espace de préoccupation, un espace contesté et un enjeu social, économique, mais aussi politique dont le contrôle ou l'accaparement génère et

---

[1] SIMMEL (Georg), Sociologie : Étude sur les formes de la socialisation, Paris, Presses universitaires de France, 1999, p.265.

déclenche des conflits complexes liés à des légitimités diverses.

L'exploitation des parcours collectifs génère des différends pour plusieurs raisons. En effet, les ressources sylvo-pastorales sont intégrées dans un cadre social commun où des relations complexes s'établissent avec un large éventail d'acteurs sociaux : sédentaires, transhumants, ayants droit, étrangers, Nouabs, autorités de tutelle, etc. Par ailleurs, ces ressources se raréfient de plus en plus en raison de leur répartition inégale, du rythme rapide des changements environnementaux et climatiques et la croissance de la demande. Parallèlement, une identité forte favorise l'émergence d'une conflictualité environnementale[1].

Section 2 - Les limites du cadre régulateur existant

Depuis longtemps, les autorités s'attaquent à résoudre ces conflits. Toutefois, le découpage administratif semble ajouter d'autres problèmes aux conflits existants, en déplaçant les parties litigieuses. À ce propos, esquissons que la pluralité des usagers des ressources naturelles et sylvo-pastorales (ayants droits, transhumants, sédentaires) et la multitude de droits d'usage collectifs ont contribué à l'émergence de conflits entre les différents usagers.

Ces conflits surviennent aussi en cas d'exclusion des populations d'usagers de la gestion des ressources, entrant en contradiction avec les systèmes de gestion locaux ou mis en place. Ils sont favorisés en cela par l'incompréhension des objectifs des politiques publiques, ses contradictions, la

---

[1] THIERRY (Kirat) & TORRE (André), Territoires de conflits : Analyses des mutations de l'occupation de l'espace, Paris, Éditions L'Harmattan, 2008, p.32.

mauvaise application des lois et politiques, ainsi que par une répartition inégale des ressources[1].

Observons aussi que les conflits constituent à la fois une force qui détruit et qui unit, une menace, mais aussi une opportunité. À cet égard, Fisher et al. pensent qu'« il est plus probable que les conflits soient traités de façon créative et qu'ils se terminent de façon constructive là où les niveaux de participation sont élevés, où existent des canaux d'expression des désaccords, et où des mécanismes de traitement des désaccords et d'accès au consensus sont disponibles. Tous les secteurs de la communauté ont droit à la parole : hommes et femmes, jeunes et vieux[2]… ». Dans cette perspective, il faut reconnaître que les divers programmes et politiques publics n'ont pas accordé beaucoup d'importance à la question de la résolution des conflits. Aussi faudrait-il mettre urgemment en place des mécanismes et des institutions adéquates pour gérer positivement ce type de conflits afin d'assurer la coviabilité des systèmes socio-écologiques.

Ainsi, comme nous l'avions précédemment suggéré, si la rareté des ressources donne lieu à des conflits, celle-ci peut être aussi un facteur déclencheur de la coordination, de la coopération et de la gestion collective communautaire des parcours comme la coviabilité. Une telle attitude serait à même de définir les droits et les objectifs de la gestion des ressources, mais aussi les moyens de résoudre les conflits et les antagonismes.

Remarquons enfin que pour gérer ces conflits, la population rurale au Maroc, et notamment celle de l'espace pastoral, disposent d'institutions et de méthodes

---

[1]FISHER(Simon) & SMITH (Richard) et al., Cheminer avec le conflit. Compétences et stratégies pour l'action, IIED, Londres,2000, p.150.

[2]Ibid., p.150.

traditionnelles de gestion et de résolution des conflits. Il s'agit de la Jmaa. Cette institution, participative et autonome, dont l'appellation vient du fait que le rassemblement des habitants d'un douar donné, s'effectuait dans la mosquée et par référence à la prière de vendredi. La Jmaa s'occupe de la gestion interne du douar et joue un rôle primordial dans le maintien de la cohésion sociale des villages. Ses méthodes ont depuis toujours été reconnues efficaces. Toutefois, les méthodes modernes de résolution des conflits, qui sont proches des méthodes de négociation d'un accord de gestion participative, expriment les mêmes valeurs et peuvent être utilisées de manière similaire. Outil indispensable au dialogue, la communication demeure le ciment qui favorise la synergie, la participation et la prise de décision.

En outre, la gestion des conflits s'apparente à un processus non violent qui dépend du seuil de tolérance des désaccords. Ceci passe par le dialogue et la négociation. Cela consiste notamment à identifier les causes profondes des conflits et à intervenir afin d'éviter qu'elles ne se reproduisent à l'avenir. Il importe aussi de régler les désaccords afin qu'ils ne dégénèrent pas en manifestation d'hostilité et d'aider les acteurs locaux à appréhender les multiples options d'accord, puis à en choisir une qui soit acceptable et acceptée par tous.

À vrai dire, l'échec de diverses politiques, réformes et projets visant à réguler les droits d'usage est principalement dû à l'exclusion de l'endogénéité du droit dans cette régulation. Selon Chevallier, « la norme juridique tend à être englobée dans une problématique plus large de la régulation qui infléchit sa logique : visant à assurer la reproduction des équilibres sociaux, la régulation suppose en effet le recours à une panoplie de moyens d'action, les uns juridiques, les autres non juridiques [1] ». Aussi, Chevalier, estime que la régulation est « entendue soit comme un attribut substantiel de tout droit, soit comme la caractéristique du droit de l'État providence, soit encore comme l'indicateur des transformations en cours du phénomène juridique[2] ».

La multiplicité des sources du droit, qui aboutit finalement à la confusion entre l'État moderne et les institutions traditionnelles et religieuses, a contribué au décalage entre ce qui est légal officiel et ce qui est réaliste, coutumier et légitime. Le droit positif monopolise la loi, mais il est obligé de partager ce rôle avec le droit musulman et le droit coutumier. Ce monopole qui évite tous les conflits et n'en affronte aucun, aboutit finalement à la crise du système juridique.

Cette crise est encore intensifiée par certaines approches qui minimisent les rôles du droit coutumier étant donné que les coutumes sont rigides dans le passé. Ces approches considèrent que la science qui les étudie ne peut les traiter que comme une histoire basée sur le passé sous forme d'un folklore juridique dépassé qui concerne un groupe humain primitif et sauvage[3]. Alors que l'étude du droit endogène, loin de l'étude historique des pratiques transcendantes des sociétés primitives, est avant tout une étude du droit

---

[1] CHEVALIER (Jacques), « Vers un droit post-moderne ? Les transformations de la régulation juridique », Revue du droit public et de la science politique en France et à l'étranger, N° 3, 1998, p.8.

[2]CHEVALIER (Jacques), « La régulation juridique en question », Droit et société, N° 49,2001, op.cit., p. 827.

[3] MAGNANT(Jean-Pierre), « Le droit et la coutume dans l'Afrique contemporaine », Droit et cultures [En ligne], 48 | 2004-2, mis en ligne le 09 mars 2010,: http://droitcultures.revues.org/1775, consulté le 29/03/2017. p. 46.

moderne vécu dans ses applications concrètes quotidiennes[1].

[1] MAGNANT (Jean-Pierre), Op.cit., p. 53.

DEUXIÈME PARTIE

Régulation des droits d'usage au Maroc et l'impératif de la coviabilité des systèmes socioécologiques

Introduction

Les grandes mutations ayant impacté l'environnement, ainsi que la pluralité des ordres juridiques et des acteurs dans l'espace collectif, ont instauré un équilibre fragile, entre les légitimités locales. Cette instabilité exige d'établir les piliers d'une nouvelle gouvernance de la biodiversité. De même, il importe de mettre urgemment en place des mécanismes et des institutions adéquates pour gérer positivement les conflits. Pareillement, il convient d'assurer la coviabilité des systèmes socioécologiques capables de définir les droits et les objectifs de la gestion des ressources et d'instaurer les moyens à même de résoudre les conflits et les antagonismes.

Dans cette partie, l'analyse focalisera sur le droit négocié et sa contribution potentielle au développement d'une régulation efficace des droits d'usage et d'une gouvernance négociée. Autrement dit, nous nous intéresserons à l'analyse du droit endogène, de sa capacité et de sa résilience, en vue de la mise en place d'un nouveau droit négocié comme facteur favorable à la promotion de la coviabilité des systèmes socioécologiques.

Chapitre 1 - L'amélioration du cadre général de la gestion des ressources sylvo-pastorales

L'efficacité et la légitimité de la norme occupent une place primordiale dans toute régulation visant à établir un équilibre socioécologique et à garantir la durabilité, voire la coviabilité, des systèmes socioécologiques, notamment dans les espaces collectifs. Dans ce contexte, toute norme qui constitue un droit s'appliquant à l'Homme doit donc émaner de celui-ci.

Dans ce chapitre, l'analyse se concentrera sur la contribution et la résilience du droit endogène [1] et des institutions traditionnelles et leurs capacités de résolution des conflits.

[1] Comme on l'a déjà indiqué, le droit endogène regroupe les coutumes, les savoirs locaux et les valeurs.

Section 1 - La résilience du droit coutumier

Dans cette section, nous focaliserons sur la contribution des normes endogènes à la consolidation de la durabilité/coviabilité des systèmes socioécologiques.

1. L'apport du droit coutumier et institutions traditionnelles à la durabilité/coviabilité des systèmes socioécologiques

Au Maroc, les populations locales, depuis des temps immémoriaux, ont développé des formes d'adaptation à leur environnement via la gestion de la rareté qui constitue une des manifestations de ce génie civilisationnel. Dans ce cadre, les normes coutumières, l'honneur, la Baraka, les saints, etc. constituent le jargon qui illustrent la gestion communautaire des espaces arides, et qui donnent du sens à l'interdit et aux mises en défens[1]. Ces normes représentent donc un aspect important de l'identité des communautés locales. En effet, elles définissent les droits, les obligations ainsi que les responsabilités des membres de la communauté, à savoir : les modes de gestion des droits d'usage et la conduite de la vie spirituelle, culturelle et patrimoniale[2].

---

[1]« La frontière, lieu de la baraka des saints, est un espace neutre de médiation permettant de gérer les conflits tribaux et d'assurer le déplacement des voyageurs et des troupeaux. Elle n'est pas perçue comme une limite territoriale hermétique mais comme un espace marqué par les itinéraires des saints, périodiquement reproduits et honorés lors des pèlerinages et des rituels. AUCLAIR (Laurent) & ROMAIN (Simenel) et al., Agdal : Les voies imazighen de la patrimonialisation du territoire, Rabat, Éditions Hespéris Tamuda, 2010, op.cit., p. 133.

[2]La constitution du Kenya, à son tour, reconnaît que les pasteurs et leurs coutumes peuvent contribuer de manière positive à la gestion des territoires. De plus, au Mali, le droit positif et le droit coutumier

Ainsi, le droit coutumier peut servir de base juridique pour l'ensemble des droits juridiques d'une communauté, sur la base de ses savoirs traditionnels, en matière de partage et de gestion des droits d'usage, de régulation des conflits et des litiges. Son originalité réside dans sa composition d'un ensemble de coutumes, de croyances, de savoirs traditionnels et de modes d'usage acceptés comme des règles de conduite obligatoires et des modes de vie des communautés traditionnelles faisant partie intégrante des systèmes socioéconomiques[1].

2. Considérations générales de la coutume

Le système juridique marocain est le résultat d'une grande histoire. En effet, la colonisation a transposé un droit positif de type occidental, destiné principalement aux colons, à un régime juridique souple et varié, s'appliquant aux marocains et reposant notamment sur le Fiqh et les coutumes[2].

Comme nous l'avions évoqué, la colonisation a tenté, à des fins politiques, de diviser le pays en zones soumises au droit musulman et en zones coutumières. Elle a même essayé d'agir sur le système juridique en démontrant parfois l'infériorité du droit musulman par rapport à la nationalité du droit européen ou en opposant le droit musulman à la

---

coexistent, à travers la reconnaissance du régime foncier malien des droits coutumiers, consultable sur le site :www.fao.org/3/i5771fr/I5771FR.pdf, consulté le 20/07/2017.

[1] BOURHIM (Rabiaa), « De la durabilité à la coviabilité socioécologique : vers l'invention d'un droit post-moderne dans l'espace collectif marocain » Revue Marocaine d'Administration Locale et de Développement, N° 157, Rabat, 2021, pp.182-200.

[2]BENTAHAR (Mekki), « Droit et société au Maroc », Publications de l'Institut Royal de la culture Aamzigh, N° 7, Elmaarif Aljadida, 2005, pp.15-31.

coutume[1]. En voulant ainsi privilégier la coutume, elle a fini par la discréditer aux yeux des Marocains[2].

L'analyse du système juridique national révèle l'existence de plusieurs ordres de droit pour ne pas dire une multitude de strates. Cette coexistence constitue une sorte de compétition, ou même une rivalité. En effet, la coutume est le produit du processus consensuel du groupe, et pour que ladite coutume existe, le groupe doit être vivant et indépendant. Confortant cette affirmation, Crozier considère ainsi l'organisation comme étant « un construit politique et culturel, un moyen dont les acteurs sociaux se dotent pour régler leurs interactions afin d'obtenir le minimum de coopération nécessaire pour atteindre les objectifs collectifs [3]».

Au Maroc, la coutume a joué un rôle considérable en tant que source normative. Dans ce sens, nombreuses sont les normes coutumières et locales favorisées par le droit musulman. Ces coutumes peuvent inspirer le droit positif en proposant des solutions tirées du fonds juridique historique commun des Marocains, car elles constituent un réservoir de solutions juridiques adéquates et appropriées aux mentalités marocaines sans pour autant porter atteinte aux principes nationaux et religieux.

En effet, le concept de la « coutume » revêt plus d'un sens, car il peut être considéré comme étant « un fait social qui n'est pas singulier et résiste plus à l'effet de l'érosion. Il se manifeste par sa régularité, sa répétition, et surtout par sa généralité, et de ce fait un fait social qui… demeure un simple phénomène social éphémère s'il ne remplit pas ces

---

[1]Ibid., pp. 15–31.

[2]Ibid., pp. 15–31.

[3]CROZIER (Michel) & FRIEDBERG (Erhard), L'acteur et le système : Les contraintes de l'action collective, Paris, Éditions du Seuil, 1981, p.77.

conditions[1] ». La coutume peut être définie également comme étant le produit spontané de la nécessité juridique, indépendant des instances législatives. Dans le même esprit, Michaux Bellaire définit « la coutume comme le produit spontané de relations sociales évoluant dans le cadre d'une tribu sauvage »[2].

Pour sa part, Montagne estime, dans son article consacré à l'étude du régime juridique du sud du Maroc, que « le droit coutumier est la prérogative des tribus Siba et tend à disparaître avec la pénétration du Makhzen qui se substitue aux règles coutumières de l'application de la règle religieuse[3] ». De ce fait, la coutume peut aussi être définie comme étant « une norme de droit objectif fondée sur une tradition populaire qui prête à une pratique constante, un caractère juridiquement contraignant ; véritable règle de droit, mais d'origine non étatique[4]... ».

En somme, les normes coutumières demeurent les plus proches des réalités locales en tant que référence pour la régulation des droits d'usage. Toutefois, ces normes

---

[1]BENTAHAR (Mekki), « Droit et société au Maroc », Publications de l'Institut Royal de la culture Aamzigh N° 7, Elmaarif Aljadida, 2005, op.cit., pp. 15–31.

[2]MICHAUX BELLAIRE (Édouard), Le Gharb, Paris, Éditions Leroux, 1913. Voir aussi EL KHATIR (Aboulkacem), « Droit coutumier amazigh face aux processus d'institution et d'imposition de la législation nationale au Maroc », Étude de l'Organisation Internationale du Travail, 2007, p.46 disponible sur le site : https://www.ilo.org/wcmsp5/groups/public/---ed_norm/-normes/documents/publication/wcms_100800.pdf, consulté le 27/1/2019.

[3] MONTAGNE (Robert), le régime juridique des tribus du sud marocain, Paris, Éditions Émile Larose, 1924, p 313.

[4] OTT-DUCLAUX-MONTEIL (Cécile), Exploitation forestière et droits des populations en Afrique centrale, Paris, L'Harmattan, 2013, p.50.

souffriraient d'une faible légitimité une fois considérées dans la perspective du droit positif.

3. Le droit coutumier face aux droits d'usage collectifs

De tout temps, la question des droits d'usage collectifs et les conflits associés n'est pas propre au contexte marocain, mais elle est aussi pertinente pour plusieurs territoires. Pour cette raison, les communautés, ou les groupes ethniques, ont souvent élaboré des règles généralement orales spécifiant l'usage, le partage et la transmission des ressources communes, considérées souvent comme des biens sacrés, parmi tous leurs membres et ses ayants droit.

Il faut rappeler qu'à l'origine, la propriété foncière avait un caractère collectif et inaliénable dans ces communautés traditionnelles. Le premier occupant de la terre acquiert un droit qui, en principe, ne se perd pas[1]. Toutefois, cette appropriation collective n'a pas pu interdire que des droits d'usage sur la terre soient accordés aux membres de la collectivité et éventuellement aux étrangers le souhaitant, en fonction des règles coutumières qu'ils s'engageaient à respecter.

4. La résistance du droit coutumier

Tout au long de l'histoire, les communautés rurales marocaines ont évolué en contact étroit avec le droit

---

[1]RACHIK (Hassan), « Dynamique de la propriété collective et espace juridique communautaire », in Contester le droit : communautés, familles et héritage au Maroc, Casablanca, Éditions la Croisée des Chemins, 2016, p.25.

musulman. Ce contact a permis aux Jmaa[1], qui « fournit le cadre où se déroule l'essentiel de la vie matérielle et

---

[1]La création des douars en tant qu'unité administrative et la désignation des Moqadem, comme étant le représentant de l'Administration, n'a pas affecté les modes de fonctionnement de la Jmaa. À cet effet, AMAHAN souligne que « force est de constater que la création du douar au sens administratif du terme et la nomination du Moqadem à sa tête, par ces mêmes autorités, n'ont pas affecté l'institution ljmaât. Même si cette dernière a été contrainte de fonctionner dans la clandestinité, elle a toujours conservé son dynamisme ». AMAHAN (Ali), Mutations sociales dans le Haut Atlas. Les Ghoujdama, Rabat, Éditions Laporte, 1999, p.99

Selon Hassan RACHIK « La jma'a, mot arabe qui signifie réunion, assemblée. Partant de mes observations dans le Haut-Atlas, je définis la jma'a comme une assemblée, un cadre sociopolitique « informel » qui permet aux membres d'une communauté rurale (souvent un village ou un groupement de villages) de se rencontrer pour discuter des questions relatives à l'organisation des biens collectifs tels que les parcours, la mosquée et les équipements hydrauliques. Les réunions sont irrégulières et se tiennent chaque fois que des membres de la jma'a le décident. Elles ne se tiennent pas dans un lieu déterminé ; elles peuvent avoir lieu dans une maison privée, devant la mosquée ou même dans la rue. La composition n'est pas nécessairement toujours la même : toutes les questions ne concernent pas forcément tous les membres du groupe. Par ailleurs, lorsque le groupe est large, un groupement de villages par exemple, la jma'a est composée de délégués de chaque village. Ces délégués peuvent être des notables qui représentent leurs lignages, ou des notables cooptés selon des critères appropriés (pour telle ou telle question, certains notables peuvent être plus compétents que d'autres). C'est au niveau de la jma'a que les affaires collectives sont gérées, que les droits et les obligations des chefs de foyer sont déterminés (tour d'hospitalité pour nourrir les étrangers de passage, tour de nourriture du fqih, corvée de fumier ou de labour, curage des canaux d'irrigation...). La jma'a est l'une des principales sources du droit local organisant les biens collectifs et les relations entre les membres du groupe (contrats d'association, questions de voisinage). Elle peut prendre des sanctions contre ceux qui ne se conforment pas au droit local». RACHIK(Hassan), « L'esprit du terrain, Etudes anthropologiques au Maroc », Centre Jacques-Berque, Rabat, 2016, pp.147-155.

spirituelle de chaque groupe particulier[1] », d'enrichir et de développer le droit coutumier dans l'organisation des secteurs vitaux de la vie publique.

Dans ces conditions, le Maroc a hérité des textes de loi qui ont laissé place à certaines règles coutumières dans la gestion des droits d'usage. Citons par exemple, le Dahir du 27 avril 1919 régissant les terres collectives et le Code des investissements agricoles promulgué en 1969 qui précisent que les terres collectives constituent une propriété appartenant à une communauté ou à un groupe ethnique selon les usages coutumiers.

Ainsi, la coutume serait « le produit de la société en fonction des contextes et de conditions sociales et politiques. Elle a le pouvoir d'adaptation et se modèle selon les nécessités sociales. Elle intègre la dynamique des sociétés et fonctionne dans la pratique comme un système en mouvement. C'est dans cette imbrication entre structure et organisation de l'espace qui fournit la capacité de maintenir les conditions de production du droit[2] ». Les normes coutumières, les habitus et les valeurs constituent le droit endogène, un droit issu du corps social et constituant un système[3].

---

[1] BONTE (Pierre) & MAHDI (Mohamed), « Pasteurs de l'Atlas. Production pastorale, droit et rituel », Casablanca, Éditions Fondation Konrad Adenauer, N°159-160,1999, Op.cit., pp.260-262.

[2] EL KHATIR (Aboulkacem), « Droit coutumier amazigh face aux processus d'institution et d'imposition de la législation nationale au Maroc », Étude de l'Organisation Internationale du Travail, 2007, p.47 disponible sur le site : https://www.ilo.org/wcmsp5/groups/public/---ed_norm/---normes/documents/publication/wcms_100800.pdf, consulté le 27/1/2019, op., cit.

[3] BARRIÈRE (Olivier) et al., « Coviability of social and ecological systems: reconnecting mankind to the biosphere in an era of global change ». Vol. 1: The foundations of a new paradigm. Cham: Springer, 2019,p.170.

Les coutumes sont comprises comme un ensemble de règles orales qui acquièrent une force obligatoire par un usage constant et répété. Plus précisément, les coutumes sont un ensemble de pratiques juridiques qui ont acquis la force obligatoire dans un groupe sociopolitique donné par la répétition d'actes publics pacifiques sur une période de temps relativement longue[1].

Il faut constater aussi que le droit coutumier[2] n'est pas figé et n'a jamais cessé d'exister. Son fonctionnement montre une grande capacité de résilience [3] face aux

---

[1] « Set of legal practices that have gained a binding force in a given socio-political group through the repetition of peaceful public acts over a relatively long period of time », BARRIÈRE (Olivier) et al., « Coviability of social and ecological systems: reconnecting mankind to the biosphere in an era of global change ». Vol. 1: The foundations of a new paradigm. Cham: Springer, 2019, , op. cit., p.170.

[2] Au cours des deux dernières décennies, les pays africains ont enregistré des progrès dans la mise en œuvre des réformes foncières reconnaissant l'importance des règles coutumières à travers soit la codification de ces règles dans les systèmes législatifs selon une approche pragmatique des populations locales, soit les cartographier à l'échelle d'une unité territoriale. HABIBOU (Ibrahim) & MORMONT (Marc) et al., « Pastoralisme et politiques développementalistes : états de lieux sur les systèmes de tenure foncière pastorale en Afrique Subsaharienne », Vertigo : la Revue Électronique en Sciences de l'Environnement, 2018,p.5.

Ce sont les codes rural et pastoral au Niger en 1993 et en 2010, également le code pastoral en Guinée en 1995, le code pastoral en Mauritanie en 2000, la charte pastorale au Mali en 2001, et aussi la réforme agraire au Burkina en 2002. Ibid., p. 5.

Cependant malgré la reconnaissance par ces lois et chartes des règles droits d'accès et d'usage des ressources naturelles, les organisations pastorales et les chefs coutumiers n'ont pas un pouvoir décisionnel dans l'élaboration et la mise en œuvre des politiques territoriales qui concernent leur territoire. Ibid., p. 5.

[3] AUCLAIR (Laurent) (dir.) & ALIFRIQUI (Mohamed) (dir.), Agdal : patrimoine socioécologique de l'Atlas marocain, Rabat, Publications de l'Institut Royal de la Culture amazighe, 2012, Op.cit., p .45.

différentes situations auxquelles sont confrontées les communautés rurales, qui développent, produisent et réinventent leur droit coutumier en fonction des nouveaux contextes sociaux.

De ce fait, l'objectif ne serait pas de transformer les coutumes en droit. Ce serait extrêmement difficile, voire regrettable, vu la diversité des coutumes, l'oralité qui les caractérise, et leur dépendance vis-à-vis des environnements de production. S'inscrivant dans cette vision, Bouderbala souligne que « par nature, la coutume est orale et très locale, donc d'une infinie diversité. En la séparant de son milieu et en la fixant, on lui fait perdre toute son efficience sociale. Dans ces conditions, l'opération de codification ne peut conduire qu'à des impasses. Soit dans un premier cas, à créer des dizaines sinon des centaines de coutumes à travers le territoire, garanti par l'État et consacré par la loi, ce qui constitue une solution dangereuse pour l'unité, soit dans un second cas, si l'on retient, l'option de choisir une des coutumes considérées comme la meilleure, d'imposer à toutes les collines du pays la coutume d'une seule d'entre elles[1] ».

Aussi, il faut comprendre que la transformation de la coutume en loi peut ébranler l'unité nationale de l'État, car les fondements spirituels des coutumes et le concept du « sacré » sont tous des principes qui contredisent la nature abstraite, générale et impersonnelle de la loi. La solution relève, en effet, plus de la volonté du législateur de négocier avec le local la question de la gestion et de la régulation des droits d'usage. Notons à ce propos que le succès de toute politique publique implique nécessairement l'acceptation,

---

[1] BOUDERBALA (Négib) & CAVERIVIERE (Monique) et al., « Tendances d'évolution des législations agrofoncières en Afrique francophone », Etude de l'Organisation des Nations unis pour l'alimentation et l'agriculture, N°56,1996,p.15.

la consultation, la concertation, l'implication, la participation et la collaboration des populations locales.

Afin de répondre aux problèmes de régulation des droits d'accès, d'usage et d'exploitation des droits d'usage, les communautés locales ont développé au fil du temps des règles de régulation complexes. C'est donc le renforcement des capacités décisionnelles consensuelles des communautés locales qui constitue l'assurance d'une régulation optimale de la régulation des droits d'usage sur le territoire. Bien sûr, le but n'est pas la codification des savoirs locaux. Ceux-ci, constituant un génie civilisationnel des communautés locales, doivent inspirer le législateur dans la production du droit. Ce dernier, car s'appliquant à l'Homme, doit donc émaner de lui.

Les acteurs locaux doivent occuper une place primordiale dans le débat relatif à la gestion des ressources sylvo-pastorales et forestières, car ils sont acteurs clés à impliquer dans tout le processus. Pour ce faire de manière réussie, la participation des acteurs locaux doit être toujours un impératif. À défaut, il faut aller au-delà de cette logique vers la collaboration pour parvenir à une pleine implication et pour assurer un réel soutien des acteurs dans la gestion rationnelle et l'exploitation de la régulation des droits d'usage collectifs.

Section 2 - La résilience de l'institution de l'Agdal

Dans cette section, l'étude se penchera sur l'analyse de la résilience de l'institution Agdal et sa contribution au renforcement de la durabilité/coviabilité des systèmes socioécologiques.

1. L'apport de l'institution traditionnelle « Agdal » à la durabilité/coviabilité des systèmes socio-écologiques

Le régime de l'Agdal se caractérise par trois critères : l'existence d'un groupe de lignage illustrant le sujet du droit ; le territoire comme ressource qui indique l'objet de droit ; et l'existence d'un pouvoir collectif d'usage et de jouissance détenu par la communauté. Il constitue aussi une pratique ou un régime traditionnel incorporé dans un régime de propriété collective. Cependant, le législateur marocain ne reconnaît pas l'aspect juridique de l'Agdal,[1] car ce

[1] « Al hima » fait partie des modèles de gestion traditionnels qui expriment une capacité de gestion des ressources sylvo-pastorales en Asie de l'Ouest et en Afrique depuis plus de 1400 ans, cette institution traditionnelle, qui ressemble à des aires protégées, des mises en défens comme les Agdals dans le cas marocain. Cette institution traditionnelle est fondée sur l'Homme comme responsable de la terre et sur une gouvernance englobant la culture, la nature et l'Homme. En Égypte, en Jordanie et au Liban, ce modèle de gestion traditionnel est en train d'être valorisé comme modèle de développement durable, notamment sur les parcours, face à l'échec des différentes politiques publiques adoptées. DAVIS(J) et al., « Conservation de la biodiversité des zones arides », Union internationale pour la conservation de la nature et des ressources naturelles, Programme des Nations Unies pour l'Environnement — Programme mondial de suivi de la conservation (PNUE-WCMC), et la Convention des Nations Unies pour la lutte contre la désertification (CNULCD) disponible sur le site : www.iucn.org/resources/publications, consulté le 03/02/2018.

Au Niger par exemple et par l'importance de la population pastorale, de la présence de chefs traditionnels dans les ethnies à traditions pastorales et depuis le début des années 90 des associations pastorales se sont mis en place dans toutes les régions. Ces associations jouent à la fois un rôle de défense des intérêts des éleveurs et d'acteur de développement, elles forment un lobby en faveur d'une véritable prise en compte du pastoralisme [1]. SCHÖNEGG (Günter), MARTEL(Philippe), SANO(Balla), « Les conflits liés à la transhumance transfrontalière entre le Niger, le Burkina Faso et le Bénin », DED, Fachreferat für

dernier comporte une pratique juridique communautaire locale et une spécificité endogène.

La pratique de l'Agdal implique d'interdire l'accès temporaire au parcours selon les normes coutumières du groupe. Il s'agit d'une mise en repos du parcours, dont le principal objectif est de permettre la régénération de la ressource pour préserver sa pérennité. Dans ce cadre, il faut souligner l'importance du savoir-faire local en matière de gestion communautaire de l'espace et de la ressource et son apport fort important sur le plan de la conservation de la biodiversité. L'Agdal se base ainsi sur la reconnaissance de la valeur de la biodiversité, de la durabilité de la ressource, de la concertation et de la gestion des conflits autour de l'accès à cette biodiversité[1].

Il s'agit donc d'un parcours collectif et forestier que la communauté décide d'interdire au pâturage pendant une certaine période. L'Agdal présente l'avantage de faire cohabiter, dans un même dispositif normatif, des règles appartenant à des régimes juridiques différents tout en conciliant les impératifs de force et de rigidité qui caractérisent un texte prévoyant des sanctions pénales. Un texte nécessitant, néanmoins, l'aval de l'État et la souplesse exigée par l'activité pastorale[2].

En terme juridique, les Agdals ne constituent pas des biens. Ils sont un patrimoine commun qui fait partie de

---

Ländliche Entwicklung, Wasserwirtschaft und Ressourcennutzung, 2006, p.36.

[1]AUCLAIR (Laurent) (dir.) & ALIFRIQUI (Mohamed) (dir.), Agdal : patrimoine socio-écologique de l'Atlas marocain, Rabat, Publications de l'Institut Royal de la Culture amazighe, 2012, op.cit., p 406.

[2]TOZY (Mohamed), « Quelques cas de production indigène de droit », Paris, Éditions Centre National de la Recherche Scientifique, 1989, p.92.

terres collectives inaliénables, insaisissables et imprescriptibles [1]. Ce patrimoine commun appartient à l'ensemble de la communauté et à toutes les générations successives. À ce titre, il reste en dehors de tout possibilité de marchandisation. En effet, l'Agdal en tant que patrimoine commun n'entre pas dans la catégorie des biens marchands, car il est composé d'éléments écologiques et culturels, matériels (territoires et régulation des droits d'usage) et immatériels. C'est-à-dire des pratiques, des modes de gestion et des savoirs locaux[2].

Dans ce même ordre d'idées, la gestion d'un bien [3] partagé et aliéné reste très différente de celle d'un patrimoine commun comme l'Agdal, qui constitue la source de vie d'une population ou d'un groupe social donné. Ainsi, « définir un territoire, non comme un bien, mais comme un patrimoine commun, c'est lui conférer une nature juridique différente qui mobilise l'ensemble des acteurs autour d'une gestion raisonnée pour le présent et l'avenir[4] ».

---

[1] AUCLAIR (Laurent) (dir.) & ALIFRIQUI (Mohamed) (dir.), Agdal : patrimoine socio-écologique de l'Atlas marocain, Rabat, Publications de l'Institut Royal de la Culture amazighe, 2012, op.cit., p 406.

[2]Ibid., p 406.

[3] Pour Etienne LE ROY, « la terre n'est pas un bien mais un lien, le support d'une relation entre les hommes et entre les groupes pour des finalités productives, religieuses, politiques, (...) », LE ROY (Étienne), « Contribution à une prospective des politiques foncières en Afrique noire francophone : essai de topologie des situations applicables en milieu rural. Contribution aux travaux du séminaire du Gemdev sur la prospective en Afrique sub-saharienne », Laboratoire d'anthropologie juridique, Paris-1 , ronéo ,1989,p.14.

[4]BARRIÈRE (Olivier), « Nature juridique de l'Agdal : de la propriété collective au patrimoine commun », in Auclair Laurent (dir.), Alifriqui M. (dir.) Agdal : patrimoine socio-écologique de l'Atlas marocain, Rabat, Publications de l'Institut Royal de la Culture amazighe, N° 29,2012, p.234.

De ce fait, ce qui constitue l'originalité des rapports en matière de patrimoine commun s'exprime au travers de la relation du sujet de droit (les communautés, la population locale) à l'objet de droit, qui est le territoire. Ainsi, cette connexion illustre une logique d'appartenance au territoire et non une relation d'obligation ou de pouvoir. Le patrimoine commun peut être défini comme le droit de transmission entre générations d'un héritage à la fois culturel et naturel[1]. Corrélativement, Barrière définit le patrimoine commun comme « l'ensemble d'éléments matériels et immatériels participant à la reproduction même du groupe, physique ou intellectuel, et le caractérisant dans son identité, à savoir les modes d'exploitation du milieu (pratiques et savoirs locaux), les espaces territoriaux et espaces-ressources construits, les composantes matérielles assurant la survie du groupe, les schémas identitaires, moraux et culturels qui se traduisent par des modèles de comportements[2] ».

De ce fait, la gestion du patrimoine commun, ainsi que la protection de l'environnement, la lutte contre la détérioration des parcours et la rationalisation de la gestion des droits d'usage marquent l'émergence d'une nouvelle conscience écologique, d'un consensus et d'un engagement de tous les acteurs clés. L'Agdal constitue, à ce titre, un régime juridique original et un instrument de cogestion collective et durable.

---

[1]Voir l'art. 8 de Loi N° 11-03 promulguée par le Dahir N° 1-03-59 du 12 mai 2003 relative à la protection et à la mise en valeur de l'environnement.

[2] BARRIÈRE(Olivier), Éléments d'une socioécologie juridique : le droit face à l'urgence écologique, essai d'une anthropologie juridique de l'environnement, Montpellier, Publications de l'Institut de Recherches pour le Développement, 2012, op.cit., p.57.

Dans son annexe, la Déclaration des Nations Unies sur les droits des Peuples autochtones de 2007 reconnaît ces mêmes principes en spécifiant que « tous les peuples contribuent à la diversité et à la richesse des civilisations et des cultures, qui constituent le patrimoine commun de l'humanité [1]».

La terre constitue aussi un bien [2] en droit positif marocain, mais ce bien doit faire l'objet d'une appropriation en y incluant une valeur marchande. Il est donc inconcevable de qualifier une terre collective comme un bien aliénable ou inaliénable, car ce qui définit la nature juridique de la propriété demeure sa capacité à être aliéné. Dans cette perspective, El Alaoui, se distanciant d'une conception occidentale de la propriété, introduit une conception purement marocaine du « bien », en affirmant l'existence d'un « patrimoine collectif »[3].

---

[1] La Déclaration des Nations Unies sur les droits des peuples autochtones, adoptée le 12 septembre 2007.

[2] Le Roy souligne que « la terre n'est pas un bien mais un lien, le support d'une relation entre les hommes et entre les groupes pour des finalités productives, religieuses, politiques, (...) » LE ROY (Étienne), « Contribution à une prospective des politiques foncières en Afrique noire francophone : essai de topologie des situations applicables en milieu rural. Contribution aux travaux du séminaire du Gemdev sur la prospective en Afrique sub-saharienne », Laboratoire d'anthropologie juridique, Paris-1, ronéo, 1989, p.14.

[3] « L'ensemble des biens meubles et immeubles appartenant à la collectivité ethnique et l'ensemble des droits et obligations y afférents » dont la collectivité « est propriétaire ». EL ALAOUI (Mohamed), « Le statut juridique des terres collectives au Maroc et les institutions coutumières et locales dans la zone du Projet de Conservation de la Biodiversité par la relance de la Transhumance dans le Versant Sud du Haut Atlas », Étude du PNUD-ORMVAO, 2002, p. 63, disponible sur le site : http://www.pnud.org.ma/pdf/bio/STATUTS%20JURIDIQUES.pdf, consulté le 14/4/2017.

De son côté, Barrière considère que le fonctionnement du groupe repose sur des composantes identitaires, écologiques et culturelles, et que ces mêmes critères sont aussi pris en considération par le droit international dans la notion du patrimoine naturel et culturel de l'UNESCO. Notons par exemple : la Convention sur le patrimoine, Paris, 1972 ; la Convention sur la diversité biologique, Rio, 1992 ; la Déclaration de Paris sur la biodiversité, 2005 ; et le Traité sur le droit de la mer, 1982[1]. La Déclaration relative à la biodiversité de 2005 n'hésite pas, à titre d'exemple, de définir la biodiversité comme « un patrimoine naturel et une ressource vitale pour toute l'humanité »[2].

S'inscrivant dans cette tendance universaliste, la loi N° 11-03 promulguée par le Dahir N° 1-03-59 du 12 mai 2003 relative à la protection et à la mise en valeur de l'environnement définit, dans son article 8, le patrimoine culturel comme un « ensemble de biens meubles ou immeubles qui présente un caractère particulier sur le plan de l'archéologie, de l'histoire, de l'architecture, de la littérature, du folklore, de l'art, des religions et de la sociologie ». À ce titre, ladite loi diffère peu de la Convention pour la sauvegarde du patrimoine culturel immatériel[3] de 2003 (UNESCO), qui fait valoir que « le

---

[1]BARRIÈRE (Olivier), « Nature juridique de l'Agdal : de la propriété collective au patrimoine commun », in Auclair Laurent (dir.), Alifriqui M. (dir.) Agdal : patrimoine socioécologique de l'Atlas marocain, Rabat, Publications de l'Institut Royal de la Culture amazighe, N° 29,2012, op.cit., p.238.

[2] BARRIÈRE (Olivier), « L'intégration du droit dans la dialectique sociétés-écosystèmes, le droit d'une "socio-écologie" », in : Barrière Olivier (dir.), Rochegude A. (dir.) Foncier et environnement en Afrique : des acteurs au(x) droit(s), Paris, Karthala, 2007, p.89.

[3]La convention pour la sauvegarde du patrimoine culturel immatériel ratifiée par le Maroc en 2006.

patrimoine culturel immatériel ne peut être patrimoine que lorsqu'il est reconnu comme tel par les communautés, groupes et individus qui le créent, l'entretiennent et le transmettent. Sans leur avis, personne ne peut décider à leur place si une expression ou pratique donnée fait partie de leur patrimoine ». Ladite convention insiste également sur la nécessité de la transmission du patrimoine de génération en génération.

À ce titre, l'Agdal, en tant que pratique de gestion communautaire, peut devenir un vrai mécanisme de cogestion patrimoniale, fondée sur des valeurs locales. Un mécanisme capable d'assumer le rôle de garant de la sécurité et de protecteur des ressources sylvo-pastorales spécifiques dans un territoire délimité. Un mécanisme garantissant aussi le cycle biologique des plantes, sans parler de sa valeur en tant qu'objet de création et d'innovation juridique[1]. À ce titre, il semblerait nécessaire de valoriser les institutions traditionnelles légitimes à même de garantir la stabilité, et le développement de ces espaces arides.

Notons aussi que la patrimonialisation de la nature et de la biodiversité contribue à la résilience des systèmes socioécologiques, à travers la protection et la sécurisation des pratiques et des usages pastoraux. Par définition, la résilience est la capacité d'un système d'amortir toutes les perturbations et de se réorganiser tout en opérant des changements de manière à garder essentiellement les mêmes fonctions, les mêmes structures, la même identité et

---

[1]AUCLAIR (Laurent) (dir.) & ALIFRIQUI (Mohamed) (dir.), Agdal : patrimoine socioécologique de l'Atlas marocain, Rabat, Publications de l'Institut Royal de la Culture amazighe, 2012, op.cit., p.55.

rétroaction[1]. Ainsi, la résilience se définirait par « le niveau de perturbation qu'un milieu est capable d'absorber avant de se transformer[2] ». La résilience, c'est aussi la capacité d'un écosystème, d'un habitat, d'une population ou d'une espèce à retrouver un fonctionnement, un développement et un équilibre dynamique normal après avoir expérimenté une phase d'instabilité induite par une perturbation environnementale/climatique. Ce niveau d'adaptation aux changements avant de muer correspond donc à l'aptitude du groupe social à s'adapter aux perturbations comme celles induites par exemple par les sécheresses, les inondations, la raréfaction ou disparition des ressources naturelles[3].

La biodiversité constitue certainement le pilier de la résilience dans les zones arides. De ce fait, la conservation de la biodiversité fait partie intégrante de la durabilité/coviabilité des systèmes socioécologiques. Le renforcement de la résilience dans les espaces vulnérables et la réduction de la pression anthropique sur les écosystèmes nécessitent donc de mettre en œuvre des stratégies pour développer et protéger la diversité écologique et culturelle des écosystèmes. À ce titre, l'affermissement des capacités s'inscrit au cœur du développement. Il constitue un facteur clé pour garantir une gestion durable à la fois des terres et de la biodiversité. Par ailleurs, si la résilience dépend de la capacité de la conservation de la biodiversité, la résilience des systèmes socioécologiques se rapporte également au degré de la

[1] HOLLING (Crawford S), « Resilience and Stability of Ecological Systems », Annual Review of Ecology and Systematics, Vol.4.1,1973, p.17.

[2] BARRIÈRE (Olivier), Éléments d'une socioécologie juridique : le droit face à l'urgence écologique, essai d'une anthropologie juridique de l'environnement, Montpellier, Publications de l'Institut de Recherches pour le Développement, 2012, op.cit., p. 4.

[3] Ibid., p. 80.

dynamique existant entre les écosystèmes et les systèmes sociaux. Une meilleure compréhension des nombreux facteurs déterminant la résilience permettra donc d'aider à effectuer un meilleur choix des politiques publiques en matière d'environnement et de durabilité.

La résilience[1] n'est pas, de ce fait, un synonyme de résistance au changement, mais au contraire, la capacité de se transformer et de s'adapter activement, en se basant sur le progrès scientifique et technique, la communication, la négociation et l'utilisation des savoirs locaux[2]. De ce fait, la réussite de l'Agdal[3] dans le cadre de la régulation des droits d'usage passe donc par l'intégration des dimensions naturelles, culturelles, économiques et écologiques. Il importe notamment de répondre au défi de l'insécurité liée à l'érosion de la biodiversité.

La décentralisation constitue à ce titre la structure institutionnelle la plus adéquate à une gestion durable de la régulation des droits d'usage et un impératif pour une gestion conservatrice de l'environnement. Cette décentralisation découle du principe de la subsidiarité au

---

[1]La Mongolie est l'une des économies à la croissance la plus rapide au monde, a une longue histoire de pastoralisme durable, qui forme un système résilient, vital et complexe de sous-systèmes politiques, économiques, sociaux, écologiques et culturels connexes. Cela montre que le renforcement de la résilience sur les parcours est conditionné par l'attention portée à tous les secteurs dispersés, consultable sur le site : http://www.fao.org/in-action/mongolias-farmers-build-resilience-to-climate-change/fr/ consulté le 16/9/2019.

[2] DENTZ (Évelyne) & BAILLI (Gilbert), La résilience dans l'entreprise : après le choc, disparaître ou rebondir, Paris, Hermès Science, 2005.

[3]Les dates d'ouverture et de fermeture des Agdals sont convenues entre les représentants des ayants droit. Et parfois, certaines années, l'ouverture et la fermeture de l'Agdal peuvent être décalées de quelques semaines si nécessaire à la demande de l'un des Jmâa avec droits.

nom duquel toute décision doit être prise au niveau le plus bas possible. L'implication et l'engagement d'acteurs clés autour de défis communs et de projets sociétaux représentent ainsi l'élément déclencheur d'une approche négociée sur le territoire collectif plus que d'une approche strictement aménagiste. C'est aussi une approche patrimoniale plus qu'une approche strictement immobilière et une approche qui mobilise la population locale autour d'un enjeu collectif. L'objectif étant de protéger et de préserver un patrimoine commun assurant la sécurité et l'avenir du groupe social.

Une telle approche va au-delà de la logique de possession/appropriation vers une nouvelle logique basée sur la patrimonialisation en tant que forme relationnelle des groupes sociaux et de l'espace, car elle outrepasse le concept de la durabilité au profit d'un nouveau paradigme plus vaste : la coviabilité qui résulte d'un droit légitime et négocié[1].

[1] OST affirme que la « Loi négociée…accompagne le déclin des institutions traditionnelles…et la crise des régulations », OST, (François), « Les lois conventionnellement formées tiennent lieu de conventions à ceux qui les ont faites », In : droit négocié, droit imposé ? Bruxelles : Presses de l'Université Saint-Louis, 1996, DOI : https://doi.org/10.4000/books.pusl.18786, disponible en ligne : <http://books.openedition.org/pusl/18786>.

Chapitre 2 - Le droit négocié comme facteur de coviabilité

Dans un contexte marqué par des crises écologiques, le changement climatique et l'insécurité foncière, la régulation des droits d'usage nécessite de passer par une analyse critique du droit positif en mettant en relief ses lacunes et de rechercher l'endogénéité juridique qui encadre ce champ. Cela doit être fait dans la perspective d'harmoniser le droit endogène avec le droit positif pour mettre en place un droit négocié capable d'instaurer la coviabilité des systèmes socioécologiques. Il est à rappeler dans ce sillage que le droit endogène regroupe en partie l'ensemble des coutumes, des usages, des pratiques et des comportements locaux. Il définit aussi un véritable espace de légitimité et comprend des normes vivantes adaptées aux réalités locales[1].

La co-construction de cette régulation permet, en effet, d'appréhender les réalités socioécologiques et de sortir la norme juridique de son abstraction vers une règle effective, légitime et légale. Le droit négocié[2] est donc le produit de

---

[1]« Les légitimités intrinsèques aux sociétés ne se décrètent pas en se référant uniquement aux "coutumes", mais par la prise en compte des représentations sociocognitives et culturelles qui concourent au pragmatisme socioéconomique des individus et des groupes dans leur vie au quotidien ». BARRIÈRE (Olivier), Le droit sous l'emprise de la concertation et la négociation pour une gouvernance territoriale, Cahiers d'Anthropologie du droit, op.cit., p. 317.

[2] CHEVALIER estime que « la régulation repose sur la confrontation et l'arbitrage d'intérêts sociaux qu'il s'agit d'harmoniser : elle postule donc que ces intérêts soient à même de se faire entendre et d'intervenir dans les processus de décision ; le droit devient ainsi un droit négocié, qui est le fruit d'une délibération collective » CHEVALIER (Jacques), « La régulation juridique en question », droit et société, N° 49, 2001, op.cit., p. 834.

cette régulation co-construite, qui permet aux différents groupes et communautés concernés (sédentaires, transhumants, etc.) d'être responsables vis-à-vis de leur environnement et par la suite d'établir cette relation de pacte ou un cadre pour promouvoir la coviabilité socioécologique entre l'Homme et la biosphère.

Pour KOROGONE, « le sentiment d'avoir contribué à la définition des règles de protection des milieux, induit une obligation à la fois contractuelle et morale vis-à-vis des écosystèmes et des biotopes. Les règles définies étant fondées sur des valeurs et standards partagés, la régulation juridique devient un stimulant dans la relation bijective de dépendance d'interactions nécessaires à la réconciliation des sociétés et des milieux[1] ». De sa part, Duguit explique que, « le monde du droit n'est pas ce monde fermé que nous montrent certains juristes, monde séparé de la réalité, monde idéal ; c'est un monde de faits tangibles, qu'il faut expliquer et classer ; ce sont des volontés humaines qu'il faut saisir dans leurs manifestations concrètes ; c'est l'effet social qu'elles produisent ; c'est la force matérielle qu'elles mettent en jeu, qu'il faut constater et apprécier[2] ».

Le droit négocié, en tant que produit socioculturel, constitue un élément essentiel, dans l'expression des relations entre l'Homme et les écosystèmes. Il permet de passer d'une situation conflictuelle à une situation juridique où la marge de liberté des acteurs locaux est garantie, selon les droits qu'ils possèdent sur leurs territoires, dans la perspective d'assurer la coviabilité des systèmes

---

[1] KOROGONE (Eloi Mere), La négociation dans la régulation foncière-environnementale au Bénin, Thèse de doctorat, Université de Limoges, 2020, p.4.

[2] DUGUIT (Léon), L'État, le droit objectif et la loi positive, Paris, Dalloz,2003, p.19.

socioécologiques dans des espaces vulnérables[1]. Le droit négocié « est par définition un droit qui s'oppose au droit imposé ; il résulte du compromis, qui est l'art de la négociation[2] ». Dans ce cadre, il est corrélé à la régulation opposée et imposée[3] par l'État aux normes endogènes (coutumes, pratiques locales…), pour aboutir à une forme résidant entre la loi et la régulation « dans laquelle la négociation se positionne au cœur de la règle de droit[4] ». Une telle négociation ne peut s'envisager que « par la prise en compte, de façon fonctionnelle, des représentations et de l'entendement des règles et procédures des parties ayant des

---

[1]Ibid, p.5.

[2] BARRIÈRE (Olivier), « Pour l'émergence d'un droit négocié... : comment intégrer la concertation et la gouvernance dans le traitement juridique de la GRN ? » in GENIN (DIDIER) & BENCHAKROUN (Fayçal) et al., « De la parole aux gestes ... : éléments de réflexion sur les dispositifs de gestion concertée des ressources forestières et pastorales au Maroc », Montpellier, Publications de l'Institut de Recherches pour le Développement, 2007, p.47.

[3] Jean-Guy Belley affirme que « la coexistence pacifique des ordres juridiques peut résulter d'un ordre négocié plutôt qu'imposé ou, à tout le moins, que le fonctionnement d'un régime de pluralisme juridique ne repose pas exclusivement ou même principalement sur une organisation hiérarchique des juridictions. Plutôt que d'obéir à une loi constitutionnelle unitaire, les rapports de droit entre les ordres peuvent s'établir sur la base du contrat. Dans cette optique, la coexistence des ordres est possible s'il y a coordination horizontale ou conciliation contractuelle des compétences juridiques ». BELLEY (Jean-Guy). « Le contrat comme vecteur du pluralisme juridique ». Gérard, Philippe, et al. droit négocié, droit imposé ? Bruxelles : Presses de l'Université Saint-Louis, 1996. (pp. 353-391), disponible sur le site :Web.http://books.openedition.org/pusl/18828, consulté le 20/05/2021.

[4]Ibid., p. 47.

objectifs différents, voire contradictoires, pour parvenir à un accord sur ce qu'il est possible de mettre en règle[1] ».

Aussi, en reliant l'endogène au légal, le droit négocié comporte concomitamment des liens avec la régulation posée par l'État et le droit issu des normes coutumières. À ce titre, il se pose comme garant d'un accord entre les sources des normes et les dispositions juridiques à la pratique.

À ce titre, le droit marocain doit reposer, en matière de droits d'usage et de terres collectives, sur un réalisme permettant au droit positif de partir de la société, car si la société refait la loi tous les jours, la loi n'a jamais remodelé la société[2]. À cet effet, il est indispensable de dépasser la lecture étroite qui réduit le droit à une simple norme, vers la mise en œuvre d'un droit post-moderne.

---

[1]BARRIÈRE (Olivier) & FAURE (Jean-François), L'enjeu d'un droit négocié pour le Parc amazonien de Guyane, Natures Sciences Sociétés. EDP Sciences, Vol.2, N° 20, 2012, p.177.

[2] « Society re-makes the law every day, the law has never reshaped society» BARRIÈRE (Olivier) et al., « Coviability of social and ecological systems: reconnecting mankind to the biosphere in an era of global change ». Vol. 1: The foundations of a new paradigm. Cham: Springer, 2019,p.173.

Section 1 - L'apport du droit négocié en matière de gestion des conflits

Au cours de cette section, l'analyse mettra l'accent sur l'enjeu de la négociation des normes dans le droit et sur l'originalité du droit négocié et sa capacité à résoudre les conflits.

1. L'enjeu de la négociation dans le droit

Le droit négocié et la régulation juridique s'expriment singulièrement par des compromis, des chartes ou des contrats environnementaux locaux. Ces éléments ne se justifient plus dans le cadre d'une relation verticale imposée d'en haut, mais relèvent d'un droit négocié de régulation et de proximité qui se présente comme l'expression d'un droit post-moderne. Ce dernier impliquant les acteurs locaux (sédentaires, transhumants, ayants droit, collectivistes…) dans la gouvernance territoriale, la juridicité locale et la régulation locale. Aussi, cette régulation se base sur « la confrontation et l'arbitrage d'intérêts sociaux qu'il s'agit d'harmoniser : elle postule donc que ces intérêts sont à même de se faire entendre et d'intervenir dans les processus de décision ; le droit devient ainsi un droit négocié, qui est le fruit d'une délibération collective »[1]. À ce titre, le droit négocié permet de jeter les bases de toutes les politiques publiques de développement durable visant, entre autres, à préserver la biodiversité ainsi que l'identité culturelle.

Si cette notion de régulation juridique semble relever d'un concept vague et plurivoque, provenant de multiples acteurs, elle est aussi un élément de la théorie générale des systèmes selon laquelle « tout système organisé, formé d'un

---

[1]CHEVALIER (Jacques), « La régulation juridique en question », Droit et société, N° 49,2001, op.cit., p. 834.

ensemble d'éléments interdépendants et interagissant, serait en effet en permanence confronté aux facteurs de déséquilibre et d'instabilité provenant de son environnement »[1].

Au regard de l'émergence d'autres producteurs des normes de régulation, l'État n'est désormais plus l'acteur central en la matière. C'est-à-dire, l'État ne joue plus le rôle d'un acteur, mais plutôt comme un arbitre du jeu social[2]. Celui-ci négocie avec les partenaires sociaux pour produire et mettre en place des chartes ou des compromis. Un arbitre intervenant pour anticiper les crises, régler les conflits et maintenir une certaine cohésion sociale. Notre affirmation est d'autant plus fondée « dans la mesure où l'État n'est pas la seule instance de régulation sociale, et où le droit n'est pas le seul mode de régulation des comportements »[3].

À ce titre, l'adoption d'une telle gouvernance locale nécessite la définition d'un cadre juridique local, dans lequel la médiation[4] et la négociation occupent une place de choix. La négociation, ou le droit négocié, contribue concrètement à formaliser la loi à respecter par toutes les parties. Cela se fait notamment « à travers une forme

---

[1]Ibid., p. 828.

[2] CHEVALIER (Jacques), « L'État régulateur », Revue française d'administration publique, N° 111,2004, pp.473-482.

[3]CHEVALIER (Jacques), « La régulation juridique en question », Droit et société, N° 49,2001, op.cit., p. 834.

[4]La médiation, ou surtout la médiation patrimoniale commencent par l'obtention « d'un agrément sur le très long terme pour revenir du futur vers le présent. Elle repose sur l'hypothèse que le long terme n'étant pas prévisible, il est en partie décidable, et que prévoir, c'est gouverner. WEBER (Jacques) & BAILLY (Denis), "Prévoir, c'est gouverner", Natures Sciences Sociétés, N° 1, 1993, p62.

Elle est assez loin de l'approche participative classique, car elle implique une action basée sur un contrat et va au-delà des solutions consensuelles à court et moyen terme.

d'entrelacement entre une régulation imposée d'en bas (la coutume, les habitus), d'en haut (la loi) et une régulation construite dans laquelle la négociation se positionne au cœur de la règle de droit [1]», et par la mise en place de chartes territoriales, l'implication des acteurs locaux concernés et le contrôle de légalité opéré par le pouvoir central.

2. La négociation comme mode original de résolution des conflits et de prise de décision : vers un droit négocié

La négociation, en tant que mécanisme de résolution des conflits, de prise de décision et de définition des règles, représente de nos jours un enjeu social devenu légitime et quotidien. Les règles deviennent donc le produit d'une activité collective, d'une régulation commune. C'est la rencontre de deux régulations : l'une de contrôle venant de l'extérieur ou descendant du haut vers le bas, et l'autre autonome, provenant des exécutants eux-mêmes, qui s'oppose ou vient corriger la précédente[2].

La négociation apparaît dès lors comme une méthode légitime de structuration de jeux organisationnels dont l'enjeu est l'accroissement, pour chaque membre de l'organisation, d'une plus grande liberté d'action. La négociation, d'après Dupont, ne constitue-t-elle pas « une activité qui met en interaction plusieurs acteurs, qui, confrontés à la fois à des divergences et à des

---

[1]BARRIÈRE (Olivier), « Le droit sous l'emprise de la concertation et la négociation pour une gouvernance territoriale », Cahiers d'Anthropologie du droit, Paris, édition Karthala, 2008, p.307.

[2]BOURQUE (Reynald) & THUDEROZ (Christian), Sociologie de la négociation, Rennes, Presses universitaires de Rennes, collection Didact Sociologie, 2011, p.124.

interdépendances, choisissent de rechercher volontairement une solution mutuellement acceptable[1] ».

Ainsi, la négociation nous amènerait à définir un entre-deux qui ne serait ni une norme imposée par les institutions étatiques ni une norme floue mal adaptée aux évolutions sociétales, mais résulterait d'une pratique endogène. C'est-à-dire une véritable intersection entre l'acceptabilité sociale de groupes sociaux donnés et le droit positif de l'État qui « au lieu d'opposer ces systèmes ou de les contraindre à s'ignorer, la construction d'un droit concerté se définit comme un pont entre les paradigmes régulatoires [2]».

Dans de telles conditions, l'existence de désaccords ne constitue pas nécessairement un obstacle à la négociation qui, au contraire, découvre ou invente des points de convergence. Confirmant notre appréciation, Reynaud affirme que « ce qui permet l'accord dans une négociation sociale, c'est rarement la découverte, d'une solution pleinement satisfaisante, mais plus généralement la capacité de faire une anticipation commune[3] ».

Négocier avec les populations locales pour la gestion durable de régulation des droits d'usage représente donc une forte profitabilité pour l'avenir des communautés locales. Cela est plus pertinent pour le Maroc qui possède une riche expérience en gestion collective des droits d'usage. À ce titre, les Agdals constituent à leur façon une forme traditionnelle de gestion concertée de régulation des

---

[1] DUPONT (Christophe), « Les négociations commerciales », Négociations, N° 1, 2011, P.11.

[2]BARRIÈRE (Olivier) & FAURE (Jean-François), « L'enjeu d'un droit négocié pour le Parc amazonien de Guyane », Natures Sciences Sociétés, Vol.20, N° 2, 2012, op.cit., p. 177.

[3]REYNAUD (Jean-Daniel), « La régulation sociale », International Review of Community Development, Vol.25, N°121-126, 1991, p.65.

droits d'usage. Ils s'érigent ainsi en tant qu'organismes de régulation sociale de l'accès et de la gestion de la régulation des droits d'usage, à travers la production de droits d'usage, de contrôle et de sanctions. Par ailleurs, comme déjà mentionné ci-haut concernant les Agdals, les règles collectives sont négociées dans le cadre de la Jmaa. Celle-ci représente les usagers, les ayants droit, les transhumants, etc. au sein d'un territoire donné, dont la prise de décision nécessite la concertation des membres de la Jmaa.

Cette originalité s'exprime par les « différents types d'arrangements institutionnels qui peuvent être relevés en fonction du degré d'autonomie des communautés et de leur capacité à gérer en interne les conflits. Dans les Agdals de village où les conflits sont moins importants, la communauté légifère fréquemment de manière autonome sur son territoire commun, sans recours à l'écrit et à la reconnaissance légale. Mais de plus en plus souvent dans le Haut Atlas, un acte écrit mentionnant les règles collectives de l'Agdal et le nom des responsables devant la communauté (naïb, amghar…), sont déposés au siège de l'autorité locale à l'initiative des intéressés[1] ». Dès lors, ces chartes apparaissent comme un outil juridique permettant de formaliser les rapports entre les groupes sociaux et le territoire.

Le droit négocié intègre les savoirs, les coutumes et les cultures locaux. « Il s'agit bien d'un droit résolument moderne, mais 'de l'intérieur' du corps social et issu des réalités des contextes locaux[2] ». Il « retrace » aussi un cadre

---

[1]GENIN (DIDIER) & BENCHAKROUN (Fayçal) et al., « De la parole aux gestes ... : éléments de réflexion sur les dispositifs de gestion concertée des ressources forestières et pastorales au Maroc », Montpellier, Publications de l'Institut de Recherches pour le Développement, 2007, p.50

[2]Ibid., op.cit., p.50.

de régulation capable de gérer les conflits futurs et de protéger le cadre environnemental commun dont « le résultat serait une régulation co-construite conçue comme révisable et évolutive, voire souple et flexible [1] ». La régulation négociée est donc basée sur des intérêts divergents, pour aller au-delà de la seule régulation interventionniste[2].

3. Conflit comme déclencheur de la négociation

Le conflit constitue une situation qui peut être saisie pour établir des règles codifiant les relations entre les acteurs, afin de mieux définir les conditions de leur coexistence. Les chartes ou les compromis établis par ces acteurs définissent les conditions de leur coexistence, même s'ils ne partagent pas toujours les mêmes intérêts ou les mêmes valeurs. À ce titre, un conflit n'engendre pas que des aspects négatifs car, selon BOURQUE et THUDEROZ, il « n'est qu'une forme de négociation, qui est un moment difficile de la rencontre des individus et des groupes sociaux, mais il y a une continuité entre les diverses formes sociales de cette rencontre : combat et adaptation mutuelle, lutte et accord, opposition de rationalité et compromis de convivance, cette rencontre est, finalement, sous toutes ses formes, une négociation[3] ». Fisher et al. (2000) précisent, de leur part,

[1]BARRIÈRE (Olivier), « Repenser le droit de l'environnement dans une conception renouvelée du développement durable : prospective d'un "droit de la coviabilité" des systèmes sociaux et écologiques », in Blaise S. (ed.), David C. (ed.) et al., Le développement durable en Océanie : vers une éthique nouvelle ? Aix-en-Provence, Éditions PUP ; PUAM, 2015, p.234.

[2]CHEVALIER (Jacques), « La régulation juridique en question », Droit et société, N° 49,2001, op.cit., p. 846.

[3]BOURQUE (Reynald) & THUDEROZ (Christian), Sociologie de la négociation, Rennes, Presses universitaires de Rennes, collection Didact Sociologie, 2011, op.cit., p. 25.

qu'« il est plus probable que les conflits soient traités de façon créative et qu'ils se terminent de façon constructive là où les niveaux de participation sont élevés, où existent des canaux d'expression des accords, et/ou des mécanismes de traitement des désaccords et d'accès au consensus sont disponibles. Tous les secteurs de la communauté ont droit à la parole : hommes, femmes, jeunes et vieux… [1] ». Les conflits sont ainsi « un mode social de communication[2] », car ils illustrent souvent « un décalage entre les institutions et les enjeux nouveaux qui se posent aux acteurs[3] ».

En effet, la gestion et la résolution des conflits basée sur une gouvernance négociée permettent une régulation concertée au travers des normes coproduites, et non par rapport à des normes « prêtes à porter juridiquement »[4]. À ce titre, les conflits peuvent constituer un moyen essentiel de dialogue, de consentement et de co-production de normes juridiques, conciliant des intérêts divergents, voire incompatibles.

---

[1] FISHER (Roger) & URY (William) et al., Comment réussir une négociation, Paris, Éditions du Seuil, 1982, p.50.

[2] DELVILLE (Lavigne) & HOCHET (Peter) al, « Construire une gestion négociée et durable des ressources naturelles renouvelables en Afrique de l'Ouest », Paris, Éditions Agence française de développement, 2005, p.102.

[3] Ibid., p.102.

[4] « Dans le droit international, la responsabilité collective conduit au principe d'une gestion "écologiquement rationnelle" qui s'exprime dans les notions "d'utilisation durable" et "d'utilisation rationnelle" (Agenda 21, Convention sur la diversité biologique, 1992, Convention Ramsar, 1971) qui fonde le principe de gestion pour assurer une Coviabilité des systèmes sociaux et écologiques. BARRIÈRE (Olivier), Éléments d'une socioécologie juridique : le droit face à l'urgence écologique, essai d'une anthropologie juridique de l'environnement, Montpellier, Publications de l'Institut de Recherches pour le Développement, 2012, op.cit., p.80.

Section 2 - Régulation négociée mise par écrit

Dans cette section, l'analyse mettra l'accent sur l'apport et l'enjeu de la régulation locale mise par écrit et négociée entre les acteurs et de sa capacité à coproduire des normes locales.

1. Régulation concertée par le droit négocié

Comme indiqué auparavant, les parcours représentent des milieux fragiles, soumis à de fortes pressions anthropiques, notamment les mises en défens et les plantations forestières et fourragères. Ces pressions soulèvent de nombreuses questions au niveau forestier, pastoral et écologique. En effet, ces espaces enclavés méritent une attention particulière au regard de l'importance des défis écologiques, sociaux, économiques, juridiques et institutionnels.

Le droit endogène, d'origine non étatique, regroupe en partie l'ensemble des coutumes, des usages, des pratiques et des comportements locaux. Il définit aussi un véritable espace de légitimité et un droit vivant adapté aux réalités locales [1]. Ce droit peut s'ériger en tant qu'élément fondamental pour la construction d'une gouvernance locale, dont l'enjeu principal serait « de passer d'une gestion

---

[1]« Les légitimités intrinsèques aux sociétés ne se décrètent pas en se référant uniquement aux "coutumes", mais par la prise en compte des représentations sociocognitives et culturelles qui concourent au pragmatisme socioéconomique des individus et des groupes dans leur vie au quotidien ». BARRIÈRE (Olivier), Le droit sous l'emprise de la concertation et la négociation pour une gouvernance territoriale, Cahiers d'Anthropologie du droit, op.cit., p. 317.

administrée par le haut à une gestion concertée, par les acteurs concernés, des ressources agrosylvo-pastorales[1] ».

À cet égard, la constitution des chartes des territoires illustre l'exemple incontournable de la régulation négociée des droits d'usage collectifs, à travers la mise en place d'une gouvernance négociée. Celle-ci nécessite l'émergence d'un droit négocié à travers la production d'un acte fondateur de cohésion du groupe social autour d'un objectif de gestion des droits d'usage. La charte négociée exprime cette cohésion sociale, en définissant les droits et les devoirs ainsi que les rapports juridiques des membres de la communauté dans la gestion durable de leur patrimoine[2] et territoire. Ces chartes négociées constituent un droit local, assurant ainsi le lien entre les légitimités locales et la légalité nationale et le pacte écologique entre les acteurs locaux et les territoires.

La charte négociée forme donc un contrat social exprimant un consensus social. Elle vise, de ce fait, à assurer le lien avec la législation nationale. Cette dernière ne prend pas souvent en compte les besoins spécifiques sur le plan environnemental, social, économique et culturel. En effet, les priorités et les attentes des groupes sociaux concernés ainsi que tous les membres des communautés

---

[1] BARRIÈRE (Olivier), Éléments d'une socioécologie juridique : le droit face à l'urgence écologique, essai d'une anthropologie juridique de l'environnement, Montpellier, Publications de l'Institut de Recherches pour le Développement, 2012, op.cit., p.95.

[2] Le patrimoine est constitué selon la définition donnée par Ollagnon (1991) de « l'ensemble des éléments matériels et immatériels qui contribuent à maintenir et à développer l'identité et l'autonomie de son titulaire dans le temps et l'espace par adaptation en milieu évolutif .OLLAGNON (Henry), "La gestion en patrimoine commun de la qualité de l'eau dans un bassin", in Falque M., M. Massenet (dir.), Les ressources en eau, Droits de propriété, économie et environnement, Paris, Dalloz, 2000, p.229.

tribales ou ethno-lignagères confrontés à un engagement environnemental ne sont pas automatiquement considérés.

La charte négociée « intègre également les comportements répréhensibles, définis en termes d'infractions associées à des sanctions pécuniaires et/ou d'autres natures[1] ».

2. Une régulation locale mise par écrit et négociée entre acteurs

En matière de gouvernance locale, la régulation négociée peut rester orale, inscrite dans la mémoire collective, ou prendre une forme écrite. Celle-ci permet le respect de la régulation négociée, car elle constitue un moyen d'autoriser la communauté ou un groupe social de l'imposer à ses membres[2], dans la mesure où le pouvoir central effectue un contrôle de légalité. En effet, le passage de la régulation orale à l'acte écrit se justifie par la précarité des ressources convoitées. Cette mise sur papier permet de faire respecter les périodes d'ouverture et de fermeture des parcours et de fixer des sanctions et des amendes contre les violations de l'acte. Les conventions sont contresignées par

[1]GENIN (DIDIER) & BENCHAKROUN (Fayçal) et al., « De la parole aux gestes ... : éléments de réflexion sur les dispositifs de gestion concertée des ressources forestières et pastorales au Maroc », Montpellier, Publications de l'Institut de Recherches pour le Développement, 2007, op.cit., p. 48.

[2]BARRIÈRE (Olivier) & Aït HAMZA (Mohamed) et al., « Maroc : programme de recherche conjoint : gouvernance de la biodiversité pour une gestion patrimoniale de l'environnement (GOVBIO) : Rapport d'étape », Montpellier, Publications de l'Institut de Recherches pour le Développement, 2007, p.33.

les autorités étatiques, ce qui leur confère une légalité assurant la bonne application de l'acte légitime et légal[1].

La régulation implique également une nouvelle conception de l'État, par le passage d'un État producteur, assurant une gestion directe, à un État régulateur présent et chargé d'assurer un maintien global. Ainsi, la régulation « implique l'avènement d'un nouveau style d'action publique : un État ne se posant pas en acteur, mais en arbitre du jeu social ; un État renonçant à imposer ses vues, mais négociant en permanence avec les partenaires sociaux pour construire les compromis nécessaires ; un État enfin ne cherchant plus à concevoir et à impulser le changement, mais intervenant avant tout pour amortir les tensions, régler les conflits, assurer le maintien d'un équilibre d'ensemble[2] ».

La médiation et la négociation désignent toutes les stratégies non verticales de régulation des conflits en favorisant la production d'un monde commun[3]. Elles servent également à établir et à réparer des liens et des relations sociales en rupture tout en contribuant à la résolution des conflits. La négociation peut, de ce fait, être considérée comme un processus de légitimation des normes coproduites. Elle conduit donc à une nouvelle gouvernance négociée moins verticale et moins autoritaire, plus concertée et plus consensuelle à travers la participation et la responsabilisation de tout un chacun dans la résolution de

---

[1] BOURHIM (Rabiaa), « De la durabilité à la coviabilité socioécologique : vers l'invention d'un droit post-moderne dans l'espace collectif marocain », Revue Marocaine d'Administration Locale et de Développement, N° 157, Rabat, 2021, op.cit., pp.182-200.

[2] CHEVALIER (Jacques), « La régulation juridique en question », Droit et société, N° 49,2001, op.cit., p. 829.

[3] FAGET (Jacques), « Médiation et postmodernité », Négociations, N° 2, 2006, p.51.

leurs propres conflits. Elle place l'individu au cœur de toute régulation, en tant qu'acteur clé, porteur de sa propre parole et acteur de son destin.

La régulation des droits d'usage collectifs s'articule autour de l'enjeu de la coviabilité, dépassant ainsi la simple logique de durabilité vers un nouveau droit négocié. Ce dernier fait partie d'une nouvelle forme de droit, qui est le droit post-moderne. Dès lors, le droit ne se limite pas aux seuls textes rédigés par un organe législatif et un organe exécutif, car les valeurs défendues par un groupe social donné sont judiciarisées et fondées sur un impératif qui leur est commun. Les groupes sociaux organisés en communautés de sang (clans, tribus, lignages) ou de résidence (douars, villages) définissent à travers le droit les faits sociaux liés à leurs problèmes vitaux[1]. Cette vision rejette la doctrine classique selon laquelle l'État serait l'ultime producteur de la règle de droit, tout en donnant naissance à des pratiques et à des normes coutumières et judiciarisées, émanant de l'ensemble de la communauté locale, qui peuvent devenir une règle de droit.

Le droit doit refléter des enjeux socioécologiques globaux. Il est fondé sur des principes et objectifs liés à la protection de la biodiversité et à la conservation de l'environnement, ainsi qu'à la durabilité, ou plus précisément la viabilité mutuelle entre les systèmes socioécologiques ou la coviabilité. Celle-ci exprime

---

[1]BARRIÈRE (Olivier), « Pluralisme juridique et patrimonialisation : entre paradigmes de l 'appropriation' et du "patrimoine commun", in Mam Lam Fouck S. (dir.), Hidair I. (dir.) La question du patrimoine en Guyane : diversité culturelle et patrimonialisation : processus et dynamiques des constructions identitaires, Matoury (France), Ibis Rouge,2011, p.45.

l'équilibre entre les besoins des sociétés et le maintien de l'équilibre écologique[1].

Ce droit basé sur une régulation l'emporte sur la conception positiviste du droit pour « s'ouvrir sur une endogénéité juridique[2] » ainsi que sur la négociation et la participation et la promotion des capacités des acteurs clés. La finalité étant la mise en place d'un droit post-moderne, souple, flexible et négocié. Ce droit prend en considération les besoins réels des groupes sociaux sur la base de principes de concertation et de consensus autour des enjeux écologiques, contribuant ainsi à la cohésion et à la coviabilité socioécologique. Il permet aux acteurs concernés de véritablement s'approprier les droits de gestion des droits d'usage[3]. Il est certain que la participation des populations concernées et le consensus dans le cadre de la gouvernance territoriale et de la co-construction des normes, favorisent la mise en place d'un droit négocié post-moderne, au sens d'une échelle hiérarchique[4]. Ce droit est

---

[1] BARRIÈRE (Olivier), Legal aspects of the co-viability of social and ecological systems in African arid zones : a legal anthropology approach to environmental law. In : Lee C. (ed.), Schaaf T. (ed.) The future of drylands. Paris (FRA) ; Dordrecht : Unesco ; Springer, 583-597. (Man and the Biosphere Series). International Scientific Conference on Desertification and Drylands Research, Tunis (TUN), 2006, p.584

[2] BARRIÈRE (Olivier), « Introduction générale : les régulations juridiques foncières et environnementales, clefs de voûte du développement durable », in Barrière Olivier (dir.), Rochegude A. (dir.), Foncier et environnement en Afrique : des acteurs au(x) droit(s), Paris, Karthala, 2007, p.8

[3] BOURHIM (Rabiaa), « De la durabilité à la coviabilité socioécologique : vers l'invention d'un droit post-moderne dans l'espace collectif marocain », Revue Marocaine d'Administration Locale et de Développement, N° 157, Rabat, 2021, op.cit., pp.182-200.

[4] BARRIÈRE (Olivier), « Introduction : vers une autre forme de droit ? », in Foncier et environnement en Afrique : des acteurs au(x) droit(s). Paris, Karthala, 2008, p.307.

en complète harmonie avec le principe : penser localement pour agir globalement.

La régulation est considérée comme une fonction essentielle du droit, car celui-ci est conçu comme un moyen de régulation des conduites sociales. Le droit de la régulation apparaît ainsi comme un autre droit sans rapport avec le droit classique. Succédant au droit général, abstrait et désincarné, il se caractérise par son adaptation au contexte sociétal et au réel et par sa proximité des acteurs.

Ce droit illustre l'expression d'un droit post-moderne souple, flexible, réflexif et pragmatique, car il s'articule autour d'un objectif d'efficacité[1]. Sa réussite passe par la concertation, la négociation entre les différents acteurs, ainsi que par la contractualisation de l'action publique[2]. Il est coproduit par les acteurs multiples concernés. Ainsi, ce droit négocié basé sur l'arbitrage résulte d'une délibération collective. Le droit de la régulation assure le passage d'un droit monologique basé sur la génération des normes à un droit dialogique fondé sur le principe de l'intransitivité[3].

Si la régulation peut être orale et instaurée dans la mémoire collective du groupe social, elle peut aussi se manifester par des actes légitimes, écrits par le groupe social et imposés à tous les membres. Ces actes écrits, dont le contrôle de la légalité est assuré par le pouvoir central, garantissent le respect du droit local, des modes d'accès et de gestion rationnelle de la régulation des droits d'usage communs. Ces actes sont aussi pris en considération par l'Administration et le système judiciaire, car ils sont établis

---

[1] CHEVALIER (Jacques), « La régulation juridique en question », Droit et société, N° 49,2001, op.cit., p. 834.

[2]Ibid., p. 834.

[3]Ibid., p. 835.

et validés par le groupe social et légalisés par le pouvoir central.

L'ensemble de ces actes représente un moyen de responsabiliser les acteurs d'un territoire à travers le contrôle social des comportements et des pratiques. L'objectif n'étant pas la sanction en soi, mais plutôt la prescription de la conduite sociale par la précision des pratiques à éviter ou à respecter. La régulation ne se fait pas en mode mécanique ou formaliste, mais en mode constructif ou négocié.

Ce défi de la négociation juridique reflète l'acceptation sociale à travers la formalisation d'un droit local, à travers des chartes de territoires, car « Le droit négocié est porteur d'une juridicité environnementale située à l'intersection des lois et règlements et du droit issu des coutumes et des représentations [1] ». Ainsi, la mise en place d'une gouvernance concertée ou négociée nécessite l'émergence d'un droit négocié via des chartes territoriales exprimant la cohésion du groupe social concerné autour d'un objectif commun.

Ce droit définit au sein d'un espace de régulation, un syncrétisme de valeurs et de modèles de comportements d'« être » et de « devoir-être » concertés entre acteurs locaux, régionaux et nationaux. Il s'inscrit dans une perspective interculturelle, légitime aux yeux de la

---

[1]BARRIÈRE (Olivier), « Repenser le droit de l'environnement dans une conception renouvelée du développement durable : prospective d'un "droit de la coviabilité" des systèmes sociaux et écologiques », in Blaise S., David C. et al. (ed.), Le développement durable en Océanie : vers une éthique nouvelle ? Aix-en-Provence, Éditions PUP ; PUAM, 2015, p.240.

communauté et de la nation. Ce droit forgé par la négociation assure le lien entre la régulation endogène basée sur des normes endogènes et le droit positif, pour aboutir à une nouvelle régulation co-construite concertée, légitime, légale et imposée.

Chapitre 3 - Une gouvernance locale négociée : la charte de territoire

D'après l'analyse précédente, retenons le fait qu'il y a, d'une part, un droit positif qui émane du pouvoir législateur et, de l'autre part, un droit endogène issu de la culture et de savoirs locaux des collectivités tribales, ethniques ou groupes sociaux, qui regroupe toutes les connaissances, coutumes et pratiques locales. Ce droit endogène situé hors du champ de la légalité formelle illustre un véritable espace de légitimité. Il constitue un droit vivant, légitime aux regards des membres des collectivités, adapté aux réalités locales et compatible avec le cadre socioécologique du territoire des groupes sociaux.

Dans un tel contexte, un droit effectif, légitime et opérationnel s'avèrera plus judicieux qu'un texte imposé par l'État, pour responsabiliser les acteurs de la gestion environnementale dans une logique de pluralisme juridique à travers une charte négociée. Par définition, une charte représente « un document écrit qui définit solennellement des droits et des devoirs. Ce document fonde des rapports juridiques durables dont il en constitue la base[1] ». Il peut s'agir aussi d'une convention établie par les acteurs locaux fixant les modalités de partage, de gestion et de régulation des droits d'usage. C'est aussi un cadre normatif locale générateur de liens entre les légitimités locales et la légalité nationale. Elle constitue également un « pacte écologique[2] » durable assurant la coviabilité des systèmes socioécologiques d'un territoire.

La charte permet dès lors de poser un droit « d'ingérence écologique collective sur les activités et les pratiques

[1]Ibid., p.318.

[2]Ibid., p.325.

individuelles et personnelles sur la base du principe d'intérêt général de la tribu[1] ». Dans une telle perspective, elle est le fruit d'une concertation sociale et le fondement d'une régulation négociée, localement légitime. Cette régulation instaure les savoirs, les pratiques et la reconnaissance des droits des populations locales en vue d'un engagement et d'une responsabilité collective. Elle associe les normes locales conciliant ainsi les intérêts divergents des acteurs locaux et les contraintes de la durabilité des droits d'usage.

L'acte écrit contresigné par le pouvoir central lui confère un pouvoir d'exécution par la mise en place de sanctions pécuniaires contre toutes les formes de non-respect ou de violation du droit local. Nous avons pu observer combien les relations tribales ou familiales au sein des communautés ethniques ou des groupes sociaux organisés en communautés de sang (clans, tribus, lignages) ou de résidence (douars, villages) rendaient l'application des sanctions délicate. Cette observation justifie d'autant plus le fait de la validation par le pouvoir central de l'acte et le recours des membres de la communauté à des institutions extérieures pour la mise en œuvre des termes de l'acte ou de l'accord. Ainsi, ces accords expriment la possibilité d'un lien entre les légitimités locales et la légalité nationale à travers la formulation d'un droit négocié formant un droit communautaire ou local.

L'acte écrit est de ce fait un élément essentiel d'une régulation basée sur le droit négocié, car une régulation basée sur l'oralité ne constitue qu'une gouvernance locale inachevée.

---

[1] Ibid., p.328.

Section 1 - Vers un droit endogène légalisé

Au cours de cette section, l'analyse focalisera sur les chartes négociées décrivant un droit local endogène et légalisé.

1. De l'élaboration à la mise en œuvre d'une charte négociée : l'exemple d'un droit endogène légalisé

La Transhumance, dans un espace vulnérable et les contraintes de l'amélioration pastorale, de la gestion des droits d'usage, de la complexité de la nature juridique des terres collectives et forestières, de la multiplicité des acteurs et de l'ambiguïté du concept des « ayants droit », nécessite une régulation d'accès, d'exploitation, de gestion et de régulation des droits d'usage. Cela est en ligne avec les conventions internationales sur la biodiversité qui insistent sur le rôle incontournable des populations locales, des transhumants et des sédentaires dans le cadre de la gestion durable de la régulation des droits d'usage renouvelables.

Dans ce contexte, l'élaboration d'une charte nécessite l'implication et le dialogue entre les principaux acteurs locaux (sédentaires, transhumants), leurs représentants, les élus locaux des communes concernées et l'autorité de tutelle, en vue de fixer les modalités de gestion, d'accès et de régulation des droits d'usage renouvelables sur un territoire commun. De ce fait, la charte résulte de l'interaction entre le droit positif de l'État et le droit communautaire endogène par la négociation. Le droit négocié constitue un cadre réglementaire horizontal susceptible de répondre aux défis socioécologiques des territoires vulnérables à travers l'implication et la responsabilisation des acteurs locaux dans la perspective d'une régulation des droits d'usage négociés et durables.

Il s'agit là de la loi locale des membres de la communauté ou du groupe social ayant une valeur juridique et justiciable. La charte est basée sur la concertation, la négociation et la co-production de normes légitimes, dont la généralisation est de nature à assurer la durabilité, voire la coviabilité, des systèmes socioécologiques face aux changements globaux.

À l'époque coloniale, le colonisateur avait déjà élaboré des chartes de la Transhumance et des droits d'usage. A ce titre , il est important de noter que, contrairement aux exemples des chartes imposées par le colonisateur, les chartes sont représentatives de chartes négociées légitimes issues de la volonté des tribus. Elles visent à responsabiliser tous les acteurs du territoire à travers le contrôle social des pratiques et des comportements. L'objectif n'étant pas la mise en place d'un système de sanctions, mais plutôt l'énumération des actes à éviter et à respecter. Ces chartes négociées établissent un système de rémunération au profit des responsables du contrôle du territoire, qu'il s'agisse d'Agdal[1], de parcours ou de territoire tribal.

Ici, la régulation communautaire se justifie par la contrainte d'un droit d'accès non conflictuel au profit des sédentaires et des transhumants, des collectivistes et des étrangers, des ayants droit et autres, dans le but d'établir un équilibre écologique au sein du territoire collectif.

---

[1]L'institution de la pratique de l'Agdal est conditionnée par l'existence de ressources pastorales à contrôler et à protéger pendant une période spécifique afin d'éviter tout conflit pouvant survenir entre les différents acteurs du territoire. Cette pratique constitue une école d'écogestion mettant en place une régulation communautaire concertée et acceptée par tous les acteurs clés du territoire. Il s'agit également d'un régime juridique permettant à la collectivité ethnique ou à un groupe social donné de contrôler l'accès, la gestion et l'exploitation des ressources sylvo-pastorales renouvelables sur le territoire.

Remarquons aussi que ces chartes négociées écrites et contresignées par l'autorité étatique sont dotées d'une légalité indispensable à sa mise en application, qui légitime le recours à la collectivité ethnique ou au groupe social, aux institutions externes, ou à la tribu pour faire respecter l'application des règles écrites.

Ces chartes négociées démontrent la possibilité de construire un lien entre les légitimités locales et la légalité nationale à travers un droit négocié établissant un système de sanctions pécuniaires. Ce système montre que ces communautés avaient pu établir leur droit démocratique local validé de l'extérieur. Ces chartes se situent ainsi dans une pluralité de juridicités, tout en démontrant le passage de l'oralité à l'écrit. Cette forme écrite peut aller plus loin en termes de régulation et de gouvernance locale de la régulation des droits d'usage. Ainsi, ces chartes négociées illustrent le passage entre la légitimité locale et la légalité nationale en mettant en place les piliers de la gouvernance négociée des ressources et des conflits.

Dans ce même ordre d'idées, le passage d'une régulation orale à une formulation écrite s'avère crucial, notamment au regard de la vulnérabilité des milieux et de la régulation des droits d'usage. Ainsi, seront fixées les périodes d'ouverture et de fermeture des parcours et des Agdals dont les objectifs consistent à préserver la végétation et de garantir un équilibre écologique. Cette formulation écrite permet aussi de fixer et de déterminer les actes interdits ainsi que d'instaurer un système de sanctions d'ordre pécuniaires. L'énumération des sanctions liées à la violation de la période de mise en défens par le pâturage, l'intrusion de troupeaux étrangers, la détérioration du couvert végétal par coup ou par le feu témoignent d'une prise de conscience écologique établissant une coviabilité entre les systèmes sociaux et les systèmes écologiques.

Dans ce même ordre d'idées, précisons que la mise en place d'une charte négociée du territoire nécessite en premier lieu de collecter des informations relatives au territoire donné, utiles à sa conception, et d'impliquer tous les acteurs locaux concernés avant d'élaborer un texte concis et négocié. Ce texte, qui comprend aussi des mécanismes de contrôle et de suivi, sera adopté par délibération par les représentants des acteurs (Jmaa, Association ethno lignagères, coopératives, collectivités territoriales, autorité de tutelle, Eaux et Forêts…).

La négociation des normes endogènes et positives, la co-construction des chartes constituent une loi locale assurent la connexion entre les légitimités locales et la légalité nationale, et expriment un pacte écologique entre les acteurs locaux et leur cadre de vie tout en contribuant à la mise en place d'une coviabilité des systèmes socio-écologiques.

L'objectif est de créer un sentiment de confiance et de concertation, autour d'un objectif commun, ainsi que de garantir les droits des ayants droit et de tous les usagers des territoires concernés. À ce titre, il importe de concilier les intérêts de la collectivité, et ceux des particuliers, dans une perspective de durabilité tout en résolvant les conflits liés aux droits d'usage renouvelables sur ces territoires.

Dans cette perspective, les populations locales, conformément à la stratégie mondiale de conservation, devraient être placées dès le départ, au centre des programmes de conservation de la nature. Elles doivent pouvoir mobiliser leurs propres capacités et être de véritables acteurs sociaux, plutôt que des sujets passifs, pour mieux gérer les ressources naturelles et prendre des décisions adéquates pour surveiller et contrôler leurs écosystèmes. Aucune stratégie de conservation ne peut réussir sans leur participation et leur adhésion, car elles font aussi partie intégrante de l'écosystème.

Dans ces conditions, l'élaboration d'une charte nécessite des négociations du pouvoir traditionnel (Jmaa, Naib, Chikh, Amghar…) avec les représentants des collectivités territoriales et l'autorité locale, afin de poser les édifices d'un droit d'ingérence écologique collectif dont la finalité sera de préserver l'intérêt général de la tribu ou du groupe social. À ce titre, la mise en œuvre des chartes négociées nécessite un accompagnement et un suivi, afin de garantir une adaptation progressive et durable. La charte négociée possédant dès lors une valeur juridique et légale peut être invoquée en justice et prise en considération par l'administration.

De ce fait, la bonne gouvernance territoriale repose essentiellement sur le degré de force et de pouvoir des institutions responsables de la gestion et du contrôle de la régulation des droits d'usage. La gouvernance n'est donc pas synonyme de capacité de gestion, de suivi et de contrôle, mais aussi de renforcement des relations communicationnelles entre l'État et les populations.

La réussite des systèmes de gouvernance, de la régulation des droits d'usage et la résolution des problèmes liés à l'insécurité foncière dans les zones arides nécessitent que les responsabilités soient décentralisées au niveau local. La gestion et la gouvernance de la régulation des droits d'usage doivent être basées sur les connaissances et les institutions des communautés locales et le soutien des stratégies de développement local.

La gouvernance environnementale fait référence à ceux qui prennent et mettent en œuvre des décisions concernant la gestion et l'utilisation des ressources. Cela implique que ces différents niveaux de contrôle soient participatifs, transparents, équitables et responsables. Une telle gouvernance se base aussi sur le principe de subsidiarité qui permet au niveau décisionnel le plus bas possible d'intervenir dans la décision et la gestion.

Le succès de la bonne gouvernance de la régulation des droits d'usage impose d'identifier tous les acteurs et les cteurs locaux concernés, de privilégier la communication, le dialogue et la négociation, et aussi de s'assurer que les décisions ont bien été prises sur la base de la concertation et du consentement. La gouvernance territoriale ne peut réussir sans prendre en considération toutes les dimensions et les enjeux environnementaux.

L'interaction entre les normes endogènes et positives déclenche la coviabilité dans ces espaces arides. Dans cette perspective, les normes coutumières permettent aux populations traditionnelles de conclure des pactes[1] et des accords avec les tribus dans un esprit de gestion équilibrée.

L'interconnexion de normes endogènes et positives donne naissance à un système juridique imbriqué. Dans ce cadre, le droit marocain doit introduire la négociation dans la régulation des droits des usagers à travers un droit négocié dont les valeurs sont concertées entre les différents acteurs locaux et nationaux ; droit légitime aux yeux de la communauté locale et de la nation. Cette négociation du droit permet de dépasser la procédure classique de la création de normes, en partant du bas vers le haut (Bottom-up approach), en permettant aux différents acteurs de

---

[1]Au terme de processus conflictuels et parfois violents, les tribus Azrou ont établi des pactes pastoraux prévoyant les règles d'utilisation des pâturages et les sanctions à l'encontre des contrevenants, illustrant ainsi un exemple d'autonomie tribale dans l'élaboration de normes et leur mise en PASCON (Paul), Études rurales : idées et enquêtes sur la campagne marocaine, Rabat, Éditions des Société marocaine des éditeurs réunis, 1980, op.cit., p.23.

participer au développement de leur territoire en fonction de leurs valeurs locales.

Section 2 - De la coviabilité socioécologique au droit post-moderne

L'étude met l'accent sur la capacité du droit local à renforcer la coviabilité vers la mise en place du droit post-moderne.

1. Le droit local comme facteur de coviabilité socioécologique

Le droit est un produit de la société. Il régit les relations entre les individus, les groupes sociaux et les institutions. Ses prérogatives sont générales, abstraites et exécutoires. Selon Montesquieu, le droit dépend des interdépendances des populations, de l'environnement et de l'histoire[1]. Il constitue aussi une réponse à un besoin d'organisation formelle de la société.

Le droit évolue aussi en fonction de la société et de son système politique. Cette évolution résulte de facteurs endogènes et/ou exogènes. À cet effet, inventer un nouveau droit légitimé[2] par les acteurs locaux et légalisé par le pouvoir central – au-delà d'une simple redéfinition d'un droit endogène et d'une revendication d'un retour à la

---

[1] OTT-DUCLAUX-MONTEIL (Cécile), Exploitation forestière et droits des populations en Afrique centrale, Paris, L'Harmattan,2013, p.40

[2]« La légitimation est la procédure par laquelle un agrément entre un nombre donné de personnes est accepté comme engageant l'ensemble des acteurs, présents et absents ». CHAUVEAU (Jean-Pierre), « La logique des systèmes coutumiers », in Lavigne Delville P. (dir.) Quelles politiques foncières pour l'Afrique rurale ? : réconcilier pratiques, légitimité et légalité, Paris, Karthala, 1998, pp. 66-75.

tradition – assure la coviabilité des systèmes socioécologiques et des modes d'usage et de régulation des droits d'usage.

Cette notion de « coviabilité » a été traitée pour la première fois dans une publication par Paul Bourgine se référant à la notion de viabilité. Cet auteur précise que « l'autonomie d'un système n'est autre que sa capacité à maintenir, au moyen de ses processus auto-organisateurs, sa viabilité dans des environnements variés et changeants ». La viabilité est, en même temps, une coviabilité qui dépend des interactions avec d'autres systèmes[1].

Par ailleurs, la viabilité dépasse donc la notion de « développement durable » dans la mesure où elle combine des impératifs socioécologiques et le changement climatique sur un territoire donné. De ce fait, nous estimons donc que « la viabilité peut être définie comme la capacité de reproduction, à diverses échelles de temps, des principaux éléments qui les constituent et des fonctionnalités qui les structurent. Ces éléments sont les ressources exploitées, les écosystèmes qui les accueillent, les éléments économiques (unités de production, structures de commercialisation et marchés), techniques (technologie, savoir-faire), et de nature sociale (communautés de pêcheurs, familles, organisations communautaires et professionnelles) »[2].

La coviabilité se présente donc comme un modèle conceptuel de systèmes socioécologiques visant à définir une gestion pertinente des droits d'usage collectifs

---

[1] ROCHEGUDE (Alain), L'intégration du droit dans la dialectique sociétés-écosystèmes, le droit d'une « socio-écologie ». In : Barrière Olivier (dir.), Rochegude A. (dir.) Foncier et environnement en Afrique : des acteurs au(x) droit(s)., op.cit., p. 220.

[2] LE FUR (JEAN) &, CURY(PHILIPPE) et al., « Coviabilité des systèmes halieutiques », Natures Sciences Sociétés, N° 7, 1999, p.20

forestiers, tout en établissant un enrichissement mutuel des différentes connaissances et perceptions. Elle assure aussi la viabilité liée à deux types de performances : la production et la conservation[1].

La coviabilité peut aussi être définie comme « la conciliation entre l'Homme et la biosphère [2] » avec l'interdépendance du culturel et du naturel, des systèmes sociaux et des écosystèmes. Elle constitue de ce fait un équilibre entre les besoins des sociétés et les impératifs écologiques. La durabilité des systèmes socioécologiques est ainsi conditionnée par la régulation de la viabilité, dans la mesure où la régulation peut être considérée comme un facteur de la coviabilité. Dans ce cadre, l'interdépendance de la viabilité entre les systèmes sociaux et écologiques entraîne la coviabilité.

Dans cette perspective, la viabilité de tout système dépend de sa capacité à s'autoproduire. Cette autoproduction étant subordonnée à son tour à des relations de coproduction et de co-développement. De ce fait, la viabilité des systèmes socioécologique se rapporte à l'état écologique du milieu et à l'état de l'accessibilité des ressources. C'est-à-dire, la relation existante entre le niveau de la ressource et celui de la biodiversité, car

---

[1]RODOLPH (Sabatier) & GRENE (Patricia) et al., « Un modèle de Coviabilité pâturage – oiseaux prairiaux en marais », in INRA Magazine. Recherches et Innovations : Exploiter l'herbe en gérant la biodiversité, un modèle de coviabilité pâturage-oiseaux des marais, Paris, 2010, p.5

[2]BARRIÈRE (Olivier), Legal aspects of the co-viability of social and ecological systems in African arid zones : a legal anthropology approach to environmental law. In : Lee C. (ed.), Schaaf T. (ed.) The future of drylands. Paris (FRA) ; Dordrecht : Unesco ; Springer, 583-597. (Man and the Biosphere Series). International Scientific Conference on Desertification and Drylands Research, Tunis (TUN), 2006, p.584

l'interdépendance des viabilités des systèmes socioécologique produit la coviabilité. Cette dernière peut, dès lors, être envisagée comme étant un équilibre « entre les besoins des sociétés pour leur reproduction et le maintien des processus écologiques, biotiques et abiotiques, et de ses composants (biotopes et biocénose). En quelque sorte, la Coviabilité définit l'union des mondes culturels (les systèmes sociaux) et naturels (les écosystèmes)[1] ».

La régulation concertée participe d'un processus complexe et interdépendant, qui ne se limite pas à une simple application d'approches participatives standardisées, dont le résultat serait souvent de proposer les mêmes solutions au prétexte d'avoir été débattues avec les populations locales. Il s'agit de l'élaboration des mécanismes d'une régulation concertée et moins normative relevant de la participation des vrais acteurs locaux concernés sur la base de conventions, de compromis, de chartes… établis par des acteurs légitimes aux yeux de la communauté et de la nation.

La coviabilité dépend du système de rapports entre les acteurs, de leurs stratégies, de leur mode de gestion, de l'accès et de l'exploitation des ressources. Néanmoins, l'implication et la responsabilisation des acteurs clés constituent certainement la pierre angulaire de la coproduction du droit local négocié et légalisé. Le lien entre le local, le national[2] et l'international permet de poser les

---

[1] BARRIÈRE (Olivier), L'intégration du droit dans la dialectique sociétés-écosystèmes, le droit d'une « socio-écologie ». In : Barrière Olivier (dir.), Rochegude A. (dir.) Foncier et environnement en Afrique : des acteurs au(x) droit(s). Paris (FRA) ; Paris : Karthala ; Laboratoire d'Anthropologie Juridique, 2007, p.41.

[2]On peut citer l'exemple de la réforme malgache, qui a permis un lien entre le national et le local, entre le légal et le légitime, à travers la reconnaissance d'un droit. COLIN (Jean-Philippe) & LE MEUR (Pierre-Yves) et al., « Introduction : identifier les droits et dicter le

piliers d'une gouvernance locale participative et fonctionnelle.

La coviabilité passe également par l'adoption de la démocratie participative, l'écoute des citoyens, la concertation et la co-construction de normes. Ces approches facilitent la prise de décision consensuelle rassemblant des acteurs aux logiques conflictuelles autour d'une gestion patrimoniale collective et négociée.

Barrière et al. ont défini la coviabilité comme, « une propriété de dépendance interactive entre les humains et les non humains réunis dans une relation qui est contenue par des régulations et des contraintes [...] cette relation établit un lien de viabilité soumis à un seuil d'intégration du système complexe humain/non humain déterminant les limites de l'élasticité de la coviabilité, dont la réalisation demeure la coévolution dans un système socioécologique intégré[1] ».

De ce fait, notre conception juridique de la question des droits d'usage repose sur un nouveau paradigme davantage basé sur la communauté que sur l'individu. Un paradigme qui réconcilierait les générations présentes et futures et affermirait leur relation à la biosphère dont elles font partie et qui leur appartient.

Pour établir la coviabilité socioécologique, le droit doit prendre en compte les pratiques et les valeurs locales, les usages, les coutumes, afin d'assurer l'effectivité du droit

droit : la politique des programmes de formalisation des droits fonciers », in Colin Jean-Philippe (dir.), Le Meur Pierre-Yves (dir.), et al., Les politiques d'enregistrement des droits fonciers : du cadre légal aux pratiques locales, Paris, Karthala, 2009, p.28.

[1] BARRIÈRE (Olivier) et al., Coviability of social and ecological systems: reconnecting mankind to the biosphere in an era of global change . Vol.1: The foundations of a new paradigm. Cham: Springer, 2019, p.712.

étatique et de le replacer dans son contexte socioculturel et de faire ressortir l'endogénéité du droit de l'oralité au formalisme. Bien entendu, la réalisation de cet enjeu dépend de la capacité de l'État à faire le lien entre l'endogénéité juridique et le positivisme du droit.

Le schéma suivant décrit comment la négociation de normes juridiques positives et endogènes, fondées sur des valeurs locales, permet l'aboutissement au droit négocié. Il présente l'interaction de l'endogénéité et du positivisme, de la légitimité locale et de la légalité nationale, aboutissant ainsi à la naissance du droit négocié.

La construction du droit négocié passe par la circonscription d'espaces de légitimité locale et de légalité nationale, fondée sur des normes juridiques endogènes et les exigences de l'État de droit. L'objectif attendu est de parvenir à un consensus sur les normes et l'acceptation sociale à la suite d'un processus de dialogue et de concertation.

Ce droit est le résultat de l'interaction des valeurs locales, des pratiques, des coutumes, des lois et règlements, de la jurisprudence et aussi des instruments juridiques internationaux.

Dans la législation marocaine, la négociation et la régulation sont deux notions quasi-absentes. Cela est plus pertinent pour la législation nationale sur les terres collectives ou les forêts. La négociation n'est mentionnée que dans le contexte du droit du travail en ce qui concerne la négociation collective. En effet, les lacunes qui caractérisent le droit positif en matière de droits fonciers collectifs et d'usage nous poussent à proposer une réponse juridique qui lie l'endogénéité au droit positif pour parvenir à un droit négocié. Cela nécessite de revisiter le processus de construction classique du droit dans le but de défendre l'intérêt écologique, en tenant compte l'urgence écologique.

Dans ce contexte, la jonction de la légalité nationale avec l'endogénéité juridique constitue une alternative pour l'avènement d'un droit négocié au sens post-moderne. La prise en charge de l'endogénéité juridique « peut également, permettre d'établir un lien de causalité entre le droit commun qui en est issu et l'assurance de la coviabilité socioécologique. Pour donner sens à la coviabilité socioécologique, le lien à établir entre la légalité et les légitimités locales dépendra, du sens de direction de la régulation juridique. Ce lien de jonction est à la fois juridique et institutionnel. Il combine, dans une relation bijective, les normes internationales, nationales et l'endogénéité juridique où s'opèrent des échanges réciproques de valeurs et de standards[1] ».

La régulation juridique par le droit négocié permet de responsabiliser les acteurs les plus proches des ressources naturelles et du territoire ; quant à l'État, il peut, dans le cadre du principe de subsidiarité, céder certaines prérogatives au profit des acteurs concernés dans le but de démocratiser la gestion des ressources et la participation collective à la résolution des conflits. La régulation juridique dans cette recherche va au-delà de la simple implication des acteurs concernés dans la gestion et la régulation du foncier collectif et des droits d'usage, vers une autre vision de la défense de l'intérêt écologique sur la base d'un droit co-construit qui est à la fois légitime et légal.

2. De la coviabilité des systèmes socioécologiques : vers un nouveau droit post-moderne

Traditionnellement, le droit se caractérise par une pluralité juridique, juxtaposée et enchevêtrée. Avec

[1] KOROGONE (Eloi Mere), La négociation dans la régulation foncière-environnementale au Bénin, Thèse de doctorat, Université de Limoges, 2020, p.307.

l'avènement de l'État-nation, le pouvoir s'est concentré entre ses mains, devenu ainsi le seul producteur de la norme juridique qui impose sa suprématie à l'ensemble de la communauté[1]. Ce droit moderne se base essentiellement, depuis l'ère des lumières, sur des critères – tels que la raison, la généralité et la stabilité – qui semblent avoir été perdus[2].

Le droit résulte, en effet, de l'expression de la volonté générale, mais il « peut être considéré, non plus comme le garant nécessaire du progrès, mais aussi comme un frein et un obstacle, entravant le dynamisme de l'économie et de la société, voire comme un instrument d'intervention dans les rapports sociaux immoral et injuste[3] ».

Le droit positif marocain est basé sur une conception moniste grâce à laquelle l'État serait le seul producteur de la norme et le détenteur d'une force normative intrinsèque contraignante. Or, la puissance de la règle de droit ne devrait-elle pas « parvenir du consensus dont elle est entourée[4] », et d'une participation, d'une concertation et d'une négociation dont elle serait le produit légitime coproduit d'une délibération collective. L'évolution et la complexité du monde actuel ont influencé la sphère juridique, ce qui nécessite par conséquence de repenser et de redéfinir la nature de la norme juridique ainsi que sa place, sa légitimité et son efficacité face aux changements globaux.

Autrement dit, le droit positif est basé sur une conception moniste selon laquelle l'État est conçu comme le seul centre de normativité juridique et le seul ordre juridique. Les

---

[1] CHEVALIER (Jacques), « Vers un droit post-moderne ? Les transformations de la régulation juridique », Revue du droit public et de la science politique en France et à l'étranger, N° 3, 1998, p.829

[2]Ibid., p. 829.

[3]Ibid., p. 829.

[4]Ibid., p. 829.

normes juridiques formant le droit moderne ne prennent pas toujours en considération sa pleine réalité. À cet effet, le droit aujourd'hui ne doit plus être moniste, mais pluriel.

Aujourd'hui, le droit est le résultat de multiples acteurs, soit au niveau supra-étatique (ONG) ou au niveau sous-étatique par l'autorégulation de groupes sociaux organisés en « communautés de sang » (clans, tribus, lignages) ou de résidence (douars, villages) à travers la négociation collective.

L'enjeu implique donc de restaurer la confiance dans le droit en améliorant la qualité des textes, mais aussi de le soumettre à un processus d'évaluation afin de restaurer sa légitimité et sa pertinence. Le droit ne saurait être limité à des textes adoptés par l'organe législatif ou exécutif. À ce titre, il doit englober toutes les dimensions et les valeurs qui entourent la réalité. Il doit combiner deux perspectives énoncées, celles d'en haut et celles vécues d'en bas.

Le droit selon le système rationnel demeure la norme établie par une institution. Cependant, pour le système empirique, le droit est, d'une part, intrinsèque à l'individu et, d'autre part, émane d'un groupe[1]. Dans ce même ordre d'idées, les systèmes collectifs de propriété foncière au Maroc sont pluralistes, car ils sont basés sur le droit musulman, le droit positif précolonial et postcolonial ainsi

---

[1] BARRIÈRE (Olivier), « Pluralisme juridique et patrimonialisation : entre paradigmes de l 'appropriation' et du "patrimoine commun", in Mam Lam Fouck S. (dir.), Hidair I. (dir.) La question du patrimoine en Guyane : diversité culturelle et patrimonialisation : processus et dynamiques des constructions identitaires, Matoury (France), Ibis Rouge, 2011, op.cit., pp. 44-75.

que la coutume. Ce sont en effet des systèmes pluralistes complexes[1].

À cet effet, la production du droit constitue un défi majeur dans les territoires collectifs qui se caractérisent par une grande diversité culturelle et ethnique et un pluralisme juridique complexe de régimes fonciers coexistant et se chevauchant parfois.

Aussi, face aux défis démographiques, ainsi qu'aux contraintes de la régulation des droits d'usage, la fonction du droit positif se métamorphose. Mais dans une situation de pluralités juridiques, chaque norme évolue dans sa propre sphère, ce qui rend parfois la conformité de la norme positive légale avec d'autres normes problématiques.

Dès lors, l'objectif n'est certainement pas la négation de la norme positive, mais plutôt de trouver des ponts qui ne conduisent pas au syncrétisme. S'inscrivant dans cette perspective, De Béchillon explique que « l'époque de la souveraineté législative est révolue, la part autonome de la loi dans la construction du droit se rétrécit quotidiennement [2] ». Ainsi, la pluralité juridique constituerait une réalité qui s'impose, devant être reconnue comme un fait original capable de mettre en œuvre une régulation juridique concertée, négociée et non imposée.

Parallèlement, la crise du droit positif marocain doit amorcer la transition vers un nouveau droit post-moderne flexible sensible à complexité de la réalité et dont les normes sont flexibles en fonction du pluralisme, de la régulation, de la concertation, de la négociation, du

---

[1] BERQUE (Jacques), « Droit des terres et intégration sociale au Maghreb », Cahiers internationaux de sociologie, N° 25, Paris, 1958, pp. 38-74.

[2]DE BECHILLON (Denys), qu'est-ce qu'une règle de droit ?, Paris, Éditions Odile Jacob, 1997, p.26.

compromis et de la participation. La transition du droit moderne vers le droit post-moderne n'implique pas une substitution, mais au contraire, une coexistence, dans la quête d'une plus grande efficacité et de légitimité de la norme juridique.

La règle de droit reste confrontée à des problèmes liés aux principes de légitimité, de rationalité et d'efficacité. Aussi, est-il est urgent de rechercher de nouveaux paradigmes post-modernes qui puissent établir une rupture épistémologique entre la règle dite de droit et la complexité du réel qui l'entoure, dans la perspective d'une légitimation et d'une démocratisation du droit. Dans cette perspective, le droit post-moderne serait à même d'assurer le passage vers une norme juridique relative, plus accessible, démocratisée, et donc vers une réflexion dans laquelle la souveraineté de l'État serait refondée dans des ordres sociaux de plus en plus fragmentés[1].

Certains auteurs ont contesté la conception moderne de la règle de droit. À ce propos, Santos[2] précise que le droit post-moderne constitue la promesse d'une démocratisation politique et sociale. Pour d'autres chercheurs, l'État éprouve de nombreuses difficultés en termes de régulation, et la règle de droit elle-même souffre d'une crise de

---

[1]MAISANI (Pauline) & WIENER (Florence), « Réflexions autour de la conception post-moderne du droit », Droit et société, N° 27, 1994, pp.443-464.

[2]«… La disparition progressive de l'aura symbolique du droit va créer un vide dans notre imaginaire social. Après un siècle de réformisme juridique par petites touches, il est cependant impossible de remplir ce vide en usant du vieux concept de révolution sociale à grande échelle. Une révolution sociale post-réformiste ne peut être qu'un réseau de micro-révolutions, opérées localement, au sein des communautés politiques, où qu'elles soient créées. », SANTOS (Bonaventura de Sousa), « La transition post-moderne : droit et politique », Revue interdisciplinaire d'études juridiques, N° 1, Vol.24, 1990, p.116.

rationalité et de légitimité qui s'illustre par son incapacité à rendre compte de la réalité[1].

Le droit post-moderne est également basé sur le principe de la pluralité juridique, la coexistence de différents ordres juridiques, la négociation et la participation des acteurs intéressés. Le but serait de rendre la règle de droit plus inclusive, assurant ainsi la mise en place d'un droit souple, pluriel et légitime, et une régulation sociojuridique par le bas. Dans ces sens, associer la question du droit aux exigences de la coviabilité, de la protection de la biodiversité et de la rationalisation de la régulation des droits d'usage nécessite une certaine marge de manœuvre pour les acteurs clés et une capacité de co-production de normes conjuguant légalité nationale et légitimités locales.

De ce fait, la production du droit doit s'appuyer sur la pluralité juridique, en tenant compte des normes officielles, positives et formalisées, ainsi que des modèles de comportements sociaux non formalisés, à savoir le droit endogène. C'est-à-dire, un droit innovant basé sur la participation collective, les impératifs écologiques, les représentations sociales des groupes concernés et la gouvernance concertée. L'enjeu du droit est donc sa capacité à concilier les intérêts divergents à travers un instrument juridique adéquat jouissant d'une légitimité acceptée par tous les acteurs concernés.

---

[1]« Dans le champ juridique, on constate en réalité que de nouvelles sources de droit ont émergé, qui ont porté atteinte au monopole étatique en la matière ; et sur le plan institutionnel, il est désormais classique de noter la double concurrence que subit l'État dans l'exercice de la production normative, de la part d'autorités infra-étatiques (collectivités locales) et supra-étatiques ». MAISANI (Pauline) & WIENER (Florence), « Réflexions autour de la conception post-moderne du droit », Droit et société, N°27, 1994, pp.443-464., op.cit., p. 446.

Dans la théorie du droit, le pluralisme juridique exprime « la coexistence de plusieurs ordres juridiques distincts qui établissent ou non entre eux des rapports de droit[1] ». Dans le contexte marocain, ce pluralisme se compose de plusieurs ordres juridiques englobant le droit moderne hérité des droits coloniaux ainsi que le droit musulman et les coutumes, qui illustrent le droit endogène. Dans un tel contexte, nous sommes confrontés à une situation normative de sources étatiques et non-étatiques multiples, qui forment un pluralisme juridique complexe.

En outre, les pratiques traditionnelles et coutumières relatives à l'accès et à l'exploitation collectives font que la régulation des droits d'usage n'est pas un lieu de non-droit, car l'essentiel de la règle de droit réside dans son efficacité, notamment normative. Dans ce cadre, Belley précise que « la coexistence pacifique de deux ordres peut résulter d'un ordre négocié plutôt qu'imposé ». Cette coexistence pourrait être constituée selon une approche horizontale et non hiérarchique ou verticale. À cet effet, « les rapports de droit peuvent s'établir sur la base du contrat »[2].

La régulation des droits d'usage collectifs présuppose une approche multidimensionnelle et multidisciplinaire, car elle résulte d'une approche systémique interdisciplinaire. L'objectif demeure donc la rationalisation de la gestion, de l'usage et de la régulation des droits d'usage dans la perspective d'une gestion durable du patrimoine et de la coviabilité des systèmes socio-écologiques. En effet, l'inefficacité du droit positif, en tant que mode ultime de

---

[1]BELLEY (Jean-Guy), « Le pluralisme juridique comme doctrine de la science du droit » in Jean Kellerhals, Dominique Manai et Robert Roth (dir.), développement rural en Méditerranée pour un droit pluriel, Collection genevoise, Genève, 2002, p.446.

[2]BELLEY (Jean-Guy), Le droit soluble : contributions québécoises à l'étude de l'inter-normativité, Paris, LGDJ, 1996, p. 279.

régulation face à une pluralité de systèmes juridiques (coutume, droit musulman, pratiques et savoirs locaux), est de nature à mettre en péril toute action institutionnelle de régulation juridique. Il est donc essentiel de rechercher des conditions de co-production d'un droit négocié, accepté par le pouvoir central et par les acteurs locaux.

Le passage de la modernité à la postmodernité résulte du fait que les modes de gouvernance et de régulation des institutions traditionnelles et modernes sont en crise. D'où le rôle et l'importance de la négociation dans la mise en place d'une nouvelle gestion souple et flexible susceptible d'engendrer un climat de cohésion, de stabilité et de durabilité. L'espace normatif ne suffisant plus à définir les contours du droit, il convient d'aller plus loin jusqu'aux confins de la juridicité[1].

En effet, l'État considère que la production de normes juridiques positives est légitime puisqu'elle émane d'organes représentatifs des populations (Parlement, collectivités). Dans la réalité, ces normes ne représentent que la volonté du gouvernement. Ainsi, les normes positives ne reflètent guère la volonté populaire. C'est le cas des revendications des acteurs locaux qui recherchent une légitimité en dehors du droit positif en recourant aux normes coutumières ou au droit musulman.

Le système juridique moderne est essentiellement basé sur le positivisme juridique et le monisme juridique. Le pluralisme juridique au contraire, constitue le fondement du droit post-moderne et permet de mieux saisir et de refléter

---

[1] BARRIÈRE (Olivier), 'Repenser le droit de l'environnement dans une conception renouvelée du développement durable : prospective d'un « droit de la coviabilité » des systèmes sociaux et écologiques', in Blaise S. (ed.), David C. (ed.) et al., Le développement durable en Océanie : vers une éthique nouvelle ? Aix-en-Provence, Éditions PUP ; PUAM, 2015, op.cit., p.240.

les réalités normatives dans le cadre d'un droit post-moderne global. Dans la théorie moderne, l'État demeure l'unique producteur du droit à travers ses organes habilités. Ce monopole étatique reste le critère principal de la souveraineté s'exerçant sur le territoire[1].

Le droit positif marocain se définit comme un droit monolithique dans lequel l'État a le monopole de la production, du respect et de la mise en œuvre des mesures juridiques. Ce droit positif accuse un retard par rapport à l'évolution des risques notamment écologiques, et par rapport aux attentes des acteurs locaux. À cet effet, les sources de la règle de droit doivent dépasser ainsi le cadre normatif classique pour englober les coutumes, les valeurs et les pratiques locales.

La jonction entre droit positif et endogène, entre légalité étatique et légitimité locale permet de co-construire un droit négocié efficace dans une perspective de réconciliation entre l'Homme et la biosphère. L'évolution vers un droit négocié dans le contexte marocain est amplement justifiée par la prise en compte des pratiques et réalités locales, du contexte actuel de l'insécurité foncière et de l'urgence écologique.

De nos jours, le droit se désétatise, s'internationalise et se globalise, et il est possible donc d'évoquer l'idée de l'existence du « droit sans l'État[2] ». Il est certain que la conception moniste du droit s'avère incapable de prendre en considération les exigences de la réalité. À cet effet, nous ne pouvons que constater que « l'ordre juridique étatique

---

[1] BARRAUD (Boris), « Le droit sans le territoire-Globalisation et postmodernité juridiques », in Michel Troper et al., Le territoire, Jurisdoctoria, N° 10, 2013, p.6, consultable sur le site : www.jurisdoctoria.net/, consulté le 05/01/2019.

[2] COHEN-TANUGI(Laurent), Le droit sans l'État, Paris, Presses universitaires de France, Collection Quadrige, 2007,p.207.

n'est jamais parvenu à ramener à lui et à condenser l'intégralité des phénomènes juridiques ; il a toujours été pris à revers et court-circuité par des normes se formant en d'autres lieux et échappant au moins en partie à sa médiation[1] ». Dans ce sens, BENYEKHLEF[2] introduit les concepts d'inter-normativité et du pluralisme en tant que fondements de la postmodernité juridique. Pareillement, il fait appel aux concepts de la gouvernance globale et de la souveraineté collective[3].

Contrairement à la conception moderne du droit, le paradigme post-moderne permet d'évoquer « les liens normatifs qui se tissent entre des acteurs multiples souvent inégaux et des situations diverses survenant dans une pluralité de juridictions[4] », car la conception du droit moderne à l'échelle de l'ordre juridique étatique reste obsolète, notamment lorsque de multiples systèmes juridiques entretiennent des rapports complexes et inégalitaires.

Le droit post-moderne est un droit négocié, non imposé, qui est constamment renouvelé, et qui prend en considération la pluralité et la complexité des systèmes juridiques qui sont à la fois hétérogènes et dispersés. En effet, le droit post-moderne s'articule sur un nouveau paradigme dans lequel, selon OST, « l'État cesse d'être le foyer unique de la souveraineté […] ; la volonté du législateur cesse d'être reçue comme un dogme […] ; les frontières du fait et du droit se brouillent ; les pouvoirs

---

[1] CHEVALIER (Jacques), L'État post-moderne, Paris, LGDJ, 2017, p.123.

[2] BENYEKHLEF (Karim), Une possible histoire de la norme. Les normativités émergentes de la mondialisation, Montréal, Éditions Thémis, 2015, p.715.

[3] Ibid., p. 715.

[4] Ibid., p. 716.

interagissent (les juges deviennent co-auteurs de la loi [...]) ; les systèmes juridiques [...] s'enchevêtrent ; la connaissance du droit, qui revendiquait hier sa pureté méthodologique [...], se décline aujourd'hui sur le mode interdisciplinaire et résulte plus de l'expérience contextualisée que d'axiomes a priori ; la justice enfin [...] s'appréhende en termes de balances d'intérêt et d'équilibrations de valeurs aussi diverses que variables[1] ».

Les critères impersonnels et impératifs de la règle de droit, ainsi que la théorie du contrat social de Rousseau ouvre la voie à une forme juridique horizontale dans laquelle les sujets de droit eux-mêmes produiraient des normes auxquelles ils obéissent volontairement et sans subordination. La participation et la négociation conduisent ainsi à une prise de décision qui nécessite l'acceptation mutuelle des acteurs concernés. Le produit de la négociation ne représente ni une norme illégitime reflétant à peine les réalités locales imposées par l'État, ni une norme issue de pratiques endogènes, mais plutôt une norme produite entre l'acceptabilité sociale des collectivités ou des groupes sociaux et le droit positif de l'État. Ce produit équivaudrait à une régulation coproduite entre l'imposition de la légalité nationale et la flexibilité et l'autonomie endogènes.

Il est évident que le droit en tant que produit social est appelé à évoluer en fonction des changements sociaux et doit exprimer les réalités locales. En effet, la crise du droit moderne est liée à l'avènement de l'État providence. Cette crise est avant tout, une crise de raison juridique, car la loi

---

[1]OST (François) & VAN DE KERCOVE (Michel), « De la pyramide au réseau ? Vers un nouveau mode de production du droit ? », Revue interdisciplinaire d'études juridiques, N° 44,2000, p.14.

n'est plus l'incarnation de la raison[1] ; aussi la fameuse idée qui prétend que la loi est l'expression de la volonté générale a perdu beaucoup de sa crédibilité.

Du contrat social au contrat naturel (en relation avec les droits de l'Homme et le rôle de l'individu dans la production du droit), le passage du droit moderne au droit post-moderne, de l'État au sens actuel vers l'État post-moderne, implique « une redéfinition de la nature du lien politique, c'est-à-dire du rapport entre gouvernants et gouvernés et plus généralement de la consistance du lien social[2] ».

Certes, le droit étatique constitue une source majeure de normativité, mais cette normativité ne doit pas être incompatible avec l'avènement d'un droit négocié visant à réguler des activités qui ne peuvent être régies par le droit étatique. Le nouveau droit doit pouvoir allier à la fois la légitimité populaire et institutionnelle, en impliquant les acteurs locaux dans les projets afin de les respecter, et en mettant en place une charte socioécologique locale qui sera intégrée dans une charte nationale tout en s'inspirant des méthodes réglementaires traditionnelles et des normes coutumières patrimoniales et locales, en matière de préservation de l'environnement.

Il s'agit ainsi de se projeter au-delà du cadre ethnique ou socialement étroit, et de transformer l'alliance de la collectivité ethnique ou du groupe social local en une charte locale et environnementale.

---

[1] CHEVALIER (Jacques), « Vers un droit post-moderne ? Les transformations de la régulation juridique », Revue du droit public et de la science politique en France et à l'étranger, N° 3, 1998, op.cit., p. 671.

[2]Ibid., p.671.

Conclusion

Les communs ne constituent pas des biens. Ils sont un patrimoine commun inaliénable. Ce patrimoine commun appartient à l'ensemble de la communauté et à toutes les générations successives, et reste en dehors de toute possibilité de marchandisation car il est composé d'éléments écologiques, culturels, matériels (territoires et régulation des droits d'usage) et immatériels. C'est-à-dire des pratiques, des modes de gestion et des savoirs locaux.

Une telle approche va au-delà de la logique de possession/appropriation vers une nouvelle logique basée sur la patrimonialisation en tant que forme relationnelle des groupes sociaux et de l'espace, car elle outrepasse le concept de la durabilité au profit de la coviabilité qui résulte d'un droit légitime et négocié.

La gestion d'un bien partagé et aliéné reste très différente de celle d'un patrimoine commun, qui constitue la source de vie d'une population ou d'un groupe social donné. De ce fait, ce qui constitue l'originalité des rapports en matière de patrimoine commun s'exprime au travers de la relation du sujet de droit (les communautés, la population locale) à l'objet de droit, qui est le territoire.

Ainsi, cette connexion illustre une logique d'appartenance au territoire et non une relation d'obligation ou de pouvoir. De ce fait, la gestion du patrimoine commun marque l'émergence d'une nouvelle conscience écologique, d'un consensus et d'un engagement de tous les acteurs clés.

La gestion concertée et la contractualisation nécessitent l'implication de tous les acteurs institutionnels disposant de pouvoirs légaux sur le territoire (ministère de l'Intérieur, ayants droit, transhumants, Jmaa, commune rurale, etc.) pour mettre en œuvre des plans concertés. Ceux-ci incluant des règles relatives à la régulation des droits d'usage, des mises en défens, le développement et la valorisation de la régulation des droits d'usage, l'octroi de subventions, etc.

Concernant l'État, celui-ci est appelé à passer d'un rôle de contrôle à un rôle de conseil, et d'une culture directive à une culture d'accompagnement et de négociation, pour assurer une gestion globale des territoires[1]. Cela vise à substituer la verticalité des relations entre l'État et les acteurs locaux par une gouvernance négociée, et cherche à passer du droit imposé au droit négocié, du droit au contrat, du jugement à l'arbitrage et à la consultation, et du contrat au consensus social.

L'émergence d'un droit négocié dans le contexte marocain nécessite préalablement la prise en compte du rapport foncier environnemental dans toutes les politiques et les approches publiques développementalistes, ainsi que par la prise en considération de la pluralité juridique selon une approche multidisciplinaire et multidimensionnelle de l'espace.

Une telle approche doit conduire à la recherche d'une légitimité institutionnelle et populaire, et à l'acceptation d'un nouveau droit conciliant les directives nationales, internationales, ainsi que les pratiques et les méthodes locales de protection de l'environnement et de régulation patrimoniale et durable des systèmes socioécologiques.

La régulation des droits d'usage collectifs passe, en amont, par une analyse critique du droit positif marocain, soulignant ses lacunes et mesurant sa capacité de résilience face aux crises et enjeux socioécologiques, et en aval par la recherche d'endogénéité juridique permettant de constituer

---

[1] LAZAREV (Grigori), « La gestion participative des terroirs de montagne au Maroc, condition d'une maitrise de la "production d'eau" », Critique économique, N° 15, 2005, pp.141-154.

les bâtis d'un droit négocié facteur de coviabilité socioécologique.

Le droit endogène retrace un véritable champ de légitimité. Un droit légitime, vivant, adapté aux réalités des territoires locaux, capable de préserver l'identité et d'assurer la survie des groupes sociaux. Ce droit est susceptible de « constituer une base tout à fait intéressante pour envisager la production d'un droit positif qui prenne en compte dès le départ les visions des populations locales[1] ».

À cet effet, le défi de la négociation en droit sera l'acceptation sociale à travers la formalisation d'une loi locale grâce par exemple à des chartes territoriales. Certes, le renforcement de la gouvernance coutumière et la valorisation des savoirs locaux et des institutions de gestion traditionnelles ne constituent pas des freins au développement ou à la modernité. Au contraire, il constitue un véritable système juridique qui permet d'ériger les piliers d'une coviabilité issue de l'interdépendance de la viabilité entre les systèmes sociaux et écologiques. Il permet aussi de s'affranchir de la logique de la coercition en bâtissant une gestion viable en termes de régulation des droits d'usage et de l'environnement sur la base d'un rapport équilibré entre l'État et les communautés locales.

L'État croit posséder le droit en raison de la « violence légitime » dont il dispose. Ce droit doit apporter des réponses aux questions de dégradation des espaces et des ressources. Il doit également s'adapter à l'écologie, promouvoir les négociations sociales locales, mais aussi

[1]GENIN (DIDIER) & BENCHAKROUN (Fayçal) et al., « De la parole aux gestes ... : éléments de réflexion sur les dispositifs de gestion concertée des ressources forestières et pastorales au Maroc », Montpellier, Publications de l'Institut de Recherches pour le Développement, 2007, op.cit., p. 61.

valoriser les institutions et les pratiques traditionnelles qui ont exprimé leurs capacités à renforcer la résilience et la durabilité.

En témoigne le succès des institutions traditionnelles – telles que les Agdals – dans la préservation des ressources sylvo-pastorales en raison de l'intégration des dimensions naturelles, culturelles, économiques et écologiques, tout en répondant au défi de l'insécurité liée à l'érosion de la biodiversité.

L'État est obligé de repenser ses fonctions régaliennes et son champ d'intervention. Il sera certainement appelé à cogérer le tout dans une logique de partenariat et de coopération avec les autres acteurs. Désormais, l'État n'est plus le seul régulateur. Aussi, doit-il prouver son efficacité à travers la mise en place d'un nouveau management public.

L'État est donc invité à mettre en œuvre une nouvelle politique de valorisation de la gestion du foncier collectif, afin de continuer à jouer son rôle de principale source de ressources fourragères dans un cadre équilibré entre l'offre et la demande, et garantir la coviabilité des systèmes socioécologiques dans les terrains de parcours collectifs et forestiers.

En effet, la régulation des droits d'usage s'articule autour d'une dimension de coviabilité qui, au-delà de la simple logique de durabilité vers un nouveau droit négocié, s'inscrit dans une nouvelle forme de droit post-moderne. Celui-ci ne saurait être limité aux seuls textes rédigés par un organe législatif et exécutif du haut vers le bas.

Ce nouveau type de droit rejette la doctrine classique affirmant que l'État est le producteur ultime des règles juridiques. Le nouveau droit post-moderne favorise la participation des populations concernées, la concertation, le dialogue, la négociation, le consensus et la co-construction de normes légitimes et juridicisées.

Bibliographie :

I. Références générales :

ABOULOUAFI (Driss), La forêt marocaine, Rabat, Imprimerie Al Karama, 2004.

AKASBI (Zakia) & OLDELAND (Jens) et al., « Social and Ecological Constraints on Decision Making by Transhumant Pastoralists: A Case Study from the Moroccan Atlas Mountains », Journal of Mountain Science, N°9, 2012.

AKESBI (Najib), « La politique d'ajustement structurel dans l'agriculture au Maroc », Politiques agricoles et stratégies paysannes au Maghreb, Institut agronomique et vétérinaire, Rabat, 1996.

AKESBI (Najib), « Évolution et perspectives de l'agriculture marocaine », Rapport, groupe thématique « 50 ans de développement humain et perspectives 2025 », Cinquantenaire de l'indépendance du Royaume du Maroc, Rabat. 2005.

BARRIÈRE (Olivier) & BARRIÈRE (Cathrine), « Un droit à inventer : foncier et environnement dans le delta intérieur du Niger », Montpellier, Publications de l'Institut de Recherches pour le Développement, 474 p.

BELLEY (Jean-Guy), « Le contrat comme vecteur du pluralisme juridique ». Gérard, Philippe, et al., Droit négocié, droit imposé ? Bruxelles : Presses de l'Université Saint-Louis, 1996. Web. <Http://books.openedition.org/pusl/18828>.

BENCHERIF (Slimane), « L'élevage agropastoral de la steppe algérienne dans la tourmente : enquêtes et perspectives de développement », Mondes en développement, Vol.161, N° 1, 2013.

BENDAHMANE (Mohamed), « Document national de Prospective-Maroc », Étude Prospective du Secteur Forestier en Afrique, Organisation des Nations Unies pour l'Alimentation et l'Agriculture, 2001. Disponible sur le site : http://www.fao.org/3/AB590F/AB590F00.htm, consulté le 20/11/2018.

BENTAHAR (Mekki), « Droit et société au Maroc », Publications de l'Institut Royal de la culture Aamzigh N° 7, El maarif Aljadida, 2005.

BENYEKHLEF (Karim), Une possible histoire de la norme. Les normativités émergentes de la mondialisation, Montréal, Éditions Thémis, 2015.

BOLLIER (David), La renaissance des communs, pour une société de coopération et de partage, Paris, Éditions Charles Léopold Mayer, traduit de l'américain par Olivier Petitjean ,2014

BONTE (Pierre) & ELLOUMI (Mohamed) et al., « Développement rural, Environnement et enjeux territoriaux. Regards croisés oriental marocain et sud-est tunisien », Tunis, Cérès éditions, 2009, 2009.

BOUDERBALA (Négib) & CAVERIVIERE (Monique) et al., « Tendances d'évolution des législations agrofoncières en Afrique francophone », Étude de l'Organisation des Nations Unies pour l'Alimentation et l'Agriculture, N° 56,1996.

BOUDERBALA (Négib) & PASCON (Paul), « Le droit et le fait dans la société composite. Essai d'introduction au système juridique marocain », Bulletin économique et social du Maroc, N° 117, 1970.

BOUDERBALA (Négib), « La Terre collective au Maroc : Droite et Fait », in Alain Bourbouze et Roberto Rubino, (dir.), Terres collectives en Méditerranée, Étude de l'Organisation des Nations Unies pour l'Alimentation et l'Agriculture, 1992.

BOUDERBALA (Négib), « Les systèmes de propriété foncière au Maghreb », Cahiers Options Méditerranéennes, N° 36, 1999.

BOUDERBALA (Negib), « Les terres collectives du Maroc dans la première période du protectorat (1912-1930) », Revue du monde musulman et de la Méditerranée, N° 79-80, 1996.

BOUDERBALA(Négib), « La loi nationale entre ciel et terre », Études Rurales, N°155-156,2000.

BOULHOL (P.), « Législation forestière marocaine », Revue forestière française, Vol. IV, N° 1, 1952.

BOURQUE (Reynald) & THUDEROZ (Christian), Sociologie de la négociation, Rennes, Presses universitaires de Rennes, collection Didact Sociologie, 2011, 274 p.

BUTTOUD (Gérard), « Les projets forestiers de la Révolution (1789-1798) », Revue forestière française, Vol.1, N° 35,1983.

CHAMICH (Mohamed), « La forêt d'arganier : quelle gestion pour quelle ressource ? », Revue forestière française, Vol.65, N° 4, 2013.

COHEN-TANUGI (Laurent), Le droit sans l'État, Paris, Presses universitaires de France, Collection Quadrige, 2007, p288.

CORTAS(A), La forêt marocaine, droit, économie, écologie, Casablanca, Éditions Afrique orient, 1989.

CROZIER (Michel) & FRIEDBERG (Erhard), L'acteur et le système : Les contraintes de l'action collective, Paris, Éditions du Seuil, 1981.

DE BECHILLON (Denys), Qu'est-ce qu'une règle de droit ? Paris, Éditions Odile Jacob, 1997, 291 p.

DECROUX (Paul), Droit Foncier Marocain, Rabat, Éditions La Porte, 1977,508 p.

DENTZ (Evelyne) & BAILLI (Gilbert), La résilience dans l'entreprise : après le choc, disparaître ou rebondir, Paris, Hermès Science, 2005.

DUGUIT (Léon), L'État, le droit objectif et la loi positive, Paris, Dalloz, 2003, 623 p.

DUPONT (Christophe), « Les négociations commerciales », Négociations, N° 1, 2011.

FAUGÈRE (Elsa), « L'exploration contemporaine de la biodiversité. Approche anthropologique de l'expédition Santo 2006 », Journal de la Société des Océanistes, N° 126-127, 2008.

FIKRI (Elkbir), Le régime financier de la commune marocaine, Casablanca, Les éditions maghrébines, 1980, 198 p.

FISHER (Roger) & URY (William) et al., Comment réussir une négociation, Paris, Éditions du Seuil, 1982.

HERMET (Guy) & COHEN-TANUGI (Laurent), « Le droit dans l'État Sur la démocratie en France et en Amérique », Vingtième Siècle, revue d'histoire, N° 9, Paris, 1986, 152 p.

LE ROY (Alice), « Des communs sans tragédie : Elinor Oström vs. Garrett Hardin », EcoRev', N° 39,2012.

LE ROY (Étienne) & KARSENTY (A) et al., La Sécurisation foncière en Afrique de l'Ouest, Paris : Kartala, 1996.

LE ROY (Étienne), « Contribution à une prospective des politiques foncières en Afrique noire francophone : essai de topologie des situations applicables en milieu rural. Contribution aux travaux du séminaire du Gemdev sur la prospective en Afrique sub-saharienne », Laboratoire d'anthropologie juridique, Paris-1, ronéo, 1989, 28 p.

LE ROY (Étienne), « La théorie des maîtrises foncières ». In : La sécurisation foncière en Afrique. Pour une gestion viable des ressources renouvelables, Paris, Karthala, 1996.

LE ROY (Étienne) et al., L'appropriation de la terre en Afrique noire. Manuel d'analyse, de décision et de gestion foncière, Paris, KARTHALA, 1991.

LE ROY (Étienne), « Les communs et le droit de la propriété », La Revue Foncière, N° 4 mars-avril 2015.

LE ROY (Étienne), La terre de l'autre, une anthropologie des régimes d'appropriation foncière, Paris, LGDJ, coll. Droit et société, série anthropologie ,2011.

LEVEAU (Rémy), Le Fellah marocain défenseur du trône, Paris : Presse de la Fondation nationale des sciences politiques, 1985, 318 p.

LUCCIONI(Joseph), Le habous ou wakf, Casablanca, Imprimeries Réunies de la "Vigie marocaine" et du "Petit marocain", vol.1,1942, 185p.

MARTIN (Philippe), Dialogue social et régulation juridique. Une problématique européenne. Philippe Martin (dir.). Le dialogue social, modèles et modalités de la régulation juridique en Europe, Presses universitaires de Bordeaux, 2007.

MICHAUX-BELLAIRE (Édouard), Le Gharb, Paris, Éditions Leroux, 1913.

MOUFADDAL (Mohammed), « Les tendances en matière de propriété forestière, de mode de faire valoir des ressources forestières et des arrangements institutionnels, Cas du Maroc », Étude de l'Organisation des Nations Unies pour l'Alimentation et l'Agriculture, 2007.

MUHYIDIN (Ahmed Abdi) & LANNA (Michèle) et al., Somalies de la démocratie pastorale aux conflits entre les clans Une lecture sociojuridique, Paris, L'Harmattan, 2012.

NADIR (Bouchra), Domanialité et environnement cas des eaux et forêts, Rabat, Éditions Almaarif, 2008.

PASCON (Paul) & BERQUES (Jacques), Structures sociales du Haut Atlas, Paris, Presses Universitaires de France, 1978.

PASCON (Paul), « code pénal des Mejjât du Tazerwalt », Bulletin économique et social du Maroc, N°155-156,1986.

PASCON (Paul), Études rurales : idées et enquêtes sur la campagne marocaine, Rabat, Éditions Société marocaine des éditeurs réunis, 1980,289 p.

RACHIK (Hassan), « Dynamique de la propriété collective et espace juridique communautaire », in Contester le droit : communautés, familles et héritage au Maroc, Casablanca, Éditions la Croisée des Chemins, 2016.

RACHIK (Hassan), « L'esprit du terrain, Etudes anthropologiques au Maroc », Centre Jacques-Berque, Rabat, 2016, pp.147-155.

Rapport, groupe thématique « 50 ans de développement humain et perspectives 2025 », Cinquantenaire de l'indépendance du Royaume du Maroc, Rabat, 2005.

REYNAUD (Jean-Daniel), « La régulation sociale », International Review of Community Development, Vol.25, N°121-126, 1991.

SCHÖNEGG (Günter), MARTEL(Philippe), SANO(Balla), « Les conflits liés à la transhumance transfrontalière entre le Niger, le Burkina Faso et le Bénin », DED, Fachreferat für Ländliche Entwicklung, Wasserwirtschaft und Ressourcennutzung, 2006

SIMMEL (Georg), Sociologie : Étude sur les formes de la socialisation, Paris, Presses universitaires de France, 1999.

II. Références Spécialisées

AMAHAN (Ali), Mutations sociales dans le Haut Atlas. Les Ghoujdama, Rabat, Éditions Laporte, 1999,350 p.

AUBERT (Pierre-Marie), « Les Évolutions de la politique forestière au Maroc : entre réappropriation du modèle forestier français et idéalisation de la tribu », Revue forestière française, Vol.65, N° 4, 2013.

AUCLAIR (Laurent) & ROMAIN (Simenel) et al., Agdal : Les voies imazighen de la patrimonialisation du territoire, Rabat, Éditions Hespéris Tamuda, 2010.

AUCLAIR (Laurent) (dir.) & ALIFRIQUI (Mohamed) (dir.), Agdal : patrimoine socioécologique de l'Atlas marocain, Rabat, Publications de l'Institut Royal de la Culture amazighe, 2012,647 p.

AUCLAIRE (Laurent) SIMENEL (Romain), "Quand le forestier endosse les habits du saint… La gestion des frontières communautaires dans le Haut Atlas et l'arganeraie (Maroc) », in : Aubert P.M. (dir.), Sabir M. (dir.) Enjeux de la gestion des forêts au Maroc, Revue Forestière Française, Vol.65, N° 4, 2014.

BARRAUD (Boris), « Le droit sans le territoire-Globalisation et postmodernité juridiques », in Michel Troper et al., Le territoire, Jurisdoctoria, N° 10, 2013, consultable sur le site : www.jurisdoctoria.net/, consulté le 05/01/2019.

BARRIÈRE (Olivier) & Aït HAMZA (Mohamed) et al., "Maroc : programme de recherche conjoint : gouvernance de la biodiversité pour une gestion patrimoniale de l'environnement (GOVBIO) : Rapport d'étape", Montpellier, Publications de l'Institut de Recherches pour le Développement, 2007.

BARRIÈRE (Olivier) & FAURE (Jean-François), « L'enjeu d'un droit négocié pour le Parc amazonien de Guyane », Natures Sciences Sociétés, Vol.20, N° 2, 2012.

BARRIÈRE (Olivier) et al., « Coviability of social and ecological systems: reconnecting mankind to the biosphere in an era of global change ». Vol. 1 : The foundations of a new paradigm. Cham : Springer, 2019, 728 p.

BARRIÈRE (Olivier), "Pluralisme juridique et patrimonialisation : entre paradigmes de l 'appropriation' et du « patrimoine commun », in Mam Lam Fouck S. (dir.), Hidair I. (dir.) La question du patrimoine en Guyane : diversité culturelle et patrimonialisation : processus et dynamiques des constructions identitaires, Matoury (France), Ibis Rouge, 2011.

BARRIÈRE (Olivier), « Dégradation des terres : quelle régulation ? De la coviabilité socioécologique au droit négocié », in Loireau Maud (dir.), Ben Khatra N. (dir.) Désertification et système terre : de la (re) connaissance à l'action. Liaison Energie Francophonie, N° 105, 2017.

BARRIÈRE (Olivier), « Du foncier à l'environnement : pour une gestion patrimoniale de la rareté des ressources renouvelables », in Hervé Dominique (dir.), Langlois Michel (dir.). Pression sur les ressources et raretés. Montpellier, Publications de l'Institut de Recherches pour le développement, 1998.

BARRIÈRE (Olivier), « Gestion des ressources naturelles renouvelables et conservation des écosystèmes au Sahel : le foncier-environnement », Montpellier, Publications de l'Institut de Recherches pour le Développement, 1996.

BARRIÈRE (Olivier), « Introduction générale : les régulations juridiques foncières et environnementales, clefs de voûte du développement durable », in Barrière Olivier (dir.), Rochegude A. (dir.), Foncier et environnement en Afrique : des acteurs au(x) droit(s), Paris, Karthala, 2007.

BARRIÈRE (Olivier), « Introduction : vers une autre forme de droit ? », in Foncier et environnement en Afrique : des acteurs au(x) droit(s), Paris, Karthala, 2008.

BARRIÈRE (Olivier), « L'intégration du droit dans la dialectique sociétés-écosystèmes, le droit d'une "socio-écologie" », in : Barrière Olivier (dir.), Rochegude A. (dir.) Foncier et environnement en Afrique : des acteurs au(x) droit(s), Paris, Karthala, 2007.

BARRIÈRE (Olivier), « Le droit sous l'emprise de la concertation et la négociation pour une gouvernance territoriale », Cahiers d'Anthropologie du droit, Paris, édition Karthala, 2008.

BARRIÈRE (Olivier), « Nature juridique de l'Agdal : de la propriété collective au patrimoine commun », in Auclair Laurent (dir.), Alifriqui M. (dir.) Agdal : patrimoine socioécologique de l'Atlas marocain, Rabat,

Publications de l'Institut Royal de la Culture amazighe, N° 29,2012.

BARRIERE (Olivier), Régulation environnementale en Afrique : l'action du droit pour une co-viabilité des systèmes sociaux et écologiques. In : Le Roy E. (dir.) Le droit en action. Paris : Karthala, 2006.

BARRIÈRE (Olivier), 'Repenser le droit de l'environnement dans une conception renouvelée du développement durable : prospective d'un « droit de la coviabilité » des systèmes sociaux et écologiques', in Blaise S. (ed.), David C. (ed.) et al., Le développement durable en Océanie : vers une éthique nouvelle ? Aix-en-Provence, Éditions PUP ; PUAM, 2015.

BARRIÈRE (Olivier), Eléments d'une socio-écologie juridique : le droit face à l'urgence écologique, essai d'une anthropologie juridique de l'environnement, Montpellier, Publications de l'Institut de Recherches pour le Développement, 2012, 124 p.

BARRIERE (Olivier), « Pour l'émergence d'un droit négocié… : comment intégrer la concertation et la gouvernance dans le traitement juridique de la GRN ? » in Genin Didier (ed.), Benchekroun F. (ed.) De la parole aux gestes… : éléments de réflexion sur les dispositifs de gestion concertée des ressources forestières et pastorales au Maroc, Montpellier, Publications de l'Institut de Recherches pour le Développement, 2007.

BELLEY (Jean-Guy), « Le pluralisme juridique comme doctrine de la science du droit » in Jean Kellerhals, Dominique Manai et Robert Roth (dir.), développement rural en Méditerranée pour un droit pluriel, Collection genevoise, Genève, 2002.

BELLEY (Jean-Guy), Le droit soluble : contributions québécoises à l'étude de l'internormativité, Paris, LGDJ, 1996.

BENDELLA (Ahmed), « Anthropologie du pluralisme juridique : L'exemple du Maroc » in https://www.academia.edu/1013846/Anthropologie_Du_Pluralisme_Juridique_LExemple_Du Maroc, consulté le 04/10/2017.

BENDELLA (Ahmed), « Les modes de régulation des conflits. Entre régulation communautaire et régulation judiciaire », in P. Bonte et al. (dir.), Développement rural, Environnement et enjeux territoriaux. Regards croisés oriental marocain et sud-est tunisien, Tunis, Cérès Éditions, 2009.

BERKAT (O), et TAZI (M), « Pasture Profile for Morocco », 2004, disponible sur le site : www.fao.org/ag/AGP/AGPC/doc/Counprof/Morocco/morocco.htm, consulté le 19/4/2018.

BERQUE (Jacques), « Droit des terres et intégration sociale au Maghreb », Cahiers internationaux de sociologie, N° 25, Paris, 1958.

BONTE (Pierre) & MAHDI (Mohamed), « Pasteurs de l'Atlas. Production pastorale, droit et rituel », Casablanca, Editions Fondation Konrad Adenauer, N°159-160,1999.

BOURBOUZE (Alain) & DONADIEU (Pierre), « L'élevage sur parcours en régions méditerranéennes », Options Méditerranéennes : Série Études, 1987, 100 p.

BOURBOUZE (Alain) & El AICH (Ahmed), L'élevage caprin dans l'arganeraie : l'utilisation conflictuelle d'un espace, Cahiers agricultures, Édition Diffusion Presse Science, N° 14,2005.

BOURBOUZE (Alain), « Adaptation à différents milieux des systèmes de production des paysans du Haut Atlas », Techniques & Culture, N° 7, Paris, Éditions de la maison des sciences de l'Homme, 1986.

BOURBOUZE (Alain), « Parc naturel d'Ifrane : étude pastorale et stratégie d'intervention », Montpellier, Publications du Centre International de Hautes Etudes Agronomiques Méditerranéennes, 1994, 32 p.

BOURBOUZE (Alain), « Pastoralisme au Maghreb : la révolution silencieuse », Fourrages, N° 161, Paris, 2000.

BOURBOUZE(Alain), « Gestion de la mobilité et résistance des organisations pastorales des éleveurs du Haut Atlas marocain face aux transformations du contexte pastoral maghrébin », Managing Mobility in African Rangeland : the Legitimization of Transhumant Pastoralism, Niamir Fuller M. (dir.), Londres, Publications Ltd, 1999.

BOURGEOT (André), « Nomadisme et sédentarisation. Le processus d'intégration chez les Kel Ahaggar », Revue de l'Occident musulman et de la Méditerranée, N° 11, 1972.

BOURHIM (Rabiaa), « De la durabilité à la coviabilité socioécologique : vers l'invention d'un droit post-moderne dans l'espace collectif marocain » Revue Marocaine d'Administration Locale et de Développement, N° 157, Rabat, 2021.

BOURHIM (Rabiaa), « La gouvernance négociée : un nouveau mécanisme de résolution des conflits des droits d'usage collectifs dans les espaces arides - Cas du Maroc », Revue Marocaine d'Administration Locale et de Développement, N° 150-151, Rabat, 2020.

CHAUVEAU (Jean-Pierre), « La logique des systèmes coutumiers », in Lavigne Delville P. (dir.) Quelles politiques foncières pour l'Afrique rurale ? : réconcilier pratiques, légitimité et légalité, Paris, Karthala, 1998.

CHEVALIER (Jacques), « L'État régulateur », Revue française d'administration publique, N° 111,2004.

CHEVALIER (Jacques), « La régulation juridique en question », Droit et société, N° 49,2001.

CHEVALIER (Jacques), « Vers un droit post-moderne ? Les transformations de la régulation juridique », Revue du droit public et de la science politique en France et à l'étranger, N° 3, 1998.

CHEVALIER (Jacques), L'État post-moderne, Paris, LGDJ, 2017, 328 p.

CHICHE (Jean), « À la recherche d'une définition des statuts fonciers au Maroc », in : Bourbouze A. (ed.), Msika B. (ed.) et al., Pastoralisme et foncier : impact du régime foncier sur la gestion de l'espace pastoral et la conduite des troupeaux en régions arides et semi-arides, Montpellier, Options méditerranéennes : Série A. Séminaires Méditerranéens, N° 32,1997.

COLIN (Jean-Philippe) & LE MEUR (Pierre-Yves) et al., « Introduction : identifier les droits et dicter le droit : la politique des programmes de formalisation des droits fonciers », in Colin Jean-Philippe (dir.), Le Meur Pierre-Yves (dir.), et al., Les politiques d'enregistrement des droits fonciers : du cadre légal aux pratiques locales, Paris, Karthala, 2009.

DAVIES (Herrera P) & RUIZ-MIRAZO (Jabier) et al., « Améliorer la gouvernance des terres pastorales », Guide Technique pour la Gouvernance des Régimes

Fonciers, N° 6, Étude de l'Organisation des Nations Unies pour l'Alimentation et l'Agriculture, 2017.

DAVIS(J) et al., « Conservation de la biodiversité des zones arides », disponible sur le site:www.iucn.org/resources/publications, consulté le 03/02/2018.

DELVILLE (Lavigne) & HOCHET (Peter) al, « Construire une gestion négociée et durable des ressources naturelles renouvelables en Afrique de l'Ouest », Paris, Éditions Agence française de développement, 2005,183 p.

EL ALAOUI (Mohamed), « Le statut juridique des terres collectives au Maroc et les institutions coutumières et locales dans la zone du Projet de Conservation de la Biodiversité par la relance de la Transhumance dans le Versant Sud du Haut Atlas », Étude du PNUD-ORMVAO, 2002.

EL ALAOUI (Mohamed), Conflits relatifs aux terres collectives de parcours au Maroc et modalités de leur règlement. Document non publié, 2012.

EL ALAOUI (Mohammed), « Plaidoyer pour la sécurisation du foncier pastoral hors forêts », Étude du PNUD, 2008.

EL KHATIR (Aboulkacem), « Droit coutumier amazigh face aux processus d'institution et d'imposition de la législation nationale au Maroc », Étude de l'Organisation Internationale du Travail, 2007, disponible sur le site : https://www.ilo.org/wcmsp5/groups/public/---ed_norm/-normes/documents/publication/wcms_100800.pdf, consulté le 27/1/2019.

ESTHER (Schelling) & WEIBEL (Daniel) et al., Apprendre de l'offre de services sociaux aux pasteurs : elements de bonne pratique, disponible sur le site : www. iucn. org/sites/dev/files/import/downloads/social_services_to _pastoralists__french_. pdf, 2008 consulté le 28/2/2019.

FAGET (Jacques), « Médiation et postmodernité », Négociations, N° 2, 2006.

FAOUZI (Hassan), « L'Agdal dans la dynamique des systèmes agraires des arganeraies des Haha (Haut-Atlas Occidental, Maroc) », Études caribéennes, 2013.

FISHER (Simon) & SMITH (Richard) et al., Cheminer avec le conflit. Compétences et stratégies pour l'action, IIED, Londres, 2000.

GELLNER (Ernest), Les Saints de l'Atlas, Saint-Denis, Bouchène, 2003.

GENIN (DIDIER) & BENCHAKROUN (Fayçal) et al., « De la parole aux gestes… : éléments de réflexion sur les dispositifs de gestion concertée des ressources forestières et pastorales au Maroc », Montpellier, Publications de l'Institut de Recherches pour le Développement, 2007.

GODARD (Olivier), « Environnement, modes de coordination et systèmes de légitimité : analyse de la catégorie de patrimoine naturel », Revue économique, Vol.2, N° 41, 1990.

HABIBOU (Ibrahim) & MORMONT (Marc) et al., « Pastoralisme et politiques développementalistes : états de lieux sur les systèmes de tenure foncière pastorale en Afrique Subsaharienne », Vertigo : la Revue Électronique en Sciences de l'Environnement, 2018.

HARDIN (Garrett), « The tragedy of the commons », Science, Vol.162, N° 3859, 1968.

HATFIELD (Richard) & JONATHAN (Davies) et al., « Revue mondiale de l'économie du pastoralisme. L'Initiative mondiale pour un Pastoralisme durable », 2006, disponible sur le site : http://cmsdata.iucn.org/downloads/global_review_ofthe_economicsof_pastoralism_fr.pdf, consulté le 18/6/2017.

HOLLING (Crawford S), « Resilience and Stability of Ecological Systems », Annual Review of Ecology and Systematics, Vol.4.1,1973.

ICKOWICZ (Alexandre) & IBRA (Touré) et al., « Accompagner le pastoralisme pour la valorisation durable des terres de parcours », Liaison Energie Francophonie, N° 105,2017.

ILAHIANE(Hsain), « The Berber Agdal Institution : Indigenous Range Management in the Atlas Mountains », Ethnology,1999, Vol.38.

JABALLAH (Jamal), « Qu'est-ce que le droit musulman ? », Raison présente. Figures de l'islam, N° 141, 2002.

LAOUINA (Abdellah), « Gestion durable des ressources naturelles et de la biodiversité au Maroc », Rapport du haut-commissariat-au plan, 2016, disponible sur le site : www.hcp.ma/Gestion-durable-des-ressources-naturelles-et-de-la-biodiversite-au-Maroc_a845.html, consulté le 05/02/2019.

LAOUINA (Abdellah), La participation de la population rurale, critère du succès des interventions de lutte anti-érosive en montagne, le cas des versants prérifains, in La montagne méditerranéenne : paléoenvironnements, morphogénèse, aménagements. Actes du colloque. Études de géographie physique° 28,1999.

LAZAREV (Grigori), « Gestion Durable de l'Environnement et Territoires d'Usage Des Populations Rurales », Revue en ligne Géo-Dev, Département de géographie de la Faculté des Lettres de Rabat, 2013, 16 p.

LAZAREV (Grigori), "La gestion participative des terroirs de montagne au Maroc, condition d'une maitrise de la « production d'eau »", Critique Economique, N° 15, 2005.

LAZAREV (Grigori), ruralité et changement social au Maroc, Publication de la faculté des lettres et des sciences humaines Mohamed V, série : Essais, Rabat, 2014.

LE FUR (JEAN) &, CURY(PHILIPPE) et al., « Coviabilité des systèmes halieutiques », Natures Sciences Sociétés, N° 7, 1999.

MAGNANT (Jean-Pierre), « Le droit et la coutume dans l'Afrique contemporaine », Droit et cultures [En ligne], 48 | 2004-2, mis en ligne le 09 mars 2010, consulté le 19 juin 2017. URL : http://droitcultures.revues.org/1775, consulté le 29/03/2017.

MAHDI (Mohamed) & DOMINGUEZ (Pablo), « Les Agdals de l'Atlas marocain : un patrimoine en danger », Bulletin Economique et Social du Maroc, Rabat, Éditions Okad, 2009.

MAHDI (Mohamed), « Innovation institutionnelle et recomposition de l'ancien ordre pastoral », in P. Bonte et al. (dir.), Développement rural, Environnement et enjeux territoriaux. Regards croisés oriental marocain et sud-est tunisien, Tunis, Cérès Editions, 2009.

MAHDI (Mohamed), « La tribu au secours du développement pastoral », Études Rurales, N° 184, 2009.

MAHDI (Mohamed), « Le statut collectif des parcours entre le consensus de la collectivité et l'action individualisée, Pastoralisme et foncier : impact du régime foncier sur la gestion de l'espace pastoral et la conduite des troupeaux en régions arides et semi-arides », Montpellier, Publications du Centre international des hautes études agronomiques méditerranéennes, 1997.

MAHDI (Mohamed), « Pastoralism and Institutional Change in the Oriental », in Pastoral Morocco - Globalisation Scapes of Mobility and Insecurity, Allemagne, Wiesbaden,2007.

MAHYOU (Hamid) & TYCHON (Bernard) et al., « Désertification des parcours arides au Maroc », Tropicultura, N° 28, 2010.

MAISANI (Pauline) & WIENER (Florence), « Réflexions autour de la conception post-moderne du droit », Droit et société, N° 27, 1994.

MEKOUAR (Mohamed Ali), « Droit, forêt, environnement : virtualités écologiques de la législation forestière », in La forêt marocaine, droit, économie, écologie, Rabat, Éditions Afrique orient, 1989.

MONTAGNE (Robert), le régime juridique des tribus du sud marocain, Paris, Éditions Émile Larose, 1924.

MULUMBA(JBK) & SOMDA(J) et al, Élevage et marché régional au Sahel et en Afrique de l'Ouest. Potentialités et défis. CSAO-OCDE/CEDEAO, 2008, p.34 disponible sur le site : https://www.oecd.org/fr/csao/publications/40279092.pdf, consulté le 25/5/2017.

NAGGAR (Mustapha), « Éléments de base d'une stratégie de sylvopastoralisme en Afrique du Nord, Rupture : nouveaux enjeux, nouvelles fonctions, nouvelle image de l'élevage sur parcours », Montpellier, Options méditerranéennes : Série A, N° 39, 2000.

NAGGAR (Mustapha), « Stratégie sylvopastorale et renouveau des pratiques pastorales en forêt au Maroc », Revue Forestière française, N° 5, 2018.

NGUIFFO (Samuel), « De la légalité à la légitimité foncière : pistes pour une meilleure protection de l'environnement », in Foncier et environnement en Afrique : des acteurs au(x) droit(s), Paris, Karthala, 2007.

NIAMIR (Maryam), « Foresterie communautaire : l'éleveur et ses décisions clans la gestion des ressources naturelles des régions arides et semiarides d'Afrique », Étude de l'Organisation des Nations Unies pour l'Alimentation et l'Agriculture, 1996.

NORI (Michèle) & TAYLOR (Michael), « Moyens mobiles d'existence, ressources fragmentaires, droits variables : appréhender les territoires pastoraux », disponible sur le site : www.landcoalition.org/pdf/pol_pastoral_dftf.pdf, consulté le 14/4/2017.

OLLAGNON (Henry), « La gestion en patrimoine commun de la qualité de l'eau dans un bassin », in Falque M., M. Massenet (dir.), Les ressources en eau, droits de propriété, économie et environnement, Paris, Dalloz, 2000.

OST (François) & VAN DE KERCOVE (Michel), « De la pyramide au réseau ? Vers un nouveau mode de production du droit ? », Revue interdisciplinaire d'études juridiques, N° 44,2000.

OST (François) ,« Les lois conventionnellement formées tiennent lieu de conventions à ceux qui les ont faites » ,In : Droit négocié, droit imposé ? [en ligne]. Bruxelles : Presses de l'Université Saint-Louis, 1996 (généré le 10 juillet 2021). Disponible sur Internet : <http://books.openedition.org/pusl/18786>. ISBN : 9782802804888. DOI : https://doi.org/10.4000/books.pusl.18786.

OSTROM (Elinor) & HARINI (Nagendra), « Governing the Commons in the New Millennium : A Diversity of Institutions for Natural Resource Management », Re-inventing Construction, 2010.

OSTROM (Elinor). (2005), Understanding Institutional Diversity, Princeton, Oxford, Princeton University Press,2005

OTT-DUCLAUX-MONTEIL (Cécile), Exploitation forestière et droits des populations en Afrique centrale, Paris, L'Harmattan, 2013, 434 p.

PASCON (Paul) & BERQUE (Jacques), Structures sociales du Haut-Atlas, Paris, Presses Universitaires de France, 1978.

QARRO (Mohamed) & ROOSE (Éric) et al., « Zones de parcours », in Gestion durable des eaux et des sols au Maroc : Valorisation des techniques traditionnelles méditerranéennes », Montpellier, Publications de l'Institut de Recherches pour le Developpement, 2010.

QARRO (Mohamed), « Le sylvo - pastoralisme et la gestion durable des écosystèmes naturels arides », in14th International Soil Conservation Organization Conference. Water Management and Soil Conservation in Semi-Arid Environments, Marrakech, Mai 2006.

QARRO (Mohamed), Rapport d'Étude sur les systèmes pastoraux, Rapport non publié, Ecole nationale forestière d'ingénieurs, Salé, 2005.

QARRO(Mohamed) & YESSEF(Mohamed), Etude sylvo-pastorale. Rapport de la phase II : diagnostic et états des lieux des parcours forestiers au niveau national, Haut-commissariat aux eaux et forêts et à la lutte contre la désertification, 2015

QARRO (Mohamed) et YESSEF (Mohamed), Rapport de la phase II : diagnostic et états des lieux des parcours forestiers au niveau national, NIRAS, 2015.

RACHIK(Hassan), « Les usages politiques des notions de tribu et de nation au Maroc », Identity, Culture and Politics: an Afroasian Dialogue, Vol.1, 2000.

RAMBININTSAOTRA (Saholy), « Accès aux ressources biologiques de Madagascar : ambiguïtés juridiques pour les détenteurs de connaissances traditionnelles », ELOHI. Peuples indigènes et environnement, Presse universitaires de Bordeaux, N° 5-6, 2014.

RODOLPH (Sabatier) & GRENE (Patricia) et al., « Un modèle de Coviabilité pâturage – oiseaux prairiaux en marais », in INRA Magazine. Recherches et Innovations : Exploiter l'herbe en gérant la biodiversité, un modèle de coviabilité pâturage-oiseaux des marais, Paris, 2010.

ROMAGNY (B) & AUCLAIR (Laurent) et al., « La gestion des ressources naturelles dans la vallée des Aït Bouguemez (Haut Atlas) : la montagne marocaine à la recherche d'innovations institutionnelles », Mondes en développement, N° 141,2008.

SANTOS (Bonaventura de Sousa), « La transition post-moderne : droit et politique », Revue interdisciplinaire d'études juridiques, N° 1, vol.24, 1990.

SCHLAGER (Edella) & OSTROM (Elinor), « Property-Rights Regimes and Natural Resources: a Conceptual Analysis », Land Economics, Vol.68, N° 3, 1992.

SKOUNTI (Ahmed), Le sang et le sol. Nomadisme et sédentarisation au Maroc, Rabat, Éditions Hespéris Tamuda, 2016,299 p.

SWIFT(J), « Les grands thèmes du développement pastoral et le cas de quelques pays africains », Étude de l'Organisation des Nations Unies pour l'Alimentation et l'Agriculture, Rome, FAO, 1988.

THIERRY (Kirat), TORRE (Andre), Territoires de conflits : Analyses des mutations de l'occupation de l'espace, Paris, Éditions L'Harmattan, 2008.

TOZY (Mohamed) & MAHDI (Mohamed), « Aspects du droit communautaire dans l'Atlas marocain », Droit et société, N° 15,1990.

TOZY (Mohamed) BENDELLA (Ahmed), « Propositions pour une analyse de la complexité juridique en situation dualiste : le cas des terres collectives au Maroc », in Le débat juridique au Maghreb : de l'étatisme à l'État de droit, Paris, Éditions Publisud, 2009.

TOZY (Mohamed), « Quelques cas de production indigène de droit », Paris, Éditions Centre National de la Recherche Scientifique, 1989.

TOZY (Mohamed), « Des tribus aux coopératives éthnolignagères, Mutations sociales et réorganisation des espaces steppiques », in Mutations sociales et réorganisation des espaces steppiques, par Mohamed

Mahdi (dir.), Casablanca, Éditions Najah Al Jadida, 2002, 263 p.

TUDAL (Sinsin) & MOUNIR (Fouad) et al., « Analyse de la vulnérabilité de l'arganeraie face aux facteurs de désertification au sud du Maroc », Actes du 4 éme congrès international de l'Arganier, 2017, disponible sur le site : www.congresarganier.ma/ , consulté le 23/04/2019.

WEBER (Jacques) & BAILLY (Denis), « Prévoir, c'est gouverner », Natures Sciences Sociétés, N° 1, 1993.

III. Thèses et Mémoires

AUBERT (P.-M.), Action publique et société rurale dans la gestion des forêts marocaines – Changement social et efficacité environnementale, Thèse de doctorat en sciences sociales, AgroParisTech, Montpellier 2010,402 p.

BARHDADI (Abdelali) & OUARRICHE (Ouail), Contribution à l'étude de la dégradation des parcours du Moyen Atlas : Cas de la fraction des Aït Ben Yacoub de la tribu des Aït Arfa du Guigou, Mémoire de 3° cycle de l'Ecole nationale forestière d'ingénieurs, Salé, 2011.

BENBRAHIM (Sara), Analyse des enjeux liés à l'exploitation des ressources naturelles et la vulnérabilité communautaire au changement climatique dans le bassin versant de l'Ourika, Mémoire de 3° cycle de l'Ecole nationale forestière d'ingénieurs, Salé, 2016.

CHAMICH (Mohamed), Gestion des conflits liés aux ressources naturelles dans l'arganeraie du Souss, Thèse de doctorat, Université de Toulouse 2,2008.

EL GARMAI(A), Les contraintes au système d'élevage ovin dans la C.R de Ain Beni Methar, Mémoire de 3°

cycle de l'Institut agronomique et vétérinaire Hassan II Rabat, 1989.

KAMIL (Hassan), Les pâturages de Missour (Rive gauche), leur appréciation et leur mode de gestion par les transhumants nomades, Mémoire de fin d'étude de l'Institut agronomique et vétérinaire Hassan II, Rabat, 1992.

KOROGONE (Eloi Mere), La négociation dans la régulation foncière-environnementale au Bénin, Thèse de doctorat, Université de Limoges, 2020.

MAHAMAT ZOUGOULOU (A), Contribution à la connaissance du pastoralisme nomade dans la commune rurale de Missour, Mémoire de fin d'étude de l'Institut agronomique et vétérinaire Hassan II, Rabat, 1992.

RADI (N), L'arganier : arbre du sud-ouest Marocain, en péril, à protéger, Thèse de doctorat, université de Nantes, 2003.

RAMDAN(A), : État des ressources et utilisation des pâturages par les transhumants nomades : Cas de Missour, Mémoire de fin d'étude de l'Institut agronomique et vétérinaire, Hassan II, Rabat, 1991.

Rapport interne de l'assistance technique Souss Massa Draa ; 2015

IV. Textes juridiques

Dahir du 10 Octobre 1917 sur la conservation et l'exploitation des forêts, Bulletin Officiel du 29 octobre 1917 ;

Dahir du 20 septembre 1976 relatif à l'Organisation de la participation des populations au développement de l'économie forestière. Bulletin Officiel du 22 septembre1976 ;

Dahir du 27 avril 1919 organisant la tutelle administrative des collectivités ethniques et réglementant la gestion et l'aliénation des terres collectives. Bulletin Officiel du 28 avril 1919 ;

Dahir du 4 Mars 1925 sur la protection et la délimitation des forêts d'arganiers. Bulletin Officiel du 17 mars 1925 ;

Dahir N° 1-11-178 du 22 novembre 2011 promulguant la loi N° 39-08 établissant le code des droits réels. Bulletin 0fficiel N° 5998 du 24 novembre 2011 ;

Dahir N° 1-14-09 du 6 mars 2014 portant promulgation de la Loi-cadre N° 99-12 portant Charte nationale de l'Environnement et du Développement durable. Bulletin Officiel N° 6240 du 20 mars 2014 ;

Dahir N° 1-16-53 du 27 avril 2016 portant promulgation de la loi N° 113-13 relative à la Transhumance, a l'aménagement et à la gestion des espaces pastoraux et sylvopastoraux. Bulletin Officiel N° 6590 du 27 juillet 2017 ;

Dahir N° 1-69-25 du 25 juillet 1969 formant code des investissements agricoles ;

Dahir N° 1-15-83 du 7 juillet 2015 portant promulgation de la loi organique N° 111-14 relative aux régions. Bulletin Officiel N° 6440 du 18 février 2016 ;

Dahir N° 1-15-85 du 7 juillet 2015 portant promulgation de la loi organique N° 113-14 relative aux communes. Bulletin Officiel N° 6440 du 18 février 2016 ;

Dahir portant loi N° 1-76-350 relatif à l'organisation de la participation des populations au développement de l'économie forestière. Bulletin Officiel du 22 sept 1976 ;

La loi N° 62-17, portant sur la tutelle administrative et la gestion des terres des communautés Soulalyates. Bulletin Officiel N° 6807 du 26 Août 2019 ;

Loi N° 11-03 promulguée par le Dahir N° 1-03-59 du 12 mai 2003 relative à la protection et à la mise en valeur de l'environnement. Bulletin Officiel du 19 juin 2003 ;

Loi N° 33-94 relative aux périmètres de mise en valeur en bourse promulgué par le Dahir N° 1-95-10 du 22 février 1995. Bulletin Officiel n° 4312, 21 juin 1995.

V. Sites Internet

- www.agriculture.gov.ma.
- www.ces.ma/
- www.cmsdata.iucn.org
- www.cndh.org.ma/
- www.congresarganier.ma/
- www.eauxetforets.gov.ma
- www.hcp.ma
- www.ifad.org/
- www.ilo.org
- www.iucn.org
- www.jurisdoctoria.net/
- www.landcoalition.org
- www.terrescollectives.ma
- www.unesco.org/

- https://www.ifad.org/fr/web/ioe/-/tafilalet-and-dades-rural-development-project-pdrt-2006-
- http://www.histoiredesmedias.com/Revue-europeenne-des-medias-et-du.html

Table des matières

Structures éditoriales du groupe L'Harmattan

L'Harmattan Italie
Via degli Artisti, 15
10124 Torino
harmattan.italia@gmail.com

L'Harmattan Hongrie
Kossuth l. u. 14-16.
1053 Budapest
harmattan@harmattan.hu

L'Harmattan Sénégal
10 VDN en face Mermoz
BP 45034 Dakar-Fann
senharmattan@gmail.com

L'Harmattan Cameroun
TSINGA/FECAFOOT
BP 11486 Yaoundé
inkoukam@gmail.com

L'Harmattan Burkina Faso
Achille Somé – tengnule@hotmail.fr

L'Harmattan Guinée
Almamya, rue KA 028 OKB Agency
BP 3470 Conakry
harmattanguinee@yahoo.fr

L'Harmattan RDC
185, avenue Nyangwe
Commune de Lingwala – Kinshasa
matangilamusadila@yahoo.fr

L'Harmattan Congo
219, avenue Nelson Mandela
BP 2874 Brazzaville
harmattan.congo@yahoo.fr

L'Harmattan Mali
ACI 2000 - Immeuble Mgr Jean Marie Cisse
Bureau 10
BP 145 Bamako-Mali
mali@harmattan.fr

L'Harmattan Togo
Djidjole – Lomé
Maison Amela
face EPP BATOME
ddamela@aol.com

L'Harmattan Côte d'Ivoire
Résidence Karl – Cité des Arts
Abidjan-Cocody
03 BP 1588 Abidjan
espace_harmattan.ci@hotmail.fr

Nos librairies en France

Librairie internationale
16, rue des Écoles
75005 Paris
librairie.internationale@harmattan.fr
01 40 46 79 11
www.librairieharmattan.com

Librairie des savoirs
21, rue des Écoles
75005 Paris
librairie.sh@harmattan.fr
01 46 34 13 71
www.librairieharmattansh.com

Librairie Le Lucernaire
53, rue Notre-Dame-des-Champs
75006 Paris
librairie@lucernaire.fr
01 42 22 67 13

www.ingramcontent.com/pod-product-compliance
Lightning Source LLC
LaVergne TN
LVHW011255061026
849535LV00005B/1269